酒店（宾馆）技能培训与管理实务系列

酒店（宾馆）前厅
技能培训与管理实务

李笑 主编

JIUDIAN BINGUAN QIANTING

JINENGPEIXUN YU GUANLI SHIWU

经济管理出版社
ECONOMY & MANAGEMENT PUBLISHING HOUSE

图书在版编目（CIP）数据

酒店（宾馆）前厅技能培训与管理实务/李笑主编 . —北京：经济管理出版社，2016.5
ISBN 978 - 7 - 5096 - 4287 - 0

Ⅰ.①酒⋯　Ⅱ.①李⋯　Ⅲ.①饭店—商业服务　Ⅳ.①F719.2

中国版本图书馆 CIP 数据核字（2016）第 051882 号

组稿编辑：谭　伟
责任编辑：张巧梅
责任印制：司东翔
责任校对：雨　千

出版发行：经济管理出版社
　　　　　（北京市海淀区北蜂窝 8 号中雅大厦 A 座 11 层 100038）
网　　　址：www. E - mp. com. cn
电　　　话：（010）51915602
印　　　刷：北京银祥印刷厂
经　　　销：新华书店
开　　　本：720mm × 1000mm/16
印　　　张：18
字　　　数：343 千字
版　　　次：2016 年 5 月第 1 版　　2016 年 5 月第 1 次印刷
书　　　号：ISBN 978 - 7 - 5096 - 4287 - 0
定　　　价：48. 00 元

本书编委会

主　编：李　笑
编　委：朱玉侠　林　侠
　　　　谭　伟　张元栋
　　　　李全超　安玉超

前　言

据中国旅游研究院的数据显示，2015 年全年中国旅游接待总人数将突破 41 亿人次，实现旅游总收入 3.84 万亿元人民币。随着我国经济的迅速发展和旅游热的升温，以及作为第三产业的现代酒店业的不断壮大，其盈利也是相当可观的。然而由于我国近年来酒店数量的激增，酒店业面临的竞争自然也就越发激烈。如何实现酒店更好、更快地发展已经成为现代酒店竞争中亟须解决的问题。现代酒店不仅需要抓住机遇，更关键的是要以人为本，加强酒店技能培训与酒店管理，才能形成持续、稳定的发展局面。

在新的形势下，现代酒店如何与时俱进，如何在硬件设施上得到加强，在酒店软件服务即员工的技能培训与管理上加以完善，是新时期酒店业面临的重大课题。一个酒店中最核心的活动莫过于员工的技能培训与管理，技能培训与管理往往决定着整个酒店的发展走向，关系到酒店的经济效益和社会效益，进而影响到酒店的兴衰存亡，是酒店工作的重中之重。

在这种背景下，为了酒店的健康发展和壮大，我们通过大量的市场调查，研究了国内外酒店前厅技能培训与管理的成功经验，并结合国内酒店经营者的实际情况与自身需要，编写了这本《酒店（宾馆）前厅技能培训与管理实务》，同时也规避了市场上类似图书所存在的一些问题，在编写体系和内容上都进行了优化，从而使本书更贴近酒店前厅实际情况，体现出其实用性和可操作性强的特点，进一步符合酒店前厅技能培训与管理的需要。

本书理论与实践相结合，深入浅出，内容翔实，具有超前性和时代感。全书共分为十二章，即前厅问讯服务与管理、前厅客房预订与服务、前厅收银服务与管理、前厅服务质量与控制、前厅人力资源与管理等，全面而具体地呈现了现代酒店前厅技能培训与管理的要点，方便读者熟悉酒店前厅运作。相信每一位酒店管理者通过阅读本书，都能结合自己的实际工作环境、自身状况等，真正领悟本书，从而有所裨益。

本书突出三大特点：一是实用性，突出可读性、可操作性；二是全面性，内容丰富而全面，涉及酒店前厅技能培训与管理的方方面面，并结合案例，便于读者轻松掌握和运用；三是新颖性，本书无论是篇章布局，还是形式结构都新颖、独到，并糅合酒店前厅所需的最新技能与管理，具有前瞻性与国际性。

总之，这是一本酒店前厅技能培训与管理的最新力作，是酒店前厅标准化、规范化管理的最新参考用书，是提高酒店业绩与前厅员工素质的最佳读本，也是酒店管理者的良师益友。

本书在编写的过程中，参考了大量的图书、杂志、报纸、网站，给本书提供了资料帮助，作为编者，我们在此深表谢意。

目 录

第五章　前厅客房预订与服务

第六章　前厅销售服务与管理

第七章　前厅收银服务与管理

第八章　前厅礼宾服务与管理

第九章　前厅服务质量与控制

第十章　前厅人员道德与礼仪

第十一章　前厅员工的日常管理

第十二章　前厅人力资源与管理

第一章 酒店前厅部概述

一、酒店前厅部服务认知

(一) 什么是酒店前厅部

前厅部 (Front Office) 也称前台部, 负责招徕并接待宾客, 销售酒店客房及餐饮娱乐等产品和服务, 协调酒店各部门的对宾客服务, 为酒店高级管理决策层及各相关职能部门提供各种信息。前厅部是现代酒店的重要组成部分, 在酒店经营管理中占有举足轻重的地位。前厅部的运转和管理水平都直接影响到这个酒店的经营效果和对外形象。

前厅部是酒店的"神经中枢", 是酒店联系宾客的"桥梁和纽带", 也是酒店经营管理的"窗口"。前厅部的管理体系、工作程序和员工的素质与表现, 无不对酒店的形象和声誉产生重要影响。前厅部通常是由客房预订处、礼宾服务处、接待处、问讯处、前厅收银处、电话总机、商务中心、大堂副理等组成, 其主要机构均设在宾客来往最频繁的酒店大堂。前厅部运转好坏将直接反映酒店的服务质量和管理水平, 影响酒店的经济效益和市场形象。

所以, 前厅部的工作在酒店服务工作中有着十分重要的地位和作用。前厅部员工要善于捕捉客人的有关信息, 富有职业敏感, 设身处地地仔细揣摩客人的心理状态, 把客人当作真正的上帝, 给客人留下美好而深刻的印象, 这既体现了服务人员爱岗敬业的优秀职业素质, 也为酒店树立了良好的形象。前厅部是宾客接触酒店的第一站, 其服务质量的好坏, 极大地影响着酒店的形象。

(二) 前厅服务的主要特点

1. 接触面广, 24 小时运转, 全面直接对客服务

前厅部是一个提供综合性服务的经营部门, 它在为酒店开辟市场、保证客源、推销酒店其他产品的过程中, 承担着主要的服务与经营责任。其服务好坏对客人整个住店过程中对酒店的印象起着至关重要的作用, 它的工作质量还关系到其他部门的服务效果。由于参与全过程的对客服务, 它还是酒店少数几个 24 小时运转的部门之一。从时间上看, 管理存在一定的难度, 这就要求其有完善的管

理体系和制度以及训练有素的员工队伍。

2. 岗位多，业务复杂，专业技术性强，人员素质要求高

不少酒店的前厅部的业务包括预订、接待、问讯、行李寄存、迎宾、机场接送、电话、票务、传真、复印、打字、旅游服务、收银、建档等。这些业务都有较强的专业性，因而要求服务和管理人员必须要有较全面的业务知识，同时，由于前厅部的管理效果直接关系到酒店的声誉和经营成败，所以又要求前厅部在管理上要着重于员工的服务态度、文化素养和业务技能的培训，以求与客人建立起良好的关系，给客人留下良好的印象。

3. 信息量大、变化快，要求高效运转

前厅部是酒店信息集散的枢纽、对客服务的协调中心，因此其收集、整理、传递信息的效率决定了对客服务的效果。由于前厅属于前台服务部门，与客人的接触较多，因而其收集的信息量也相对较大。客人的要求每时每刻都会有变化，这要求前厅在信息处理上效率要高。另外，前厅所掌握的一些重要信息，如当日抵、离的 VIP 客人、营业日报表、客情预测等都必须及时传递给总经理室及其他有关部门。

4. 政策性强，服务要求高，关系全局

涉外酒店除了本身经营、管理上需要有许多政策、制度外，还必须执行国家有关法令及涉外条例，是窗口型的行业，而其前厅部则是具体执行这些政策的部门，其工作有着很强的政策性。

（三）前厅部在酒店中的地位

前厅部在酒店中的重要地位，主要表现在以下几个方面：

1. 前厅部是酒店业务活动的中心

前厅部是一个综合性服务部门，服务项目多、服务时间长，酒店的任何一位客人从抵店前的预订、入住，直至离店结账，都需要前厅部提供服务，前厅是客人与酒店联系的纽带。前厅部通过客房商品的销售来带动酒店其他各部门的经营活动。同时，前厅部还要及时地将客源、客情、客人需求及投诉等各种信息通报有关部门，从而协调整个酒店对宾客服务的工作，以确保服务工作的效率和质量。所以，前厅部通常被视为酒店的"神经中枢"，是整个酒店承上启下、联系内外、疏通左右的枢纽。无论酒店规模大小、档次如何，前厅部都是为客人提供服务的中心。

2. 前厅部是酒店形象的代表

酒店形象是公众对酒店的总体评价，是酒店的表现与特征在公众心目中的反映。酒店形象对现代酒店的生存和发展有着直接的影响。一个好的形象是酒店的巨大精神财富。酒店前厅部的主要服务机构通常都设在客人来往最为频繁的大

堂。任何客人一进酒店，都会对大堂的环境艺术、装饰布置、设备设施和前厅部员工的仪容仪表、服务质量、工作效率等产生深刻的"第一印象"。而这种"第一印象"在客人对酒店的认知中会产生非常重要的作用，它产生于瞬间，但却会长时间地保留在客人的记忆表象中。客人入住期满离店时，也要经由大堂，前厅服务人员再为客人办理结账手续、送别客人时的工作表现，会给客人留下"最后印象"，优质的服务将使客人对酒店产生依恋之情。客人在酒店的整个居住期间，前厅要提供各种有关服务，客人遇到困难要找前厅寻求帮助，客人感到不满时也要找前厅投诉。在客人的心目中，前厅便是酒店。而且，在大堂会集的大量人流中，除住店客人外，还有许多前来就餐、开会、购物、参观游览、会客、检查指导等其他客人。他们往往停留在大堂，对酒店的环境、设施服务进行评论。因此，前厅的管理水平和服务水准，往往直接反映整个酒店的管理水平、服务质量和服务风格。前厅是酒店工作的"窗口"，代表着酒店的对外形象。

3. 前厅部是酒店组织客源，创造经济收入的关键部门

为宾客提供食宿是酒店的最基本功能，客房是酒店出售的主要商品。通常在酒店的营业收入中，客房销售额要高于其他各项。据统计，目前国际上客房收入一般占酒店总营业收入的50%左右，而在我国客房收入还要高于这个比例。前厅部的有效运转是提高客房入住率，增加客房销售收入，从而提高酒店经济效益的关键之一。

4. 前厅部是酒店管理的参谋和助手

作为酒店业务活动的中心，前厅部直接面对市场、客人，是酒店中最敏感的部门。前厅部能收集到有关市场变化、客人需求和整个酒店对客服务、经营管理的各种信息，在对这些信息进行认真的整理和分析后，每日或定期向酒店提供真实反映酒店经营管理情况的数据报表和工作报告，并向酒店管理机构提供咨询意见，作为制定和调整酒店计划和经营策略的参考依据。

二、前厅部的功能和任务

前厅部在酒店运行中起着推销、沟通、协调等重要作用，是酒店的"神经中枢"，具有下列九项功能。

（一）销售客房

前厅部的首要功能是销售客房。客房是酒店最主要的产品，其收入是酒店营业收入的主要来源。因此，能否有效地发挥销售客房的功能，将影响酒店的经济效益。前厅客房销售的任务由以下四个方面组成：

1. 订房推销

前厅部总台设有专门的客房预订部，其主要工作就是预售客房和做好与之有

关的售前服务工作。预订员必须熟练掌握酒店房情、房价政策，能积极主动地与客人达成订房协议。订房成功与否取决于预订员的工作态度、推销技巧及其受训程度。一个酒店的客房预订量越大，则客房销售就越有保证。因此，成功的订房推销是酒店客房销售的重要组成部分。

2. 接待无预订客人

就是向那些未经预订、直接抵店的临时客人销售客房。总台接待员在接待这类客人时，需要表现出良好的推销能力，在使客人感到宾至如归的温馨服务的同时，向客人推销客房及其他酒店产品与服务。对于酒店客房销售来讲，这种接待推销是十分重要的。

3. 办理入住登记

所有客人入住都必须经过总台办理入住登记手续。接待员在办理入住手续时，也须表现出推销功能。对于有预订的客人来说，房价、附加费用、店内服务项目的商定，都会对他是否住店产生影响，这里存在着一个二次推销的机会。而对于未预订的散客来讲，正如前文所述，总台接待员从一开始就要进行一个完整的推销工作。

4. 排房、确定房价

客房营业收入的高低取决于销售客房的数量和价格。合理安排客房和正确定价对于酒店营业收入是十分重要的，这也是前厅部销售客房的重要一环。前厅的接待员应当清楚地认识到这一点，即不仅要注意销售客房的数量和价格，还要注意是否将合适的房间安排给客人。因为酒店销售的并非价格，而是产品和服务。正确的排房有利于提高客房的使用率和客人的满意程度，使他们感到物有所值。

总之，客房销售是前厅部首要的功能。客房营业收入是考核前厅部管理及运转好坏的重要依据之一。同样，衡量一位总台服务人员的工作是否出色，往往也参考其客房推销的能力和实绩。可见，前厅部的全体管理者及员工应全力以赴按确定的价格政策推销出去尽量多的客房，积极发挥销售客房这一重要功能。

（二）提供信息

除了发挥销售客房的功能外，前厅还应成为提供信息的中心。地处酒店显眼位置的前厅部的总台是服务人员与客人的主要接触点，前厅服务人员应随时准备向客人提供他感兴趣的资料，如将餐饮活动（举行美食周、厨师长特选等）的信息告诉客人。这样做不但能方便客人，还能起到促进销售的作用。

前厅部服务人员还应向客人提供酒店所在地、所在国的有关信息和指南。例如，向客人介绍游览景点的特色，购物中心的地点及营业时间，外贸公司及科研机构的地址、联系人、电话号码，本地区及其他城市主要酒店的情况，各类交通工具的抵离时间等。

前厅部的服务人员应始终做好准备，充分掌握和及时更新各种固定的与变动的信息，以亲切的态度、对答如流的技能，给客人提供正确无误的信息。

（三）协调对客服务

为了能使客人享受到区别于其他地方高水准的服务，前厅部服务人员应以优质服务来衔接酒店前、后台之间及管理部门与客人之间的沟通联络工作。为了达到使客人满意的目的，前厅部应在客人与酒店各有关部门之间牵线搭桥。例如，客人投诉房内暖气不足，前台服务人员应及时向工程部反映，并通过适当的途径给客人以满意的答复。前厅部的责任是根据客人的需求，发挥其信息的集散点和总经理室的参谋部的作用。

（四）控制客房状况

控制客房状况是前厅部又一重要功能。这项功能主要由以下两方面的工作组成：一是协调客房销售与客房管理，二是在任何时候都正确地反映酒店客房的销售状态。

协调客房销售与客房管理，一方面是指前厅部必须正确地向销售部提供准确的客房信息，避免超额预订和使销售部工作陷入被动；另一方面是前厅部必须向客房部提供准确的销售客情，以使其调整工作部署。例如，总台排房时应注意将团队、会议用房相对集中，以便保持客房的清洁和管理；在客房紧张的旺季应将客情随时通报客房部，以便其安排抢房和恢复待修房。这里必须强调，协调好客房销售与客房管理之间的合作关系是前厅部的重要职责。前厅部和客房部双方都必须抱着理解与合作的态度，努力为每一位客人提供准备好的房间，最大限度地将客房销售出去。

正确反映酒店的客房状况依赖于前厅部负责管理的两种客房状况显示系统：一种为预订状况显示系统，也可称为客房长期状况显示系统；另一种为客房现状显示系统，也称为客房短期状况显示系统。目前大多数酒店使用计算机管理，其应用软件内含有这两种控制系统的子目录。还未使用计算机的酒店通常要用客房状况显示架（分为预订显示架和总台开房显示架两种）来控制和反映客房状况。客房状况控制系统要随时反映整个酒店每间房——住客房、走客房、可售房、待修房、内部用房等的状况。正确地掌握酒店状况，为客房销售提供可靠的依据，是前厅部的管理目标之一。要做好这一工作，除了控制系统信息化和拥有必要的现代化通信联络设备外，还必须建立健全行之有效的管理制度，切实做好与客房、销售、收银等部门之间的信息沟通工作。

（五）提供各种前厅服务

作为对客服务的集中场所，前厅部还是一个直接向住店客人提供各类相关服务的前台服务部门，如电话、商务、行李、接受投诉、邮件、票务代办、钥匙收发、迎宾接站、物品转交、留言问讯服务等。这些众多工作内容构成了其直接对客服务的功能，其中有一些服务还担负着为酒店创收的任务。但是前厅部最主要的任务是通过日益完善的机制和管理将各种服务工作做好。前厅部的服务质量亦是其重要的考核内容之一。高质量的前厅服务能使客人对酒店的总体管理水平留下良好的、深刻的印象。基于此，目前世界上一些酒店奉行"大堂区域"管理理论，其核心思想是使客人在酒店客人集中处的一层大厅内形成对酒店气氛、服务与档次的良好感觉，以便使其他各项服务工作的开展有一个良好的基础，从而促使客人对酒店总体留下良好的、深刻的印象；而前厅的服务与管理显然是这"大堂区域"管理中最为关键和重要的一环。因此前厅部的管理人员要在积极推销酒店产品的同时将自身所提供的各种服务的质量抓好，以圆满实现其服务功能。

（六）建立客人账户

目前大多数酒店为了方便客人、促进消费，都已经向客人提供了统一结账服务。客人经过必要的信用证明，查验证件后，可在酒店营业点（商场部除外）签单赊账。前台收款处不断累计客人的消费额，直至客人离店或其消费额达到酒店政策所规定的最高欠款额时，才要求客人付款。要做好这项工作，必须注意建立客人账户、对客人消费及时、认真地登记和监督检查客人信用状况这三个环节。

客人账单可以在客人预订客房时建立（记入定金、预付款和信用卡号码），或在其办理入住登记手续时建立。建立客账的目的是记录和监督客人与酒店之间的财务关系，以免酒店发生经济上的损失。前厅部的职责是区别每位客人的情况，建立正确的客账，提供客人以往消费和客人信用的资料，以保持酒店良好的信誉及保证酒店应有的经营效益。

（七）结账离店

客人离店前，应核查其账单。客人要办理离店手续时，应将账单交给客人，请客人检查。离店手续办理完毕后，前台应按程序与有关部门进行及时的沟通。

做好客人离店工作是十分重要的。客人在住店期间，全体员工应尽心尽力地提供优质服务，如果在最后一刻，由于某一环节上的疏忽，而使客人对酒店的美好印象受到损害，那是十分令人遗憾的。让客人心满意足地离去是酒店的目标，满意而归的客人很可能成为酒店的回头客，酒店的良好声誉很大程度上取决于常客的间接宣传。

（八）建立客史档案

由于前厅部为客人提供入住及离店服务，因而自然就成为酒店对客服务的调度中心及资料档案中心。大部分酒店为住店一次以上的零星散客建立客史档案。按客人姓名字母顺序排列的客史档案记录了酒店所需要的有关客人的主要资料。这些资料是酒店给客人提供周到的、具有针对性服务的依据，同时也是酒店寻找客源、研究市场营销的信息来源，所以必须坚持规范建档和保存制度化两项原则。

（九）辅助决策

前厅部处于酒店业务活动的中心地位，每天都能接触到大量的信息，如有关客源市场、产品销售、营业收入、客人意见等。因此，前厅部应当充分利用这些信息，将统计分析工作制度化和日常化，及时将有关信息整理后向酒店的管理机构汇报，与酒店有关部门沟通，以便其采取对策，适应经营管理上的需要。为了起到决策参谋的作用，前厅部还应当将有关市场调研、客情预测、预订接待情况、客史资料等收存建档，以充分发挥这些原始资料的作用，真正使前厅部成为酒店收集、处理、传递和储存信息的中心。前厅部的管理人员还要亲自参与客房年度销售预测，进行月度、年度销售统计分析，向总经理提供有价值的参考意见，并亲自检查各类报表和数据，通过掌握大量的信息来不断改善本部门和酒店的服务工作，提高前厅部的管理水平。

从上面介绍的九项功能中可以看出，前厅部是酒店的营业中心、协调中心和信息中心，它在酒店经营中起着销售、沟通、控制、协调服务和参与决策的作用。前厅部管理的好坏与上述九项功能是否正常发挥作用密切相关，特别是与首要功能——销售客房关系更为密切，也就是与酒店的经营效益有直接影响。因此，在日常的运转与管理中，前厅部必须重视以上九方面功能的正常发挥。

三、前厅组织机构的形式

前厅组织机构以及各机构之间关系的模式直接决定着前厅部组织中正式的指挥系统和信息网络，不但影响着信息沟通与利用的效率，而且会影响到前厅员工的心理和能力的发挥，从而影响前厅的效率乃至酒店的经营。因此，恰当的前厅组织结构对于有效地实现组织目标是至关重要的。

（一）前厅部组织机构设置的原则

前厅员工在正规经营的酒店里通常占酒店员工总数的25%以上；其中，前台员工就占10%左右。这些员工的素质比其他部门要求高。如何有效地组织这些员工，完成前厅的业务运转，必须遵守以下组织原则：

1. 精简原则

前厅的组织机构设置必须遵守精简原则。前厅机构精简，不仅利于劳动力的节省，而且更重要的是利于工作效率的提高和人际关系的融洽。否则，人浮于事，势必会影响前厅业务运转效率。特别是前厅的管理人员更应精减。前厅的定员一定要以前厅工作分析为基础，以岗定员，而不要因人设岗。

2. 统一原则

不同的酒店虽然在规模大小、管理层次及管理幅度上有较大的差别，但在设置前厅组织机构时，都务求统一指挥，权责分明，以利于前厅效能的发挥。

3. 管理幅度和管理层次适度原则

为了保证酒店的运转，现代化酒店通常采取"四级管理"、"垂直领导"的管理体制。前厅的管理幅度通常包括六个部分。管理层次通常是三层。这一标准随着酒店的规模和档次变化而有所不同。总之，为了保证前厅业务运转效率，管理幅度和层次也是必须考虑的内容。

在以上组织原则的指导下，前厅的组织机构随着酒店规模的不同而有较大的差别。客房数在 20 间以下的酒店，通常被称为小型酒店。其组织机构的设置一般比较简单。但是要突出前厅、餐饮、客房和工程维修以及财务部的作用。在大型酒店里，前厅的管理层次和管理幅度都大于中小型酒店。总体来说，前厅部组织机构的设置应既能保证前厅运作的质量和效率，又能方便客人，满足客人的需求。

（二）前厅部组织机构模式

酒店前厅部的组织机构是由若干职能不同的部门和管理权力不同的管理层结合而成的，在他们之间存在着纵横交错的关系，正确处理它们之间的关系是保证酒店正常运转的重要条件。根据酒店规模大小的不同，常见的前厅部的组织机构模式有以下三种（如图 1-1、图 1-2、图 1-3 所示）。

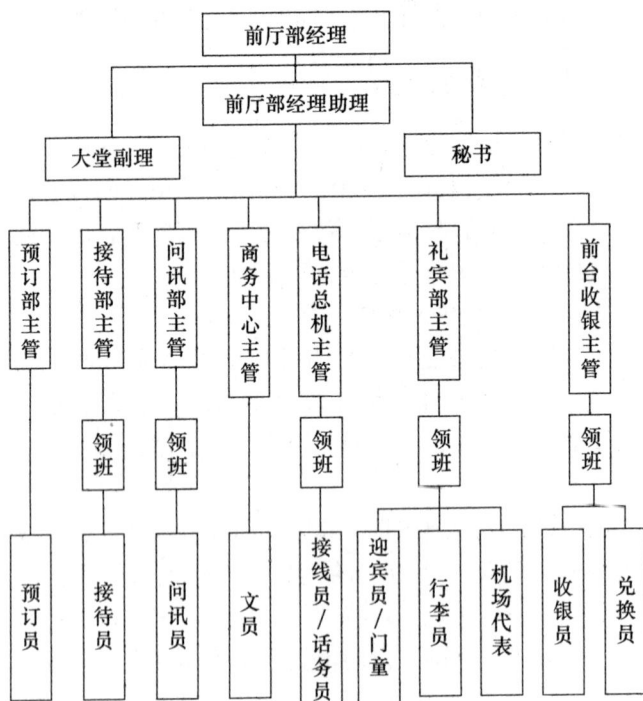

图 1-1　大型酒店前厅部组织机构模式

1. 大型酒店

在前厅部内部通常设有部门经理、主管、领班和服务员四个管理层次。这种模式一般为大型酒店所采用（见图1-1）。

2. 中型酒店

前厅部作为一个与客房部并列的独立部门，直接由酒店总经理负责。在前厅部内部设有部门经理、领班、服务员三个管理层次。中型酒店和一些小型酒店一般采用这种模式（见图1-2）。

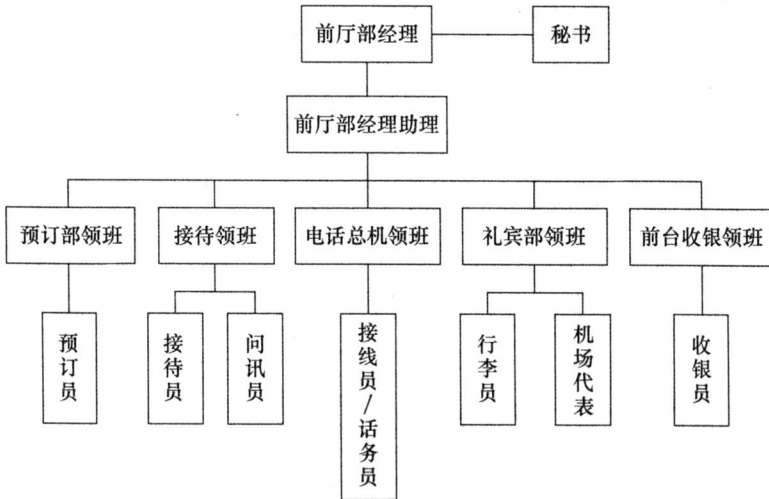

图1-2 中型酒店前厅部组织机构模式

前厅不单独立设部门，其功能由总服务台来承担，总服务台作为一个班组归属于客房部，只设领班和总台服务员两个管理层次。过去，小型酒店一般采用这种模式（见图1-3）。随着市场竞争的加剧，许多小型酒店也增设了前厅部，扩大了业务范围，以强化前厅的推销和"枢纽"功能，发挥前厅的参谋作用。

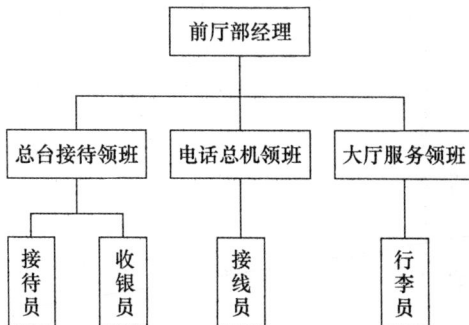

图1-3 小型酒店前厅部组织机构模式

（三）前厅部主要岗位的岗位职责

1. 预订处

预订处是专门负责酒店订房业务的部门，一般由预订主管和订房员组成。其主要任务是：

（1）熟悉酒店的房价政策、预订业务。

（2）受理并确认各种方式的订房，处理订房的更改、取消。

（3）密切与总台接待处的联系，及时向前厅部经理提供最新订房状况。

（4）负责与有关公司、旅行社等提供客源的单位建立业务关系并尽力推销客房，了解委托单位的接待要求。

（5）参与客情预测工作。

（6）及时向上级提供贵宾抵店信息，参与前厅部对外订房业务谈判及签订合同。

（7）制定预订报表。

（8）参与制定全年客房预订计划。

（9）加强和完善订房记录和档案管理。

2. 接待处

接待处的人员一般配备有主管、领班和接待员。其主要职责是：

（1）安排住店宾客。

（2）办理入住登记手续，分配房间。

（3）积极推销出租客房。

（4）协调对客服务，掌握客房出租的变化。

（5）掌握住客动态及住客资料。

（6）正确显示客房状态。

（7）制作客房营业月报表。

3. 问讯处

问讯处的主要职责是回答宾客问讯，介绍店内服务及有关信息、市内观光、交通情况、社团活动等，接待来访宾客，处理宾客邮件、留言，分发和保管钥匙，掌握住客动态及信息资料，负责有关服务协调工作等。

4. 收款处

收款处一般由领班、收款员和外币兑换员组成，在许多酒店，他们往往由财务部管辖。但由于收款处位于总台，与总台接待处、问讯处等有着不可分割的联系，是总台的重要组成部分，因此，前厅部也往往参与和协助对他们的管理与考核。

收款处的主要职责是：

（1）负责办理离店宾客的结账手续，收回客房钥匙。

（2）核实宾客的信用卡，负责应收账款的转账等。

（3）提供外币兑换服务。

（4）管理住店宾客的账单。

（5）与酒店各营业部门的收款员联系，催收、核实账单。

（6）夜间审核全酒店的营业收入及账务情况，制作当日营业日报表。

（7）为住客提供贵重物品的寄存和保管服务等。

5. 大厅服务处

大厅服务人员一般由大厅服务主管、领班、迎宾员、行李员、委托代办员等组成。其主要职责是：

（1）在门厅或机场、车站迎送宾客。

（2）负责宾客行李的运送、寄存及安全。

（3）雨伞的寄存和出租。

（4）公共部门传呼找人。

（5）陪同散客进房并介绍客房。

（6）分送报纸、宾客信件和留言。

（7）代客订出租车。

（8）协助管理和指挥门厅入口处的车辆停靠，确保其畅通和安全。

（9）回答宾客问讯，为宾客指引方向。

（10）传递有关通知单。

（11）负责宾客的其他委托代办事项。

6. 电话总机

电话总机的人员一般由总机主管和话务员组成，主要职责是：转接电话；叫醒服务；回答电话问讯；处理电话投诉；提供电话找人、留言服务；办理长途电话事项；酒店出现紧急情况时充当临时指挥中心；播放背景音乐等。

7. 商务中心

商务中心服务人员一般由主管和秘书组成。主要职责为宾客提供打字、翻译、复印、长途电话、传真及网络等商务服务。此外，还可根据需要为宾客提供秘书服务。

8. 大堂副理

大堂副理是酒店管理机构的代表人之一，其主要职责是：

（1）处理宾客的投诉。

（2）联络和协调酒店各有关部门对宾客的服务工作。

（3）处理意外或突发事件。

（4）回答宾客的一切询问，并向宾客提供一切必要的协助和服务。

（5）负责检查贵宾房及迎送贵宾的接待服务工作。

（6）维护大堂秩序，确保宾客的人身和财产安全以及酒店员工和财产的安全。

（7）负责检查大堂区域的清洁卫生，各项设施设备的完好情况，维护酒店的气氛。

（8）征求宾客的意见，沟通酒店与宾客之间的情感，维护酒店的声誉。

（9）熟悉前厅部各班组的工作，在其他主管不在场时，协助管理、督导及其下属员工的工作。

（10）巡视检查员工纪律、着装，仪表仪容及工作状况。

（11）出席酒店的有关例会，对加强管理、改进服务、增加创收等提出建议。

9. 宾客关系主任

目前，不少高档酒店前厅部设有宾客关系主任，也称为"客户关系主任"，是酒店树立良好的形象、协助各部门圆满完成各项接待任务、提供个性化服务、处理好宾客关系的高层接待人员和管理人员。其主要职责有以下几个方面：

（1）向宾客介绍、宣传酒店的各项服务及设施。

（2）关注宾客需求并迅速准确地满足客人需求，提供个性化的、快捷的登记入住及结账退房服务，并达到宾客满意。

（3）参与酒店的重要接待工作，有针对性地设计接待服务流程并进行人员分工调配。

（4）与相关部门及时沟通，满足宾客的特殊要求，确保所有 VIP、长住客及常客及时得到个性化的服务。

（5）收集、分析宾客反馈意见并向上级汇报，不断改进工作程序。

（6）接受并处理宾客投诉，与值班经理和相关部门联系对所发生的情况进行缓解补救。

在不设客户关系主任的酒店，这些职责由大堂副理负责。

四、前厅部与其他部门关系

（一）与营销部的关系

酒店营销部对长时间的、整体的住房销售，尤其是对团体、会议的客房销售负责。前厅部主要对零星散客，尤其是当天的客房销售负责。双方需要对来年客房的销售工作进行磋商与协调。他们之间的具体关系如下：

（1）营销部将已确定的各种预订合同副本递交前厅部预订处。

（2）营销部将团队、会议客人的预订资料及用房变动情况资料及时递交前厅部预订处。

（3）前厅部以书面形式向营销部通报有关客情信息，如"1周客情预报表"、"翌日抵店客人一览表"等。

（4）前厅部向营销部了解团队、会议活动的日程安排情况等，以便解答客人的询问及提供所需的服务。

（二）与客房部的关系

（1）前厅部向客房部递交"1周客情预报表"、"翌日抵店客人一览表"、"VIP（贵宾）接待通知单"、"预期离店客人名单"等，以书面形式将客情信息通报客房部。

（2）及时通报客人入住和退房情况，可借助于直拨电话。

（3）团队、会议客人抵店前，向客房部递交"团队、会议用房分配表"，以便预留好客房。

（4）向客房部递交"特殊要求通知单"，以通知客人对客房及有关服务的特殊要求。

（5）向客房部递交"客房、房价变更通知单"，以通知客人用房的变动情况。

（6）向客房部递交有关客房状况的报告，以协调好客房销售与客房管理之间的关系。

（7）前厅部应积极参与客房清理保养质量的检查。

（8）客房部及时将客房内所发现的客人遗留物品通知前厅。

（9）客房部根据前厅通知派楼层服务员探视那些对叫醒无反应的客人。

（10）客房部应及时向前厅通报客房异常情况。

（11）客房部应安排楼层服务员协调前厅行李员运送抵店的客人行李。

（三）与餐饮部的关系

（1）每周向餐饮部递送"客情预报表"。

（2）每天以书面形式通报有关客情信息及客人订餐信息。

（3）以书面形式通知餐饮部预订客人的特殊用餐要求及房内布置要求（鲜花、水果篮等）。

（4）娴熟掌握餐饮部各营业点的服务内容、服务时间及最新收费标准。

（5）协助餐饮部向客人发放餐饮推销的各类宣传资料。

（四）与财务部的关系

为确保客房收入的及时回收，前厅部应做好与财务部，包括前厅收银处之间的沟通协调。

（1）前厅部及时递交已抵店散客的账单、登记表及压印好的信用卡签购单。

（2）前厅部递交已抵店团队客人的主账单。

（3）递送"客房、房租变更通知单"、"长途电话收费单"、"预期离店宾客名单"等客情信息资料。

（4）每日就客房营业情况的夜审进行细致核对，确保准确无误。

（5）对信用限额、预付款、超时房费收取、已结账客人挂拨长途电话时再次收费等进行有效沟通。

（五）与酒店其他部门的关系

（1）向工程部递送"维修通知单"。

（2）与工程部、保安部沟通协调，做好客房钥匙遗失后的处理工作。

（3）了解各部门经理的值班安排及去向。

（4）出现突发事件时各部门要加强沟通协调。

第二章 前厅部的设计与用品

一、前厅及其功能布局

(一) 入口及门厅形式特点

1. 入口

入口包括雨棚和大门。雨棚是为方便宾客进出酒店或上下车以遮挡风雨而设置的,有长方形、正方形、半圆形、月牙形等造型。雨棚下常设有圆形或方形支撑柱,并多用高档大理石或花岗岩镶嵌而成。

雨棚下的通道要分别适合于车辆、正常人步行和残疾人轮椅进出的需要。车辆通道至少有两辆小轿车的宽度。如果雨棚正前厅设步行台阶,台阶不要太高。同时,应考虑到残疾人轮椅进入的需要,在门厅前走道左右两侧不宜设台阶,上下路面用斜坡连接。

酒店大门作为内外空间交界处,要求醒目,便于客人和行李人员进出,同时要求防风,减少空调冷气外逸,地面耐磨易清洁,雨天防滑。酒店门的种类分手推门、旋转门、自动门等。

2. 门厅

门厅 (大堂) 由入口大门区、总服务台、休息区和楼梯、电梯几部分组成。门厅具有各种服务功能,它服务的人数和复杂性远远超过其他公共区域,所以大堂的空间应该是宽敞的。为了提高空间的使用效率和质量,可对不同功能的活动区域进行划分,一般包括以下几个部分:

(1) 服务区。服务区包括总服务台、行李间、大堂副理桌及总台前的等候区。这一区域需靠近入口,位置明显,灯光明亮,以便客人迅速办理各种手续。

总服务台的柜台基本上是长条式、C 形,也有分设式、半圆形。总柜台的大小长短应与酒店的规模、等级相协调,如国际喜来登集团的总服务台指标是每200 间客房,柜台长 8m,台内面积 23m²;每 400 间客房,柜台长 10m,台内面积 31m²;每 600 间客房,柜台长 15m,台内面积 45m²。其高度 120 ~ 130cm,柜台朝里一面有工作台,其台面高度约为 80cm。

总台工作区域的灯光照明应有足够的亮度而又不产生妨碍视觉的阴影，并且以微暗的壁面作陪衬，不至于过分反光。总台的台面也不应使用反光材料，以免炫目。同时，一般选用经久耐用、易于清洗和高雅脱俗的材料，如大理石、磨光花岗岩和硬木等。

大堂副理的值班桌应设在门厅的一角或某一较为安静的部位，方便环视整个门厅的活动。

（2）休息区。休息区宜偏离主要人流路线，自成一体以减少干扰。休息区宜采用隔而不断，又围又透的限定手法，既保持大堂的整体形象，又有安定、亲切感。其中，休息座的成组布置是最常用的手法，其地毯、沙发、茶几、台灯等的组合能在大堂中营造一个安静亲切的小空间。

门厅中提供饮料服务的咖啡座或酒吧，既是一个收益区，又具有休息区的功能。

（3）交通区。大堂中的交通区一般在楼梯、电梯厅前，在设计、装修时要有意识地组织导向。一般可根据门厅布局组织导向，对称的门厅常按中轴线加强导向；自由布局的门厅则常用连续渐变、转折突变及引申渗透等方法引导方向。如醒目的地面图案、明暗有别的灯光照明，有方向性的吊顶、台阶、栏杆和标识牌等都明示或暗示着运动方向，将人们从大堂引导至另一空间。

（二）入口及门厅装饰艺术原则

1. 富有文化性

大堂是展示酒店特色的重要窗口，从大堂的装饰布置就可以看出整个酒店的装饰风格，加之其不可替代的服务功能，被称为酒店的灵魂。大堂的装饰风格必须与众不同，富有特色，这种特色就是文化。

酒店设计可分为功能设计、文化设计和装修装饰设计。功能设计解决布局规划和流程研究的使用经营问题；文化设计则要为酒店的形象、风格选择定位，确定酒店独特的魅力和品位；最后才是装修装饰设计问题。显而易见，装修装饰是为酒店功能和酒店形象服务的。

酒店设计装饰的文化性就是要有明确的历史、地域、风情、人文、宗教、情景上的综合深入取向。根据国内外酒店大堂设计装饰的文化特色，可分为中式、西式、乡土式和现代式几种类型和风格。

2. 安全与舒适

（1）安全原则是客人和员工在酒店进行各种活动时最基本的需求。前厅设施布局首先要考虑安全因素。例如大厅的各个通道均纳入员工的视线范围以内，酒店标识幕墙、各台阶、各高低不平处、进出口及障碍处均有明显的标志等。

（2）舒适原则主要是指每个细节的设计都要尽可能地符合人体舒适的需要。这样既便于员工提高工作效率，又有利于保证客人的人身和财产安全；还可让客人和员工都感到舒适。

3. 分区与渐变

（1）分区原则是指前厅布局时要考虑各类设施在功能方面的相同或同类，并在陈设时要自然而明显地加以区分。

（2）渐变原则是指在设计前厅布局时，随着功能区的不同，设计的风格也应有所变化，但风格变化又会缓慢转换而不露痕迹。

4. 美观与实用

（1）前厅的设计美观、典雅，设施的布局显得庄重、规范。

（2）前厅各类设施讲究科学，既对客人和服务人员双方适用、实用，又便于服务人员提高工作效率。

5. 特色与绿色

（1）成熟的酒店前厅均会有自己的特色和风格。

（2）前厅布局设计者会按照国家星级酒店评定标准，倡导绿色设计、清洁能源、节能减排、绿色消费等符合环保的理念。

6. 管理与效益

（1）如果电梯过多，可能方便客人，但浪费电力；如果前厅很大，可能显得气派，但需要太多的清洁工维护；如果安排外驻单位过多，可能给客人带来较多的便利，但容易引发更多的矛盾。所以，前厅设计与布局会考虑各方面的综合成本。

（2）前厅设施的配置也不会一味地追求奢华、全面，酒店会综合考虑投资效益、控制成本、便于管理、充分利用空间及便于客人往来等因素。

总之，前厅布局是展示酒店的等级、规模、类别、品质，以及酒店所处的区域文化、民俗文化和企业文化等的一种艺术。

（三）门厅装饰艺术风格

1. 中式艺术风格

现代酒店大堂的中式艺术风格并非完全照搬中国古代建筑的手法、形式、材料，而是在引进、学习国外现代酒店室内装饰手法的基础上，积极挖掘中国古代建筑的优秀传统，创造出既具有时代性，又具有中国传统特色和民族、地区特点的大堂装饰。所以大堂空间一般突破传统模式，采用国际流行的大尺度空间造型手法，空间形态新颖、丰富，界面处理简洁，并注重寻找与中国文化的结合点。

2. 西式艺术风格

20 世纪初，欧洲大酒店室内常采用如同皇宫、府邸般的华丽装饰，以显示典雅高贵。主要是将文艺复兴和巴洛克风格渗透到室内，形成大酒店式的西方古典装饰主义流派，也被称为欧陆古典风格。这种风格注重古典柱式、线脚及铺地图案等工艺，其完美丰富的形象往往令人赞叹不已。

现代许多酒店设计构思跨越时空，将豪华的西方古典装饰风格糅合到设施先进的现代酒店大堂中，将古典文化与现代文化交融，碰撞出优雅而别致的室内环境。

香港香格里拉酒店二层高的大堂悬挂着三盏巨形水晶玻璃吊顶，地面中央精致的八角形图案，圆弧形大理石楼梯配着螺旋木扶手。自大堂到接待处的休息厅有深色螺旋大理石柱，鎏金科林斯式柱头，法国路易十五式家具雕花金饰，而地毯的抽象圆形图案及淡紫、黄、红的色彩能够带来现代感。

3. 乡土艺术风格

有些酒店为满足宾客寻找失落的乡情、人情的心理需求，装饰设计中引进与众不同的传统文化或乡土文化，以其古朴、传统的魅力吸引旅客。

福建武夷山庄休息厅以毛竹筒制灯具，墙面采用地方特产"崇安横纹竹筒席"为饰面，片石砌筑的壁炉，富于山居情趣。兰州金城宾馆大堂水池里布置黄河水车模型，趣味横生，令人想起乡村生活。

4. 现代式

现代式室内装饰设计摒弃烦琐的装饰和手工艺制品，追求理性、技术的美。如以色列耶路撒冷希尔顿酒店大堂中央立着一个圆球体雕塑，抽象的几何体有一种向心引力，半圆形沙发环绕着它，墙上的三角形装饰、平顶的八角形图案，体现出现代抽象造型艺术的特征。

5. 后现代式

后现代式不像现代式那样简洁，也不像乡土式那样清新，更不像古典式那样典雅。

（四）前厅布局规范

酒店前厅布局代表着一个酒店的形象，是给客人的第一感觉，所以前厅布局起着举足轻重的作用。

1. 前厅布局平面图

因酒店档次、酒店类型及经营理念、管理模式和文化背景等不同因素的影响，前厅设施及其布局在一定程度上会有所不同，但一般均会位置恰当、分区合理、方便客人使用，其形式大同小异，一般如图 2 - 1 所示。

2. 前厅布局规范

（1）大门的正门与边门功能有别。

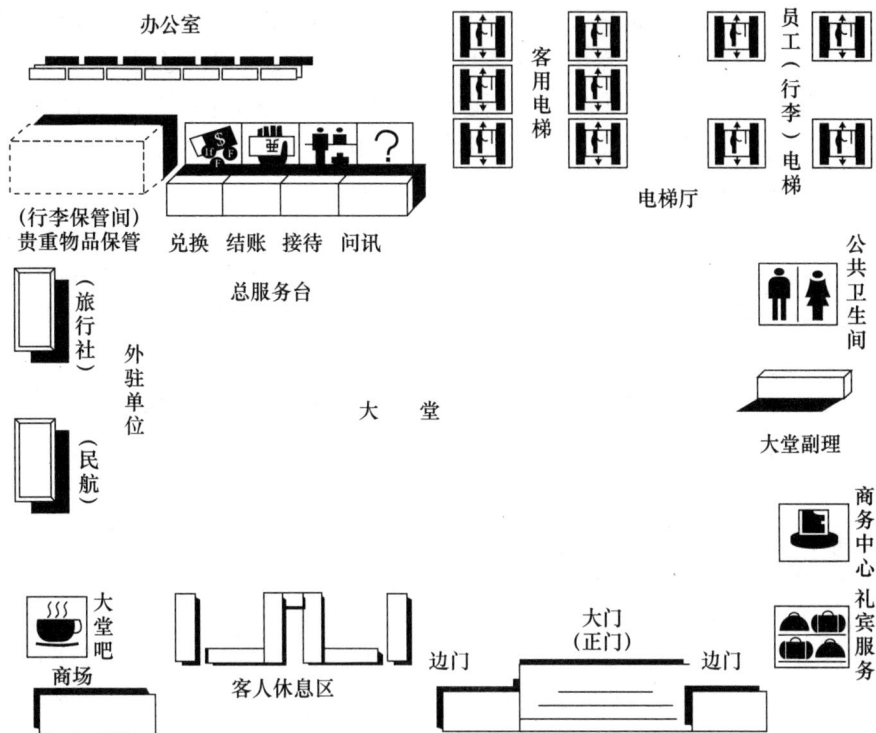

图 2-1　前厅布局示意图

1）正门是客人的主要进出口，一般外观高大、新颖、有特色，装饰用材档次较高，配件华丽，能对客人产生较强的吸引力。正门往往为直面、两扇玻璃门，或为旋转玻璃门，一般选用厚度、强度、颜色适当的玻璃制作。玻璃安装牢固，不易脱落，门扇开启或旋转性能可靠。玻璃门上有醒目的中外文文字及图形标识，酒店的店名及店徽和星级标志醒目、美观，不会被往来的车辆挡住。正门便于客人进出和门童为客人提供开门服务，也便于根据客流量大小进行调控。

2）多数酒店正门的左右两侧各开 1~2 扇边门，以便于团队客人及行李和部分员工的进出。正门安装自动感应器的同时开设手动边门，以防感应门失灵时客人无法正常进出酒店。有的酒店还设置了内、外双道门（两道有一定间距的门），内道门开启时外道门关闭，外道门开启时内道门自然关闭，这样可以防尘、保温、隔音和节能。

（2）大门的外部区域布局有方。

1）酒店的正门外一般建有雨篷，大门前有上下车的车道、空间及回车道、停车场。车道宽度一般不小于 4.5 米，人行道、回车道、停车场及划定范围内无车辆乱放，以保障客人进出安全、方便。正门前台阶旁设立专供身体有障碍者轮椅出入的坡道，轮椅坡道宽度一般不少于1.2米，坡度一般不超过12°。

2）通常在大门口地面铺设一块地毯或脚踏垫，供客人擦干净鞋底进入大厅，保持大厅清洁，也为了防止湿鞋的水滴使客人滑倒。正门或边门一侧还设立雨伞架，供客人存放雨伞。

3）有的酒店大门外的空旷处，通常还设置旗杆，一般有3根，中间最高的一根悬挂酒店所在国的国旗，两边分别悬挂酒店的店旗和在酒店下榻的外国国家元首所在国的国旗。有些酒店正门前还设计了小型花园和喷泉，为酒店增添了许多雅趣，也给客人留下了良好的第一印象。

（3）厅堂面积、门外空间、公共设施设备合乎星级评定标准。

1）按酒店星级评定标准，大厅的建筑风格、面积必须与酒店的规模、星级相适应。

2）前厅公共面积（不包括任何营业区域，如商场、商务中心、大堂吧等）与酒店的客房、间数要符合一定的比例标准，即一般酒店的前厅面积不少于客房数×0.4平方米/间，而高档豪华酒店的前厅面积不少于客房数×0.8平方米/间。

3）酒店大门外有自备的停车场，包括地下停车场、停车楼，或酒店周围200米以内可以停放车辆的区域，有回车线，车位不少于15%~40%的客房数。

4）前厅有与酒店规模、星级相适应的总服务台，有酒店设施布局示意图。大厅各服务区设施设备应齐全，设备的完好率不低于95%，分区摆设整齐、无尘、美观、舒适，其功能一目了然。客用电梯数量不少于平均70~100间客房一部，高星级酒店的电梯有抵达行政楼层或豪华套房楼层的专控措施。厅堂内要设有宽敞的男女客用洗手间，各种洁具用品配备齐全且卫生、无异味，并设有身体有障碍者厕位。档次高的酒店还专门设有为宴会、展览会等集会服务的衣帽间。有的酒店还安装供客人免费使用的触摸式多媒体查询计算机等，以减少总台服务员的工作量并方便客人。

5）前厅整体舒适，灯光气氛、墙面处理、色彩选用、艺术品（包括盆栽、盆景、插花、挂毯壁画等）摆放得体，布置要与装饰风格协调等。

（4）人员流向通道设计合理。

1）前厅是酒店客流会集的中心区域，通行要方便，分布流向应合理，且符合客人活动规律。

2）客人活动区域、店外单位驻办点工作区域及员工通道、员工洗手间、操作区域、货用电梯等尽量隔离区分，避免交叉、串行，以防碍客人活动和加大服务与管理的难度。

（5）导向系统设置和公共信息图形醒目规范。

1）酒店内外应配置或设立醒目的图形、标志牌、路标、提示牌等。

2）各种指示和服务用文字应至少使用规范的中文及第二种文字提示表示，导向标志清晰、实用、美观，导向系统的设置和公共信息图形符号必须符合 GB/T 15566.8 和 GB/T10001.1、GB/T 10001.2、GB/T 10001.4、GB/T 10001.9 的规定。

二、前厅环境氛围布置

前厅环境氛围体现着酒店的风格和特色，也体现着酒店的管理理念和管理水平。随着酒店业的发展以及客人消费能力和文化素质的提高，酒店的氛围越来越被客人所看重。

（一）前厅环境氛围及其舒适度

1. 前厅环境氛围

前厅环境氛围通常是指前厅的环境气氛和服务气氛两个方面。前厅环境气氛是指酒店大厅内的各种设施设备、布局和装饰布置所体现的品位与风格各不相同，以及清洁保养程度带给客人的不同感受。前厅服务气氛则是通过前厅部员工的主动、热情、耐心、周到和恰到好处的服务，给客人营造一种宾至如归的氛围。

需要特别指出的是，前厅的服务气氛主要由前厅部员工的仪表仪容，礼貌礼节，言谈举止，待客态度以及知识技能等因素构成。在很多时候，关系到客人去留的因素之一就是酒店前厅服务气氛是否浓厚。

2. 前厅舒适度

酒店前厅舒适度就是指建立在专业化管理和整体氛围协调性基础上的高质量服务的一种结果。通常情况下，影响酒店前厅舒适度的一般因素有：光线明暗、温度高低、湿度大小、噪声强弱、气味浓淡以及装饰装潢、服务人员态度以及服务效率等。

前厅内人员集中，密度大，耗氧量大，如通风不畅，会使人感到气闷、压抑，因此，应使用性能良好的通风设备及空气清新剂等，以改善大厅内的空气质量，使之适合人体的要求。前厅一般离酒店大门外的闹市区或停车场较近，人员活动频繁，车辆噪声不断，加之大厅内的说话声、电话铃声等，声源杂、音量大，噪声超过人体感觉舒适的限度，会使人烦躁不安，易于激动、争吵、出错，进而降低工作效率。所以酒店前厅带给客人的舒适度在一定程度上决定着客人的去留。

（二）前厅环境设计

前厅内的光线设计、色彩搭配及温度和湿度的控制，应能适应服务人员工作和客人休息对环境的要求，创造出前厅特有的安静、轻松的气氛。

1. 光线

（1）前厅内有适宜的光线，能使客人与员工在适宜的光照下活动与工作。前厅内往往要求能照入一定量的自然光线，同时配备层次、类型不同的灯光，以保证良好的光照效果。过于明亮的光线，会使人的眼睛过分紧张，产生头晕目眩等不舒适的感觉；过于昏暗的光线不易使员工和客人彼此看清对方的脸，也不利于准确地填写表格。

（2）客人从大门外进入大厅，是从光线明亮处来到光线昏暗处，如果这个转换过快，客人会很不适应。在设计安装上，应采用不同种类、不同亮度、不同层次、不同照明方式的灯光，配合自然光线，以达到使每位客人的眼睛都能逐渐适应光线明暗变化的要求。

（3）总服务台上方的光线不应太暗或太亮，更不能直接照在客人或服务员的脸上，否则，会使他们睁不开眼睛。

2. 色彩

（1）前厅环境的好坏还受到前厅内色彩搭配的影响。前厅客人主要活动区域的地面、墙面、吊灯等一般以暖色调为主，以烘托出豪华热烈的气氛。

（2）色彩搭配与前厅的服务环境相协调。在客人休息的区域，色彩略冷些，使人能有一种宁静、平和的心境。

3. 温度/湿度/通风

（1）前厅有适当的温度和湿度。酒店通过单个空调机或中央空调，可以把大厅温度维持在人体所需的最佳状态（一般是22℃~24℃），再配以适当的湿度（40%~60%），使整个环境比较宜人。

（2）通常高星级酒店大厅内风速保持在0.1~0.3米/秒，大厅内新风量一般不低于160立方米/人·小时。大厅内的废气和污染物的控制标准是：一氧化碳含量不超过5毫克/立方米；二氧化碳含量不超过0.1%；可吸入颗粒物不超过0.1毫克/立方米；细菌总数不超过3000个/立方米。

4. 声音

（1）在建造前厅时，酒店管理者和设计者会考虑使用隔音板等材料降低噪声。前厅员工交谈时声音也应尽量轻些，有时甚至使用一些体态语言，代替说话进行沟通（如用手势招呼远处的同事）。

（2）前厅员工应尽量提高工作效率，使客人在高峰时间不致长久滞留于大厅内，破坏大厅安静的气氛；对来店参观、开会、购物、用餐的客人，必要时也会劝告他们说话低声些。

（3）酒店尽可能地播放轻松、愉悦的背景音乐，以减少噪声对客人的骚扰，其音量大小一般以"要听则有，不听则无"为标准（一般以 5 ~ 7 分贝为宜），不影响宁静宜人的氛围。大厅内的噪声一般不得超过 45 分贝。

酒店前厅的功能照明、重点照明、氛围照明、色彩色调、温度、湿度、通风、声音等，在创造环境气氛和意境过程中发挥着积极的主导作用。

（三）前厅氛围营造

因前厅氛围通常是指大厅的环境气氛和前厅服务气氛两个方面，所以前厅员工应努力营造雅而不俗、井然有序、温馨愉悦的氛围。

1. 装饰设计突出酒店文化

（1）酒店前厅装饰通常采用壁画、雕塑、雕刻、书法、挂毯（图）等装饰品，具有良好的视觉感受。

（2）装饰设计主题突出，格调高雅，形制优美，色彩明亮，工艺精致，位置突出，韵味无穷；还富于创意，并借助于各种艺术手法，为前厅服务提供与酒店经营风格和谐一致、相得益彰的环境条件。

（3）配合前厅的建筑设计特色和装饰风格，酒店前厅应随着季节、气候变化和活动需要适时调换花卉品种，以及配置适当的工艺摆件、挂件，烘托出服务氛围的整体感和艺术感。

2. 服务人员服务规范

（1）前厅服务人员要求穿戴的制服整洁、大方、庄重，站姿、坐姿、行姿规范，操作轻、准、快，说话轻声细语，敬语不离口。

（2）前厅服务人员要求微笑服务，因为微笑是最重要的体态语言，微笑最具沟通性；要让客人时时处处感受到亲切和热情，微笑是最基本的服务要求。

（3）前厅服务人员要求注重服务效率，有求必应、有问必答，要主动观察，注意揣摩客人心理，做到真诚待客、言而有信，对客人的每一次承诺都要全力给予实现。

（四）总台及其标准

总服务台（简称总台）是 24 小时为客人提供入住登记、问讯接待、查询留言、出租车预订、总账单结账、国内和国际信用卡结算及外币兑换、联系协调等前厅接待服务业务的机构。为了方便客人，总台一般都设在酒店首层前厅，且设置在门厅正对面或侧面醒目位置。总台长度及区域空间大小应与酒店星级和客房数量相匹配。总台人员一般采用站立式或坐式两种形式进行服务，前者常见于商务型酒店；后者常见于度假型酒店。

1. 总台的中轴线

总台的中轴线一般与客人进出酒店大门的直线通道垂直或平行。这样陈设的目的是为了使客人容易找到总台，也是为了使不能随意离开总台的服务员及时观察到整个前厅出入口、电梯、大堂咖啡厅、客人休息区等处的客人活动以及门外车辆的进出停靠等情况，便于迎送客人、接待服务和协调业务。

2. 总台的型制

总台常见的型制有中心长台型、侧向长台型和分立圆台型三种。

中心长台型一般设置在前厅中后部，正对酒店大门处，呈半"口"或直线状；侧向长台型，大多呈"L"、"W"、"H"、"门"等状，一般设置在酒店主出入口，位置也很醒目；分立圆台型一般设置在酒店主出口处，设立多个圆形台，且位置突出。

中心长台型、侧向长台型的总台服务功能划分清楚，使用和管理方便，而分立圆台型的总台则有可以同时接待多批客人、减少相互干扰的特点，但对接待和服务人员的素质要求较高，管理难度较大。

近年来，常见的总台类型又可分为主题型、时尚型、功能型三种。主题型总台一般应用于五星级的主题酒店或大型城市豪华酒店，通常以一组大型艺术作品作为总台背景，突出酒店的文化主题；时尚型总台一般体现整体设计特色和形式美感的追求；功能型总台通常以实用为原则，设计手法简洁、大方，巧妙的点缀也会有出人意料的效果。

3. 总台的大小

总台的大小是根据酒店前厅面积的大小、客房数量的多少及酒店接待工作的需要来确定的。

总台高度一般为 1.2 ~ 1.3 米，台面宽度为 0.45 ~ 0.6 米。总台内侧设有工作台，其高度一般为 0.75 ~ 0.85 米，台面宽度为 0.6 米左右。总台内侧与墙面之间，通常有 1.2 ~ 1.8 米的距离，用于接待人员通行。

目前，国内许多酒店的总台设计已突破固有的模式，在体现人文精神的同时，还具有强烈的时尚品位。

（五）总台管理方式

由于各酒店的类型、位置不同，建筑格局、客源结构、管理体制以及文化特色还存在许多差异，因此，总台的管理方式也有所不同。

1. 功能分设式

功能分设式典型的管理方式是将其基本服务功能划分为四个部分：问讯、接待、外币兑换和结账。这四个部分在总台区域内是明确分开的，一般由前厅部和财务部分别管辖。由于功能划分明确，因此前厅部岗位设置符合这一原则，分别设问讯员、接待员（由前厅部管辖）、外币兑换员和账务员（由财务部管辖）。

功能分设式管理方式的特点是任务明确、职责范围清楚，但也存在设岗较多、人工成本较高、人员业务单一、工作中容易产生推诿现象等不足之处。

2. 功能组合式

（1）功能组合式摒弃了以往传统的格局，其基本服务功能仍为四个主要部分，但在管理上除外币兑换仍需由财务部门负责外，其他三个基本服务功能（问讯、接待、结账）统一划归前厅部管辖。

（2）采用功能组合式管理方式进行管理，可以降低人工成本，但对总台接待人员的各方面素质要求比较高，也使得总台接待人员的业务综合性强，劳动强度较大，劳动效率也较高。

3. 综合式

综合式总台管理方式的特点是业务量小，服务功能单一，服务内容简单。因此，岗位人数设置少，人工成本低，在行政隶属关系上一般划归客房部（房务部）管辖。小型酒店、旅馆、公寓及内部招待所多采用综合式总台管理方式。

总台管理方式虽然有三种分法，但主要还是对总台进行基本的管理，其主要目标仍是为客人提供日常周到的服务。从发展的趋势看，随着科学技术的不断进步和互联网的发展，总台将日趋小型化。

三、前厅设备用品配置

（一）前厅对客服务主要设备

在前厅的对客服务中主要有两类设备：一类是直接供客人使用的；另一类是服务人员用以向客人提供服务的。前者如商务中心的电脑、打印机、复印机、传真机和碎纸机等，其性能、完好程度等将直接影响客人的使用；后者如电脑系统、电话系统等，如性能不佳或维护保养不善，也会影响内部操作和对客服务，从而间接影响服务质量。

（二）前厅设备维护和保养的主要作用

前厅的许多服务项目是依赖其设备而提供的，设备是提供这些服务的基础。这些设备的质量在很大程度上决定了所提供的服务质量。酒店应维护好前厅设备的运行环境，这样不但可适当延长设备的检修周期，提高设备的利用效率，减少设备解体时的损害，还可大大降低维修成本。因此，平时对设备使用环境的维护和设备的保养工作十分重要。

（三）前厅柜台主要设备

1. 计算机显示屏

前厅部柜台内应设计算机，通常100间客房以内的酒店至少应设两台显示屏，100~500间客房的酒店以每增加100间客房加设一台显示屏为宜，500间客房以上的酒店以每增加200间客房再加设一台显示屏为标准。

2. 酒店地图钟

酒店地图钟可同时显示世界主要大城市的地方时间，计算机控制系统会保证各城市时间绝对同步，准确无误，时钟走时精度1秒/天。世界各主要城市（一般为9~16个）的时间在对应的时间牌上显示，牌上用中英文标出城市名，主要城市大型世界时间地图屏还可标出城市象征性图案（如悉尼歌剧院、巴黎埃菲尔铁塔等），各主要城市在地图上用闪光的高亮度发光管显示相应的地理位置。

3. 打印机复印机/身份证识别仪

前厅部一般有2台以上的打印机和复印机，打印机和复印机的出纸速度快，分辨率适当，选用不易夹纸及便于维修保养的品牌。

前厅部配备第二代身份证识别仪，使入住登记工作快捷、准确，通常还可以减少一联入住登记表。将来，IC卡式的数字智能身份证投入使用后，入住登记工作将更快捷、更准确。

4. 保管箱

高星级酒店一般设贵重物品保管箱供客人保管贵重物品。贵重物品保管箱放置于安全、隐蔽的专用房间内，贵重物品保管箱比较接近总台的前厅收银处。贵重物品保管箱分格编号应清楚，完好率和保险系数一般应达到100%。贵重物品保管箱数量不少于客房数量的8%，且不少于两种规格；客源中散客比例高的酒店适当增加这一比例，客源中团体比例高的酒店适当减少这一比例。前厅收银处贵重物品保管箱的使用应是免费的，并且应该24小时对客服务。

目前，越来越多的星级酒店在每间客房内设置了可供客人自己存取并设置密码的客用贵重物品小保管箱以方便客人使用，增加安全性，从而减少纠纷。

5. 信用卡刷卡机/收银机/验钞机/税务发票打印机/账单架

总台备有信用卡刷卡机及POS机，分别用于手工刷信用卡和计算机刷信用卡。刷卡时，已作废的客人签过名的签购单应当着客人的面撕毁。

前厅收银处的人民币验钞机用以识别人民币的真伪。有的酒店还准备了多种类外币验钞机，用以识别不同种类的外币的真伪。

总台还应准备账单架，分别用于存放团体和散客的账单。

6. 电子查询设备

使用计算机管理系统和客房电子门锁系统的酒店，在总台已看不见高大的钥匙架、邮件架以及旋转问讯架，而是采用科技含量较高的电子查询设备。电子查询设备在信息存储量、安全性等方面都比传统的旧式管理方式的效率更高，更富于时代特点。随着电子通信技术的不断发展，有的酒店在总台旁设置多媒体信息触摸屏进行查询；还有的设立了与机场、车站同步滚动、实时显示进出港航班、进出站车次的电子查询设备，因而方便了客人不同需求，大大提高了服务效率。

7. 电子门锁/发卡机

酒店客房门锁及钥匙统称客房钥匙系统，包括传统机械式和现代电子式两大类。现今的酒店基本都采用电子式门锁系统。电子式门锁系统的构成，一般由整体成型的门锁、编码器、读码器、钥匙卡、打印机等组成，且多与本酒店计算机管理系统接口联网。

8. 计算器/打时器

（1）总台还配多个计算器，及时地为客人计算消费金额，统计相关数据，制作报表。

（2）总台还备有打时器，对收到的各种信件、文件及资料打上时间，以控制收发信件、文件及资料的速度。

9. 档案小车/办公桌椅

（1）档案小车用于存放订房档案夹，并且可以推动以方便取用。

（2）有的酒店前厅部准备了办公桌及带轮办公用椅，便于员工工作。

（四）前厅行李组主要设备

1. 行李车/行李寄存架

（1）行李车有大小两种，有两轮的，也有四轮的，分别用于装载团体行李和散客行李。

（2）行李寄存架放置于行李房中。行李寄存架有两种：一种是固定格子的；另一种是可以分成一个个可任意调整大小的格子的。每个格子通常只放一批客人的行李，同一批客人的数件行李应用绳子串起来放到一个格子上。

2. 伞架/轮椅/担架

（1）无论酒店是否开设免费提供或出租雨伞的服务，酒店一般都应在大门口设置带锁的伞架，供客人自己存取雨伞。

（2）轮椅专用于老、弱、病、残等行动不便的客人进出酒店。有些酒店还在行李房中存放担架，以供抢救危重病人之用。

3. 其他

有的酒店还准备了婴儿车架及包装行李用的绳子、纸张、剪刀、胶带等，以便于客人使用。

（五）前厅总机房主要设备

程控电话交换机、电话自动计费器、自动叫醒控制系统，是酒店服务与管理的重要设备，专业操作要求比较高。所有机房设备应安装在干燥、通风、牢固的地方。

1. 程控电话交换机

（1）来电显示：1~6分机口均可接来电显示电话。

（2）打出与转接：打出时直拨外方号码；转接时直拨分机号码。

（3）内部通话：直拨分机号（房号）；或先拨 * 号，再拨分机号码（房号）。

（4）通常允许多台（对）电话，包括外线呼叫、通话、转接，以及内部呼叫、通话，同时进行，互不干扰。

2．电话自动计费器

（1）电话计费器集中管理系统由公话管理部门的管理计算机和分散在各业主处的计费器单机组成。

（2）管理中心随时将最新计费参数送到计费器，同时收集计费器中的话费、话务统计信息，校正计费时钟，确保半费/全费、节假日、优惠日话费优惠的统一和准时执行；若有用户投诉乱收费，管理中心可随时调出通话记录，客观公正地处理纠纷。

3．自动叫醒控制系统

（六）前厅常用办公文具

1．各种铅笔/削笔刀/小图章架

铅笔用于制作前厅部各种报表的草表；小图章架用于存放各种前厅部专用图章，这些图章应由专人保管，员工下班时应锁好。

2．各种文件夹/多用途订书机/拔钉器/纸张穿孔器

各种文件夹用于存放各种不同的文件及报表；多用途订书机和拔钉器用于装订前厅部各种资料及拆开装订好的资料；纸张穿孔器用于把资料穿孔后存入文件夹。

3．涂改液/荧光笔

涂改液用于遮盖写错的内容，并在涂改液干后重新写上正确的内容；不同颜色的荧光笔由不同的部门或班组专用，表示不同的意义，且把重要内容用荧光笔画出以引起特别注意。

第三章　前厅问讯服务与管理

问讯服务是酒店为客人提供的全方位系统服务中的一个重要组成部分，也是满足客人对有关信息需求的一项重要工作。问讯工作的好坏同样也反映一个酒店总体服务质量的高低。问讯服务的确立是适应现代经济发展对社会生活的需求，以满足客人需要，为客人提供宾至如归的服务为宗旨。随着现代社会经济的发展、人们生活品质的提高和生活需求的多样化，问讯服务的内容也随之更新、发展和充实。

当客人需要了解某些情况时，常常求助于酒店的问讯部门。问讯员也可主动地征询客人的意见，回答他们的问题。此时，问讯工作起着为客人排忧解难的作用，问讯员也就成为酒店的代表。如果问讯员能够自始至终地为客人提供周到细致的、面对面的优质服务，将给客人留下良好的印象，为提高整个酒店的接待服务水平做出重大贡献。

一、前厅问讯服务工作概述

（一）问讯处的任务

问讯处是协调酒店与顾客关系的首要部门，也是酒店与顾客沟通的重要桥梁。其任务主要包括：

（1）留言服务。

（2）查询服务。

（3）提供各种旅游和交通信息。

（4）客房钥匙管理。

（5）收发代寄邮件。

（6）客人物品的转交服务及其他各项代办服务。

（二）问讯处组织机构

小型酒店一般不设专职问讯员，其工作职责由总台服务员兼任。中型酒店和大型酒店问讯处的组织机构如图 3 - 1 所示。

（三）问讯员岗位职责

问讯员对待客人要一视同仁，彬彬有礼；要耐心、热情地解答客人的任何疑

```
                    ┌──────────┐
                    │  总经理   │
                    └────┬─────┘
              ┌──────────┴──────────┐
              │ 前厅部经理、副经理    │
              └──────────┬──────────┘
   ┌────┬────┬────┬────┬────┬────┬────┬────┐
  ┌──┐┌──┐┌──┐┌──┐┌──┐┌───┐┌───┐┌───┐
  │预││接││问││总││行││商 ││总 ││大 │
  │ ││ ││ ││ ││ ││务 ││台 ││堂 │
  │订││待││讯││机││李││中 ││收 ││值 │
  │  ││  ││  ││  ││  ││心 ││银 ││班 │
  └──┘└──┘└──┘└──┘└──┘└───┘└───┘│经 │
              │                    │理 │
          ┌───┴───┐               └───┘
          │ 问讯   │
          │ 领班   │
          └───┬───┘
          ┌───┴───┐
          │ 问讯   │
          │ 员     │
          └───────┘
```

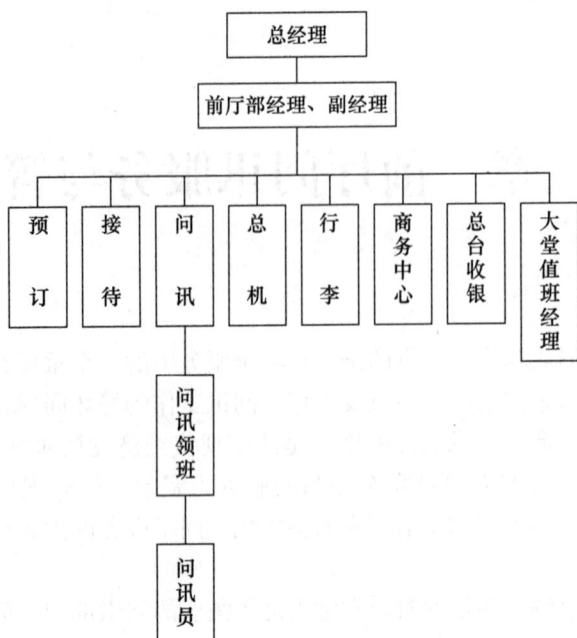

图 3 - 1　大、中型酒店问讯处组织机构

问，做到百问不厌；熟知酒店所提供的各种服务项目，准确地记清他们的部门和电话，以便迅速联系，减少客人等候时间；要不断地搜集、补充、修改酒店内外情况的最新资料，做到即问即答，准确无误。并且，问讯员在回答客人提问时，应避免讲"不"、"不知道"等词语，也不能采用模棱两可的话，如"大约是"、"我想是"、"可能是"、"大概"，等等。如果碰到客人提出了自己不知道的问题，应向客人表示歉意并请客人稍候，然后查阅有关资料或向有关单位、部门、个人请教。问讯员的岗位职责具体如下：

（1）与上一班次问讯员交接班，同时阅读工作日志，有疑问当面问清。

（2）了解当天的房间状态及酒店的主要活动安排（如大型会议或宴会的时间和地点等）。

（3）掌握当天在店、抵店、离店的贵宾（VIP）的情况。

（4）接收邮件，并分类转给客人及酒店各部门；为客人代寄邮件。

（5）为客人提供留言服务。

（6）分发和管理客房钥匙。

（7）完成转交物品等客人委托的事项。

（8）准备一份当日住店客人总名单，以备查询。

（9）保持工作区域的整洁有序。

（10）填写工作日志，与下一班次问讯员当面交接班。

二、问讯处设备及信息范围

（一）所需设备

1. 钥匙、邮件架

钥匙、邮件架是标有房号的，既用于存放钥匙，又可用于存放邮件、留言单的格子架。排列的方法一般按楼层、房号的顺序，自左向右横向排列。住店客人外出时，习惯将钥匙交给问讯处，返回时再取回。这样做使酒店可以了解住店客人是否外出，并可将邮件或留言在客人领取钥匙时交给他们，或将有关信息在客人领取钥匙时通知他们。

由于这种两用架体积较大，在总台的布局中，钥匙、邮件架的放置地点应兼顾到既不影响对客服务的效率，又不破坏内部装潢的美观，还能达到安全控制钥匙、邮件的目的。

为了保证客人的安全，有些酒店在住客房的钥匙孔内放置了一张五联客房状况卡条。客人来取钥匙时，问讯员首先要了解客人的姓名，然后将客人的姓名与钥匙、邮件架内的客房状况卡条核对。实施这一程序的目的是为了把钥匙发给真正的住客。有些酒店还在钥匙、邮件架上安装了留言灯。如客人有留言，问讯员可按亮架子上的留言灯，同时，相应客房内的留言灯也会点亮。客人收到留言后，问讯员可关闭架子上及客房内的留言灯。

2. 问讯架

问讯架通常是指一种铝质架子，用于存放按字母顺序排列的五联客房状况卡条。未使用电脑的酒店的问讯部及电话总机等部门均需使用问讯架。它的用途是使服务人员能根据住客的姓名，迅速查出住客的房号及主要情况，以便能解答客人的问讯。此外，在向客人提供转接电话、递送邮件、接受留言的服务时，也需要使用问讯架。

为了能正确地反映住客的状况，在使用及管理问讯架过程中应注意以下几点内容：

（1）坚持定期将问讯架与客房状况架核对。

（2）客房的卡条不应在客人离店时立即抽掉，而应在卡条上做适当的记号并保留至规定的时间。有些酒店的规定是：在上午离店的客人的卡条上画一红线，在下午离店的客人的卡条上画一蓝线，画了线的卡条均要到了规定的时间（一般在晚上）才能清理掉。这样的规定有助于提高服务人员回答客人询问的正确性。

（3）及时补充问讯架上的卡条。如有两位不同姓的客人同居一室，问讯架上除了使用由接待部送来的卡条外，还需复制一份卡条。例如，501房住了张先生与王先生，我们应将 501 房张先生的卡条插在"Z"的一栏中，将 501 房王先生的卡条插在"W"的一栏中。对于日本客人也应根据需要分别按汉语的发音及日语的发音制作卡条。如住店的外籍华人、海外华侨有两个发音不同的姓名，也应分别制作卡条。

问讯员在拿到客人的入住登记表后，要检查客人的名字写得是否清楚，如果是难读的名字要加以注音，以免给问讯服务造成不便，或读错客人的姓名令客人不快。问讯员可根据入住登记表，制作住店客人卡片，卡片必须每位客人一张。有的酒店使用入住登记表，为客人提供查询服务，以取代住店客人卡片。客人离店后，则把住店客人的情况记入客史档案卡。

在住客率较高的大、中型酒店，服务人员靠问讯架提供的资料来实现正确、迅速地回答客人的讯问是极其困难的。酒店的电脑化将有助于解决这一难题，服务人员可以通过电脑终端按客人姓名的字母顺序或按客人住房的房号顺序找到住客的资料。电脑的使用将大大减少服务人员的查找时间，可以彻底淘汰问讯架。

3. 备用钥匙柜

备用钥匙柜是指用于存放备用钥匙和备用钥匙牌的柜子。为了安全方便，备用钥匙与备用钥匙牌应分开存放，柜子应始终上锁，柜子的钥匙由专人保管，保管者需定期呈交盘点报告。

4. 其他设备

问讯部需使用的设备还有：时间戳、秤、自动邮资盖印机、保险柜、复印机等。

（二）信息范围

由于酒店的客人形形色色，问的问题五花八门，范围极广，因此问讯员除必须有广博的知识，掌握大量的信息外，还必须准备大量的书面资料，以使客人得到满意的答复。这些书面问讯资料必须是最新的，且必须根据客人的需求及具体情况的变化随时更新资料。问讯处必备的信息范围可归纳为以下几方面：

（1）酒店本身的信息，如酒店的规模、档次，所处地理位置，服务设施及服务项目，特色及风格，有关政策及规定，总机及主要分机号码，组织体系及有关部门的职责，酒店及有关部门负责人姓名及工作场所等。

（2）交通方面的信息，如国际国内主要航空公司名称及所有的主要航班的抵离时间以及机场位置，火车站位置及主要有关车次的抵离时间，本地主要出租车公司名称及预订方法与电话号码，其他交通运输公司的基本情况，酒店与周边主要城市的距离及抵达方式。

（3）本地主要娱乐、度假、购物、康体休闲及观光场所的信息，如本地乃至全国的各主要风景名胜点的名称、特色及抵达方式，本地主要体育娱乐场所

（如高尔夫球场、海水浴场、网球场、综合性游乐场等）的地址，开放时间、收费情况、与酒店的距离，本地主要购物点及特色等。

（4）本地科学、教育、文化设施方面的信息，如本地主要的文化馆、电影院、音乐厅、戏院、大型展览馆等主要活动场所的地址、上演的节目、剧情简介、入场费等，本地大专院校的地址、电话号码，本地主要图书馆、博物馆、主要科研机构等地址及抵达方法，主要客源国及本地的风土人情、人民的生活习惯、爱好、忌讳等。

（5）天气、日期、时差方面的信息，如近日天气情况，当天日期及星期，世界主要城市的时间及与本地的时差，北京时间等。

（6）其他方面的信息，如本地各宗教场所的名称、地址及开放时间，本地各使领馆的地址及电话号码，主要的外贸及有关的企事业单位，商务指南，主要银行、医院及政府有关部门的地址、电话等。

酒店及酒店所在的城市或地区对大多数住店客人来说是个陌生的地方；问讯员要耐心、热情地解答客人的任何疑问，有问必答、百问不厌。遇到不能立即回答的问题，问讯员应该通过查询资料或请教他人的方法给客人以答复。任何时候，绝不能对客人说："我不知道。"

当来访者要求查询住客时，要注意为住客保密，谨慎对待。因为，酒店一般规定，住客的房员及活动非经其本人的允许，酒店不得向外泄露。

为做好问讯服务，问讯处还应设有：查询资料架，交通时刻表、价目表及全程表，世界地图、全国地图、全省和本埠地图，旅游部门出版的介绍本国各风景名胜点的宣传册，本酒店及酒店所属集团的宣传册，电话号码簿，邮资价目表，酒店当日活动安排表，当地电影院、剧场的节目表，当日报纸，酒店向导卡等。

有些先进豪华的酒店利用多媒体电脑向客人提供查询服务。客人还可以通过电视屏幕了解当天的各种新闻、体育比赛、股票行情、天气预报以及飞机抵离时间等消息。还有一些酒店为住店客人提供更广泛的服务，如预订机票、办理旅行委托、查阅某家银行的服务范围、外汇牌价、购物指南等。有些酒店为了方便客人直接把某些项目显示在客房的电视屏幕上供客人查看。

三、前厅问讯处的各类服务

（一）查询服务

1. 查询住客情况

问讯处经常有人来电或来访询问住店客人的有关情况。此时，问讯员应在不涉及客人隐私的范围内予以回答。有关客人的问讯主要有：客人的房号、客人是否在酒店、有无他人来访问住客、住客在外出前是否给来访者留言，等等。

（1）来客查询。为避免出错和纠纷，如果有人访问住店客人，问讯员应先问清楚来访者的姓名，然后打电话到被访客人的房间，经过住客允许，可以让访客去找住店客人；如果问讯处的钥匙架上有钥匙，说明客人不在房间，而在店外或店内某处，这时不可让访客去找住店客人，也不能告诉访客他要找的住客的房号及电话号码，以保证客人的隐私权。如果确认客人在店，可以请访客在大厅内等候。问讯员可以通过电话或广播系统寻找。如果问讯员在查询时，发现被访者有同名同姓的，则要向访客问清楚其他有关信息，以免弄错。

（2）电话查询。问讯员接到问讯住店客人的电话时，应注意：

1）由于电话是间接沟通，容易出现传递错误，问讯员必须问清客人全名的每一个字，中文姓名要分清易混的姓，因为有的客人发音不准，而中文本身就有许多音同字不同的姓或名。

2）如果是英语姓名的查询，就应该更加仔细，并认真区别易读错的字母。

3）要特别注意普通话拼音与广东话拼音的区别，以及华侨、外籍华人使用英文名字汉语拼音的姓氏的情况。

4）如果查到了客人的房号，应征求客人意见，看客人是否愿意听电话。客人同意，才可让总机把电话接到客人房间。

5）电话问讯时，如果住客的房中无人听电话，可建议客人留言或稍后再打电话来，不可将房号告诉客人。

6）团体客人的问讯电话，要问清客人国籍、旅行团名称、何时到店，具体查询程序与散客一样。

7）客人在问讯电话中问及房价时，问讯员应积极推销，争取客人入住。

2. 查询尚未抵店或已离店客人

接到有关客人问讯时，有时会碰到查不到客人姓名的情况，此时问讯员不能草率地回答对方查无此人，而应委婉地问对方该客人是否肯定住店，如果得到肯定答复，则应查找以下资料：

（1）当天抵店客人的订房表或当日预计抵店客人的名单。

（2）当天结账的客人名单。

（3）酒店保存的客史档案卡中查找，看此客是否曾住本店，但已离店。

（4）以后的订房表（预订处）中查找，看该客是否将会入住。

如果查明客人尚未到达，则请对方在客人预定到达的日期再来讯问，或留言或留电话号码。如果查明客人已退房，则向对方说明情况。除已退房客人有委托外，一般不把住店客人离店后的去向和地址告诉来访者。当然，公安机关执行公务的情况例外。

3. 住客要求保密

有时住店客人由于某种原因，要求酒店对其房号进行保密。这时问讯员应该：

（1）问清客人的保密程度，例如是只接长途电话，只见某位客人，还是来访者一律不见，电话一律不接。

（2）在值班日志上做好记录，记下客人姓名、房号及保密程度。

（3）当有人来访问要求保密的客人时，一般以客人没有入住为由予以拒绝。

（4）通知电话总机室做好客人的保密工作。

（二）留言服务

来找住店客人的访客，如果未遇到住店客人，可以给客人留言。住店客人外出时，也可以给来找他的客人留言。正确处理好客人的留言，可以帮助客人尽快传递信息，避免影响客人的活动安排或生意的顺利进行，所以留言服务是十分重要的。通常电话留言由接线员完成，问讯员（有些酒店是接待员）则处理其余的留言。不同种类的留言其处理程序也稍有区别。

1. 访客留言

当被访问的住店客人不在酒店时，问讯员应主动征求来访者的意见，问他是否愿意留言。如果愿意，则由来访者口述，问讯员填写"访客留言单"（见表3-1），并由客人过目签字，或由来访者自己填写然后问讯员签字，最后用打时机打上时间。如果来访者没有留言，问讯员也可以填写留言单，通知被访住客，在他外出时有人来访。

表3-1　访客留言单

VISITORS MESSACE

房号

M. _____ Room NO. _____

当您外出时

While you were out

M. _____

有电话找您　将再来电话

□　　　　□

Telephoned　Will call again

请回电话　将再来看您

□　　　　□

Please call back　Will come again

留言

Message _____

_____

_____

经手人　日期　时间

Clerk　Date　Time

留言单应该一式三份，其中第一联放在钥匙架上，客人回店取钥匙时可以交给客人；第二联送电话总机室，由话务员打亮客房内电话机上的留言指示灯，客人回房后发现留言指示灯亮着，可以打电话询问；最后一联由行李员从房门下送入客房，或由问讯处留底。三联一起使用可防止差错，但在大部分酒店访客给住客的留言只有一式两份甚至一式一份，分别省去了上述的第二、第三联。

2. 住客留言

住店客人暂时离开客房，如想告诉来访者自己在何处，可填写"住客留言单"一式一份（见表3－2），存放在问讯处（或接待处）的钥匙架上。

表3－2　住客留言单

MESSAGE

日期

DATE：

致　　　　　　房号

TO：　　　　　ROOM NO.：

由 FROM：

我将在　　　　AT□INSIDE THE HOTEL（酒店内）

I WILL BE　　 在

　　　　　　　AT □ OUTSIDE THE HOTEL（酒店外）

　　　　　　　在

　　　　　　　电话 TEL NO.：

我将于……回店

I WILL BE BACK AT（时间 TIME）_____

留言

MESSAGE _____

_____

_____

_____

服务员　　　　　　　　客人签名

CLERK _____　　GUEST SIGNATURE _____

（三）收发客房钥匙

客房门锁使用传统机械钥匙的酒店，问讯处还要负责管理客用钥匙。安全与否是客人选择酒店的重要因素。在酒店中，客人的人身与财产安全与否，在很大程度上取决于酒店的钥匙管理是否严格。客房钥匙的分发与控制既是对客人的一项服务，又是一种保护酒店和住店客人的人身与财产安全的重要手段。

1. 客房钥匙的发放形式

客房钥匙的发放包括以下几种形式：

（1）前台问讯处收发，交客人使用。当客人暂时外出时，应该把钥匙交回问讯处，需要时可从问讯处取用。这种形式目前为国内外较普遍采用。上述做法的优点是：钥匙由专职部门和专人负责，责任明确，一旦出错，容易追查原因和责任；便于把邮件和留言交给客人；由于是集中管理，可减少酒店员工互相串通使用客房的情况；可减轻楼层值台员的工作量。

（2）楼层值台员收发，交客人使用。客人凭住房卡、入住通知单向该楼层值台员领取钥匙。其优点是可以使值台员掌握客人的动向，适时打扫房间，而且由于楼层值台员的管理范围相对于问讯处来说要小得多，可以防止不明身份的人进入客房，有利于楼层的安全保卫工作。其缺点是：劳动力花费较多；难以发现员工私用客房设备。

（3）不分发钥匙，由楼层值台员或总服务台派人给客人开门。其优点是：容易控制钥匙，很安全。但给客人进入房间带来极大的不便，既费时费力，工作效率又低。由于各个酒店设备、人员、社会环境、客源结构等具体情况不同，酒店应分析比较不同方式的优缺点，再决定采用何种方式。

2. 客房钥匙的控制

（1）问讯员分发钥匙时应注意的事项。

1）问讯员可直接把钥匙发给熟悉的贵宾、长住客、酒店的常客。

2）不熟悉的客人取钥匙时，问讯员应礼貌地询问其姓名，核对客人的房卡，证明无误后，才能交给客人钥匙。

3）如果客人没带房卡或声称丢失了，则问讯员应问清住客的姓名、房号，在与有关记录核对无误后，才可分发钥匙；或请住客重填一份入住登记表与原登记表核对一致后，才可分发钥匙。此时客人应有能证明身份的证件。

4）问讯员应努力记住客人的相貌、姓名和房号，一方面可以称呼住客，使之感觉受到了尊重；另一方面能提高效率让住客尽快拿到钥匙；还有可以确保安全，避免有人冒领。

5）问讯员从钥匙架上取出钥匙时。应该反复核对是否是住客所要的钥匙，因为有时接待员会把钥匙插错了钥匙孔，使钥匙孔的号码与钥匙牌上的号码不符。

6）钥匙摆放应规范化，例如所有钥匙上的钥匙牌都放在钥匙孔的外部，可以使钥匙孔内是否有钥匙一目了然。

7）专人负责检查所有钥匙的放置位置是否准确，不准无关人员拿取钥匙。

（2）住客钥匙遗失后的处理办法。

1）通知值班经理，由值班经理负责处理。

2）丢失钥匙的房间应暂停使用或更换新锁。

3）填写一式两份丢失钥匙报告单，由问讯处主管和前厅部经理签字后，一份交安全部，另一份放前厅部办公室存档。

4）问讯员应及时填写维修单，通知工程部更换门锁，配备新钥匙。

5）若有可能的话，应替住客更换房间。

6）根据酒店的规定，向住客收取或从押金中扣除钥匙赔偿费。

（3）防止钥匙遗失和偷配的措施。

1）入住登记表上应尽可能地请客人注明详细地址，必要时可以追回客人离店带走的钥匙。

2）为防止客人偷配钥匙，酒店隔一定的时间应把客房的门锁互相调换一次，并由保安部门记录并做好保密工作。

3）严格管理好备用钥匙。备用钥匙应存放在前厅部办公室的备用钥匙柜内，使用时要填写备用钥匙使用登记表，注明使用者姓名、使用原因及取用后归还的时间。每天夜班接待员要查对客房备用钥匙是否齐全。

4）完善钥匙丢失、损坏后的记录及申请补领制度；定期擦拭钥匙，发现破损，立即更换；每天应检查客房钥匙有无遗失。

5）注意与收款部、礼宾部、团队陪同、领队保持联系，提醒离店客人归还钥匙。

（四）邮件服务

邮件服务有些酒店由邮政部门派人设点受理，有些酒店由传达室承办，也有些酒店则由行李员、问讯员或接待员代办。邮件服务包括为客人代发、代寄邮件，代售邮票、明信片，代办特快专递服务等。不设商务中心的酒店，电传、复印等也由问讯处来完成。

1.邮件的收发

（1）邮件的接收。

当收到邮局送来的邮件时，问讯员应仔细清点，并在邮件收发控制簿上登记（平信除外），同时在邮递员的登记本上签字，表示已收到邮件，然后用打时机在每件邮件上打上时间，明确邮件的到店时间和件数，万一延误可以追究责任。

（2）邮件的分类处理。

将进店邮件分为客人的邮件、酒店的邮件、职工的邮件、长包房单位的邮件。寄给酒店及酒店职工个人的邮件，由行李员送给有关部门或个人，而寄给客人的邮件按以下程序处理：

1）把寄给客人的信件，按收信人姓氏的头一个英语字母顺序排列，在问讯架或电脑中查找住客。邮件较多的酒店应设有专门的分类台。

2）查找到房号后，在邮件上写上房号，放入钥匙架上，用留言单通知客人来取。

3）挂号信、电报、电传，应立即通知客人来取，或立即送入客房，并让客人在邮件收发登记簿上签字，表示收到。如果客人门口挂着"请勿打扰"的牌子，应先用电话与客人联系，然后根据客人的意见处理。

4）平信可按房号用留言单或住客通知单通知客人来取，也可以由行李员认清房号后。从门下递入客房。客人在房间时则应当面交给客人。

对于名单上或电脑中查无此人的邮件，处理可分为以下几种情况：

1）该客人曾住过，但已离店。对寄给已离店客人的一般邮件，如果客人离店时留下地址并委托酒店转寄邮件，则酒店一般予以办理，否则应按寄件人的地址退回。客人的电报、加急电报、电传等，通常会按原址退回。

2）客人在本酒店订了房间但尚未抵店。这种情况应把邮件放在待领邮件架上，或与该客人的订房表一起存档，待客人入住时转交。

3）客人订房后又取消了订房。若订房客人有委托并留下地址，酒店应按地址予以转寄；除此之外，其余情况一律把邮件退回寄件人。如果客人订房后只是推迟抵店日期，仍要把给他的邮件放在待领架上，或与订房表一起存档，待客人入住登记时转交给客人。

4）客人姓名不详或查无此人。这种情况，急件应立即退回给寄件人；平信可保留一段时间经常查对，确实无人认领后再退回给寄件人。

5）对寄给非本店客人而又无退信地址的死信，应统一保存退回邮局，不得私拆和丢弃。

2. 邮寄服务

前厅部的接待处或问讯处柜台，应代售邮票并为客人提供信件和包裹的外寄服务。问讯员应掌握邮费的计算方法，以便能根据信件的重量、到达的目的地，迅速计算出所需的邮资。问讯员应当面为客人的信件贴上足够的邮票，除非客人坚持要自己贴。每天应按时将信件交信使或行李员送往邮局，信件应放在封口完好的口袋中，以免中途遗失。信件送往邮局的次数与时间不得随意更改、变动。每班结束工作时，应清点邮票及现金，并制作"邮票、现金平衡表"。

（五）委托代办服务

酒店在向客人提供舒适安全的设施和优质服务的同时，还应给予客人适当的关心和帮助。代办服务是酒店为满足客人的需求而提供的一项服务。委托代办服务主要包括：

1. 转交物品

当住店客人外出时，访客如果需要转交物品，往往会委托酒店把物品转交给住店客人。此时，问讯员应请来访者填写一式两份的委托代办单，注明访客的姓名、地址、电话号码，以便进一步联系；同时查看物品，并向访客声明易腐易燃易爆物品不予寄存；将寄存物品放好，开一式两份住客通知单，等住客取钥匙时把物品转交给本人。

2. 代办国内和世界各地的机票

首先，向客人解释清楚，如代办不到机位，一切联系费用需由客人支付。

其次，详细记录客人所订航空公司名称、日期、航班等。在记录客人的姓名、护照号码时，应要求客人提交护照检验，以防出错。

最后，通过电话与客人所订航空公司售票处联系。如客人所需的航班有机位，则问清楚客人需提前多少时间到达机场；如果没有，则询问哪一班最快，并帮客人预订。

3. 代办签证

接到客人要求办理签证时，应问清楚所需签证的类别（出境或国内旅游城市的签证）。然后确认是否为本酒店住客（非本酒店住客不予受理）以及住客的房号及人数。收下客人提交的护照，由酒店出具证明，派专人与公安局外事部门联系办理。

4. 代向酒家订餐、剧场和娱乐场所购票、购物

代向酒家订餐可根据订餐单上的要求填写，然后与有关酒家联系，讲清订餐客人的姓名、房号、人数、用餐时间及其他特别要求，最后记下对方联系人的姓名。

除介绍代订本酒店各类娱乐服务外，还为客人代订或代购本地各类文艺节目票。要记录客人所要求的文艺节目内容、名称、时间、票数，同时记下客人的姓名、房号，填写委办登记表，并与戏院、文艺中心的票台取得联系。

客人要求代购物品，应问清楚客人所要购买的物品的名称、规格、数量、价格，做好记录后将该事项交给行李员完成。

5. 代理订房

若酒店的住客要求代订本市或外地其他酒店的客房时，应热情受理，并按下列程序进行：

（1）接受订房时根据客人的要求记下客人的姓名、性别、国籍、人数。

（2）问清楚客人所需的房间类型、数量、房价及其他要求。

（3）问清客人抵达的日期和使用的交通工具。

（4）向客人解释清楚无论订到房间与否，所有的联系费用（如长途电话费、服务费）均需由客人支付，费用可计入房账也可付现款。

（5）通过电话与客人所需的酒店联系，并做好详细记录。

酒店代办服务是为客人提供各种方便服务。代办服务的项目是没有定项的，只要是客人的需要，酒店就要最大限度地满足客人的要求。

第四章　前厅信息沟通与协调

一、沟通协调的相关知识

（一）沟通协调的定义

沟通是传递信息。但是，要使沟通具有效果，不仅要满足信息的传递，还要使信息传递者的思想、感情、意见和态度能全部被对方所了解，这样的沟通才能称作有效、成功的沟通。沟通协调从管理科学的角度来讲，是指相关对象之间所进行的信息传递和接受的过程，以及从合作角度对有关事项，如完成服务任务，解决冲突、矛盾等方面所进行的配合和努力。

（二）沟通协调的作用

如何更好地进行与客人及部门之间的沟通和协调，这要求各部门的工作人员都能明确沟通协调的作用，掌握沟通协调的方式，运用正确的沟通协调渠道来进行具体的工作。

在我们的日常工作中，沟通协调所起到的作用通常有以下几点：

（1）通过沟通协调来向对方说明某事，使对方理解你的意图。

（2）通过沟通协调了解对方的真实意见及打算。

（3）通过沟通协调使相互之间得到承认，意见和观念相互被接受。

（4）通过沟通协调使双方能够澄清误解，解决冲突、矛盾，以便相互协作。

在服务过程中，服务人员通过与客人良好的沟通、协调，能够了解客人的服务需求，让客人真正地了解酒店所能提供的服务内容及相关服务设施情况，并根据这些进行同其他部门之间的沟通协调，同心协力，相互配合，共同完成客人的服务要求及对客服务过程。尤其是在解决客人投诉及处理由于工作原因而产生的部门之间的矛盾冲突过程中，有效的沟通、协调可以澄清相互之间的误解，并解决具体的问题，避免因客人投诉及部门之间矛盾而对酒店的经营及对外声誉产生不良的影响。

（三）有效的沟通协调应具备的条件

具有明确的沟通目的或有沟通的必要；具有一定的沟通技巧；选择适当的沟

通对象、渠道、方法和时机；及时搜集反馈信息；实现思想、感情、意见和态度的交流，使沟通双方对沟通的信息有一致的理解。

（四）酒店沟通协调的内容

各部门之间目标的协调；各部门之间服务项目、服务内容的相互协调；各部门之间服务质量的协调；各部门之间服务时间与服务过程的协调；各部门之间接待能力的协调；各部门之间人际关系的协调；各部门之间在利益分配上的相互协调。

（五）酒店沟通协调的渠道

在酒店运营过程中，常见的沟通协调渠道包括以下几种：

1. 书面形式

书面形式，即内部相关服务事项的备忘录、接待通知单，各种报表、专题报告、相关文件、批示，及对客的"宾客意见调查表"，有关酒店服务内容的简介、杂志告示等。

2. 语言形式

在利用语言进行沟通协调时一定要注重语言使用的技巧性及准确性。

3. 会议形式

会议是一种面对面的最明朗、最率真的联系和交流方法。会议也是一种主要的沟通协调途径，如由总经理召开的各种协调会、各种例会，各班组的班前会和班后会等。通过会议可以帮助与会者就有关事项进行讨论、声明，达成协议，并可公开解决一定的冲突和矛盾。

4. 计算机系统

计算机系统具有迅速、准确、方便和信息共享的特点，是现代酒店沟通协调和信息处理的一个重要手段。

二、与客人的沟通与协调

（一）处理客户关系的重要性

客户关系管理（Customer Realtionship Managemt，CRM）是识别有价值客户，理解客户的行为、期望、需要，与客户建立良好的关系并对客户关系管理的过程。其指导思想是了解顾客的需求并进行系统化的分析和跟踪研究，整合管理，降低成本，提高效率，在拓展市场和渠道的同时，能够更加有效地处理顾客关系，吸引并保持更多的忠诚宾客。

酒店客户关系的重要性众所周知。几乎每家酒店尤其是高星级酒店都高度重视客户关系，但很多酒店并没有进行系统的客户关系管理，来自酒店前厅、餐饮、客房、康乐等部门的顾客信息分散在酒店内部，酒店缺乏对客户的深入了解，各部门也难以在统一的信息平台上为宾客提供个性化服务。由于缺乏信息系统的支持，酒店难以规范而长期地跟踪和关心宾客。面对未来竞争，酒店想要建立起真正的以"顾客为导向"的管理体系和"共享共赢"的客户管理目标，这就需要强化客户关系管理，并且保证管理举措的有效执行，以整合客户资源、拓展客户群、全面维系客户关系。

（二）与客人沟通的技巧

要与客人建立良好的宾客关系，就要对客人有一个正确的认识，正确理解酒店员工与客人的关系，并掌握客人的心理和与客人的沟通技巧。

1. 正确认识客人

要与客人进行良好的沟通，首先要正确认识客人，了解"客人是什么"和"客人不是什么"。

（1）客人是什么。客人是服务的对象；客人是要面子的人；客人是具有优越感的人；客人是情绪化的自由人；客人是追求享受的人；客人是绅士和淑女。

（2）客人"不是"什么。

1）客人不是评头论足的对象。任何时候都不要对客人评头论足，这是极不礼貌的行为。

2）客人不是比高低、争输赢的对象。不要为鸡毛蒜皮的小事与客人比高低、争输赢，因为即使你"赢"了，你却得罪了客人，使客人对你和你的酒店不满意，实际上你还是输了。

3）客人不是"说理"的对象。在与客人的交往中，服务人员应该做的只有一件事，那就是为客人提供服务。所以，除非"说理"已经成为服务的一个必要的组成部分，作为服务人员，是不应该去对客人"说理"的。尤其是当客人不满意时，不要为自己或酒店辩解，而是立即向客人道歉，并尽快帮助客人解决问题。

4）客人不是"教训"和"改造"的对象。酒店的客人中，什么样的人都有，思想境界低、虚荣心强、举止不文雅的人大有人在。但服务人员的职责是为客人提供服务，而不是"教训"或"改造"客人。如果需要教育客人，也只能以为客人提供服务的特殊方式进行。

2. 掌握与客人的沟通技巧

（1）重视沟通语言的使用。沟通缺失或沟通不当，是影响酒店总台及其他服务部门服务质量的重要因素。主动、规范的沟通语言，是提高酒店总台接待质量及酒店服务质量的重要途径。下面这一案例很好地说明了这一点。

（2）重视对客人的"心理服务"。酒店为客人提供"双重服务"，即"功能服务"和"心理服务"。"功能服务"满足消费者的实际需要，而"心理服务"

就是除了满足消费者的实际需要以外，还要能使消费者得到一种"经历"。从某种意义上讲，客人就是花钱买"经历"的消费者。客人在酒店的经历，其中一个重要的组成部分就是他们在这里所经历的人际交往，特别是他们与酒店服务人员之间的交往。这种交往常常对客人能否产生轻松愉快的心情，能否带走美好的回忆起着决定性的作用。所以，前台服务员只要能让客人经历轻松愉快的人际交往，就是为客人提供了优质的"心理服务"，就是生产了优质的"经历产品"。

总而言之，酒店员工如果只会对客人微笑，而不能为客人解决实际问题，当然不行；但如果只能为客人解决实际问题，而不懂得要有人情味，也不可能使客人满意。

（3）对客人不仅要斯文和彬彬有礼，而且要做到"谦恭"、"殷勤"。斯文和彬彬有礼，只能防止和避免客人"不满意"，而只有"谦恭"和"殷勤"才能真正赢得客人的"满意"。所谓"殷勤"，就是对待客人要热情周到，笑脸相迎，问寒问暖；而要做到"谦恭"，就不仅意味着不能去和客人"比高低"、"争输赢"，而且要有意识地把"出风头的机会"全都让给客人。

（4）对待客人要善解人意。要给客人以亲切感，除了要做"感情上的富有者"以外，还必须善解人意，即能够通过察言观色，正确判断客人的处境和心情，并能根据客人的处境和心情，对客人做出适当的语言和行为反应。

（5）"反"话"正"说，不得对客人说"NO"。将反话正说，就是要讲究语言艺术，特别是掌握说"不"的艺术，要尽可能用"肯定"的语气去表示"否定"的意思。比如，可以用"您可以到那边去吸烟"，代替"您不能在这里吸烟"；用"请稍等，您的房间马上就收拾好"代替"对不起，您的房间还没有收拾好"。在必须说"NO"时，也要多向客人解释，避免用钢铁般生硬冰冷的"NO"字一口回绝客人。

（6）否定自己，而不要否定客人。在与客人的沟通中出现障碍时，要善于首先否定自己，而不要去否定客人。比如，应该说："如果我有什么地方没有说清楚，我可以再说一遍。"而不应该说："如果您有什么地方没有听清楚，我可以再说一遍。"

（7）投其所好，避其所忌。客人有什么愿意表现出来的长处，要帮他表现出来；反之，如果客人有什么不愿意让别人知道的短处，则要帮他遮盖或隐藏起来。

（8）不能因为与客人熟，而使用过分随意的语言。员工做酒店工作久了，就会有许多客人成为自己的朋友。于是与客人见面的问候语不再是"您好"而是"哇！是你呀！"，彼此之间的服务也由"格式"化变成"朋友"化了。这会导致沟通失误，甚至会造成严重后果。

三、怎样处理好宾客投诉

投诉是客人对酒店提供的服务设施、设备、项目及行动的结果，表示不满而提出的批评、抱怨或控告。由于酒店是一个复杂的整体运作系统，而且客人对服务的要求又是多种多样的，因此，无论酒店经营得如何出色，都不可能百分百地让客人满意。客人的投诉是无法避免的。酒店投诉管理的目标就是最大限度地减少客人投诉，最大限度地降低投诉所带来的危害，最终使客人对投诉的处理感到满意。

（一）正确看待投诉

投诉是酒店管理者与宾客沟通的桥梁，对客人的投诉应有一个正确的认识。投诉是坏事也是好事，它可能使被投诉者感到不快，甚至受罚，接待投诉客人也是一件令人不愉快的事，对很多人来说是一次挑战；但投诉又是一个信号，可使酒店注意到自己的服务和管理中存在的问题，以避免出现更大的问题。因此，酒店对客人的投诉应给予足够的重视。

1. 宾客投诉的必然性和合理性

酒店向客人提供的是服务产品，作为一种公开销售的产品，客人有权对服务项目、服务设施和设备、服务态度、服务感情、服务程序、服务效率以及服务效果等产品质量进行评论。客人投诉不仅意味着客人的某些需求未能得到满足，同时还说明酒店的工作有漏洞。实际上，投诉也正是客人对酒店的服务质量和管理质量的一种评价。投诉并不令人愉快，任何酒店的员工都不希望有宾客投诉自己的工作，这是人之常情。然而，即使是世界上最负盛名的酒店也会遇到客人的投诉。

（1）对酒店来说，无论服务的软件和硬件多么完善，都不可能达到完美的程度，所以客人的投诉是难以避免的。

（2）客人的要求具有多样性和特殊性，可谓众口难调。

（3）酒店服务工作在运行中，难免有不尽如人意的地方。

（4）现在的客人自我保护意识越来越强，他们清楚和自己付出的较高费用相对应的应该享受的服务程度。

2. 宾客投诉的双重性——积极因素和消极因素

（1）积极因素。客人来自四面八方，不乏有一些见多识广、阅历丰富的人。客人从自身的角度对酒店服务工作提出宝贵的批评意见，有利于酒店不断改进和完善服务工作。所以，客人的投诉是酒店完善服务工作的一种信息来源，尤其一些善意的投诉正是酒店所希望的；同时，通过投诉的处理，加强了酒店同客人之间的沟通，使酒店进一步了解了市场需求，提高了竞争力，有利于争取更多的客源。

（2）消极因素。客人在酒店服务环境中或公众面前投诉，会影响酒店的声誉和形象，这是对酒店最不利的消极因素。对酒店来说，争取和维持客人是一件很不容易的事，如果对客人投诉的处理方式不当，客人因不满而离去，真正受损失的还是酒店；同时，有些客人并不轻易投诉，而把不满留在心里，拒绝下次光顾，或向其亲友、同事宣泄不满，这也影响了酒店对外的形象和声誉。事实上，投诉产生后，引起客人投诉的原因并不重要，关键是酒店怎样看待客人的投诉，采用什么样的态度去面对，采取何种方法来解决客人的投诉。成功的酒店善于把投诉的消极面转化为积极面，通过处理投诉来促使自己不断提高工作质量，防止投诉的再次发生。

（二）投诉的原因

就酒店而言，容易被客人投诉的原因和环节是多方面的，既有酒店方面的原因，也有客人方面的原因。

1. 酒店方面的原因所引起的投诉

（1）酒店的硬件设施设备。此类投诉是指由于酒店的设施设备不能正常运行而给客人带来不便甚至伤害，从而引起客人的投诉。它包括客人对照明、供暖、供水、供电、家具、门锁、钥匙、管道、电器、电梯等设备、设施的投诉。此类投诉一般占有很大的比例。与国际酒店相比，我国酒店存在的突出问题之一就是设施设备保养不善。当然，即使酒店采取了全方位的预防性维修与保养措施，也很难杜绝所有运转中的设备、设施可能出现的故障。因此，前台工作人员在受理此类投诉时，最好是协同有关部门的工作人员实地观察，然后根据实际情况，配合有关部门一起采取措施解决。

（2）酒店的软件服务。此类投诉是指服务人员在服务态度、服务礼节、服务技能、服务效率、服务纪律等方面达不到酒店服务标准或客人的要求与期望，从而引起客人的投诉。例如，服务人员在对客服务中不主动、不热情，结账时间过长，出现差错，索要小费等。据调查，此类投诉一般占总投诉的一半以上。

（3）酒店的食品及饮料。此类投诉是指由于酒店食品及饮料出现的卫生及质量问题，如不干净、过期变质、口味不佳等，从而引起客人的投诉。酒店的食品及饮料是除客房及其他设施、设备外另一重要的有形产品，此类质量问题直接影响酒店的声誉及其他服务产品的销售。

（4）酒店安全状况。此类投诉是指客人在酒店因人身安全、财产安全或心理安全受到侵犯而投诉。例如，因酒店管理不善而使住客在房间受到骚扰，客人的隐私不被尊重、客人的财物丢失等。

（5）酒店相应的规定及制度。此类投诉是指客人由于对酒店的有关政策规定及制度产生不满而引起的投诉。例如，对酒店内房价、预订、入住手续办理、通信、会客等方面的相应规定表示不认同或感到不方便等。此时，前台工作人员应努力为客人做好解释工作，指明这些规定是为了保障客人的利益而专设的；同时，在规定范围内，从多角度、多方面帮助客人，进而消除客人的疑虑。在多次接到此类投诉的情况下，酒店方面应不断加以归类总结，完善相应规定及制度，使其成为对客服务的更好依据。

2. 客人方面的原因所引起的投诉

（1）客人对酒店的期望或要求太高，感到酒店相关的服务及设施、项目没有达到应有的水准，不符合其心中的理想，未能体现出物有所值。一旦发现与其期望值相差太远时，客人会产生失望感从而引起投诉。

（2）客人的需求及价值观念不同，对酒店宣传内容的理解与酒店存在分歧，导致其不同的看法及感受，从而产生某种误解。

（3）由于客人自身的敏感，对酒店工作过于挑剔。

（4）因客人本身心情不佳，或其他非酒店原因产生的不满而在酒店内宣泄，或借题发挥，或故意挑衅寻事，导致对服务的投诉。

（三）投诉处理的原则

酒店在处理客人投诉的过程中要注意和把握以下几个原则，认真地做好投诉的处理工作。

1. 真心诚意地帮助客人解决问题

处理客人投诉，"真诚"两字非常重要。应理解客人的心情，同情客人的处境，努力识别和满足他们的真心需求，满怀诚意地帮助客人解决问题。只有这样才能赢得客人的信任和好感，才能有助于问题的解决。酒店要制定合理、行之有效的有关处理投诉规定，以便服务人员在处理投诉时有所依据。

2. 绝不与客人争辩

处理客人投诉时，要有心理准备，即使客人使用过激的语言及行为，也一定要在冷静的状态下同客人沟通。当客人怒气冲冲前来投诉时，首先，应适当选择处理投诉的地点，避免在公共场合接受投诉。其次，应让客人把话讲完，然后对客人的遭遇表示同情，还应感谢客人对酒店的关心。最后，一定要注意冷静和礼貌，绝对不要与客人争辩。

3. 不损害酒店的利益和形象

在处理投诉时，应真诚地为客人解决问题，保护客人利益，但同时也要注意保护酒店的正当利益，维护酒店的整体形象。不能仅仅注重客人的陈述，讨好客人，轻易表态，给酒店造成不该有的损失；更不能顺着或诱导客人抱怨酒店某一部门，贬低他人，推卸责任，使客人对酒店的整体形象产生怀疑。对涉及经济问题的投诉，要以事实为依据，具体问题具体对待，使客人蒙受不应承担的经济损失，酒店也不应无故承担赔偿责任。仅从经济上补偿客人的损失和伤害不是解决问题的唯一有效方法。

在处理投诉时，既要一视同仁，又要区别对待；既要看投诉问题的情节，又要看问题的影响大小，以维护酒店的声誉和良好形象。

（四）处理客人投诉的程序和方法

接待投诉客人，无论对服务人员和管理人员，都是一个挑战。要正确轻松地处理客人的投诉，同时又使客人满意，就必须掌握处理客人投诉的程序和方法。

1. 做好接待投诉客人的心理准备

（1）树立"客人永远是对的"的信念。一般来讲，客人来投诉，说明酒店服务和管理工作有问题，不到万不得已，客人是不愿前来投诉的。因此，首先应该替客人着想，树立"客人永远是对的"的信念。"客人永远是对的"说明：顾客的需求在服务中是至高无上的，将这句格言作为处理酒店员工与顾客之间不协调关系的一种准则，是保证酒店产品质量的标准之一。

（2）要掌握投诉客人的心态。

1）求发泄：客人在酒店遇到令人气愤的事，怨气回肠，不吐不快，于是前来投诉。

2）求尊重：无论是酒店的软件还是硬件出现问题，在某种情况下都是对客人的不尊重。客人前来投诉就是为了挽回面子，求得尊重。

3）求补偿：无论酒店方有无过错，或问题不论大小，有些客人都会前来投诉。其真正目的不在于事实本身，而在于求补偿，尽管他可能一再强调"这不是钱的事"。因此，在接待客人投诉时，要正确理解客人，给客人发泄的机会，不要与客人进行争辩。如果客人的真正目的在于求补偿，则要看自己有无权力。如果没有这样的权力，就要请上一级管理人员出面接待客人的投诉。

2. 认真做好记录

边聆听边记录客人的投诉内容，不但可以使客人讲话的速度放慢，缓和客人的情绪，还可以使客人确信酒店对其反映的问题是重视的；同时，记录的资料也是酒店处理客人投诉的原始依据。

3. 对客人的不幸遭遇表示同情、理解和道歉

设身处地地考虑分析，要对客人的遭遇表示抱歉（即使客人反映的不完全是事实，或酒店并没有过错，但至少客人感觉不舒服、不愉快）；同时，对客人的不幸遭遇表示同情和理解。这样会使客人感觉受到尊重，同时也会使客人感到你和他站在同一立场，而不是站在他的对立面与他讲话，从而可以缓和其对抗情绪。

4. 立即采取行动，为客人解决问题

这是最关键的一个环节。客人投诉最终是为了解决问题，因此，对客人的投

诉应立即着手处理。如果是自己能解决的，应迅速回复客人，告诉客人处理意见；对真正是酒店服务工作的失误，应立即向客人致歉，在征得客人同意后，做出补偿性处理；客人投诉的处理如若超出自己权限的，须及时向上级报告；的确暂时不能解决的投诉，要耐心向客人解释，取得其谅解，并请客人留下地址和姓名，以便日后告诉客人最终处理的结果。

5. 对投诉的处理过程予以跟踪

接待投诉客人的人，并不一定是实际解决问题的人。因此，客人的投诉是否最终得到了解决，仍然是个问号。事实上，很多客人的投诉并未得到解决，因此，必须对投诉的过程进行跟踪，对处理结果予以关注。

6. 检查落实、记录存档，同时感谢客人

联系检查、核实客人的投诉是否已经圆满解决，并将整个过程记录存档，作为日后工作的依据；与此同时，应再次感谢客人，感谢客人把问题反映给酒店，使酒店能够发现问题，并有机会改正错误。这样，投诉才算得到真正圆满的解决。

四、客史档案建立与管理

客史档案又叫客历档案、宾客档案，是酒店在对客服务过程中对客人的自然情况、消费行为、信用状况、癖好和期望等做的记录。

（一）建立客史档案的意义

1. 有利于酒店提供个性化服务，增加人情味

服务的标准化、规范化，是保障酒店服务质量的基础，而个性化服务则是酒店质量的灵魂。要提高服务质量，必须为客人提供更加富有人情味的、突破标准化与规范化的个性化服务。这是服务质量的最高境界，是酒店服务的发展趋势。

2. 有利于做好针对性的促销工作，争取回头客，培养忠诚顾客

客史档案的建立能使酒店根据客人的需求，为客人提供有针对性的促销服务。比如，通过客史档案了解客人的自然条件，定期与客人取得联系，为酒店培养更多的忠诚顾客。

3. 有助于提高酒店经营决策的科学性，提高其经营管理水平

任何一家酒店都应该有自己的目标市场，通过最大限度地满足目标市场的需要来赢得客人，获取利润，从而提高经济效益。如果酒店管理者未能很好地利用这一个潜力巨大的资料库，忽视了它的作用，就会影响到酒店的经营活动，进而影响到酒店经营决策的科学性。

（二）客史档案的内容

1. 常规档案

常规档案主要包括来宾姓名、国籍、地址、电话号码、单位名称、年龄、出

生日期、婚姻状况、性别、职务、同行人数等。酒店收集和保存这些资料，可以了解市场基本情况，掌握客源市场的动向及客源数量等。

2. 消费特征档案

消费特征档案主要包括客房的种类、房价、餐费，客人在商品、娱乐等其他项目上的消费，客人的信用卡账号，客人对服务设施的要求、喜好等。通过以上内容，酒店可以了解客人的消费水平、支付能力以及消费信用状况等。

3. 预订档案

预订档案包括客人的预订方式，介绍人，订房的季节、月份、日期及订房的类型等。掌握这些资料有助于酒店选择销售渠道，做好促销工作。

4. 个性档案

个性档案是客史档案中最重要的内容，主要包括客人的脾气、性格、爱好、兴趣、生活习俗、宗教信仰、生活禁忌、特殊要求等。这些资料有助于酒店有针对性地提供个性化服务。

5. 反馈意见档案

反馈意见档案包括客人对酒店的表扬、批评、建议和投诉记录等。

（三）客史档案资料的收集与管理

1. 客史档案资料的收集

及时、准确地收集和整理客史档案资料是做好客史档案管理工作的基础。这既要求酒店要有切实可行的信息收集方法，又要求前台和酒店其他对客服务部门的员工用心服务，善于捕捉有用信息。

收集客史档案资料的主要途径有：

（1）总台通过预订单、办理入住登记、退房结账等收集有关信息。有些信息从客人的证件和登记资料中无法获得，应从其他途径寻觅，如索取客人的名片、与客人交谈等。

（2）大堂副理每天拜访宾客，了解并记录宾客的服务需求和对酒店的评价；接受并处理宾客投诉，分析并记录投诉产生的原因、处理经过及宾客对投诉处理结果的满意程度。

（3）客房、餐饮、康乐、营销等服务部门的全体员工主动与客人交流，对客人反映的意见、建议和特殊需求认真记录，并及时反馈。

（4）酒店有关部门及时收集客人在报刊、电台、电视台等媒体上发表的有关酒店服务与管理、声誉与形象等方面的评价。

2. 客史档案的管理

酒店的客史档案管理工作一般由前厅部承担，而客史信息的收集工作要依赖于全酒店的各个服务部门。所以，做好这项工作必须依靠前厅部员工的努力，同时还有赖于酒店其他部门的大力支持和密切配合。

客史档案的管理工作主要有以下几方面的内容：

（1）分类管理。为了便于客史档案的管理和使用，应对客史档案进行分类整理。如按国别和地区划分，可分为国外客人、国内客人、港澳台客人；如按信誉程度划分，可分为信誉良好的客人、信誉较好的客人、黑名单客人等。另外，经过归类整理的客史档案是其有效运行的基础和保证。

（2）有效运行。建立客史档案的目的，就是为了使其在有效运行中发挥作用，不断提高酒店的经营管理水平和服务质量。客人订房时，预订员可以了解其曾否住过店。属重新订房的可直接调用以往客史档案，打印客史档案卡，与订房资料一道存放，并按时传递给总台接待员；属首次订房的应将常规资料和客人特殊要求录入电脑，并按时传递给总台接待员。总台接待员将次日抵店的客人档案卡取出，做好抵店前的准备工作。未经预订的常客抵店，总台接待员在客人填写登记表时，调出该客人的客史档案，以提供个性化服务。未经预订的客人第一次住店，总台接待员应将有关信息录入电脑。对涉及客房、餐饮、康乐、保安等部门服务要求的，要及时将信息传递到位。

（3）定期清理。为了充分发挥客史档案的作用，酒店应每年系统地对客史档案进行 1~2 次检查和整理，检查资料的准确性，整理和删除过期的档案。对久未住店的客人档案予以整理前，最好给客人寄一份"召回书"，以唤回客人对曾住过酒店的美好回忆。

第五章　前厅客房预订与服务

一、客房预订的含义和方式

（一）客房预订的含义

预订（Reservation）是酒店的一项重要业务，酒店一般在前厅部（或销售部）设有预订部（Reservation Division），专门受理预订业务。

预订工作（Reservation）是酒店进行推销的重要手段之一，通过有效的、高质量的预订工作，可争取更多的客源，为酒店增加经济收益和社会效益。因此，大型酒店前厅部设立专职的预订处（Reservation Desk），配备预订主管（领班）和预订人员（Reservation Clerk），24小时提供服务。预订人员是预订服务质量高低的关键，他们应分工明确，责任清楚，熟悉酒店客房等级、类型、设备、位置、朝向、楼层、优缺点、价格标准、房间状态，还应熟练掌握预订工作程序、预订方法和要求，准确、熟练地掌握计算机输入、存储、输出预订资料和制表等技术。

客房预订是客人预先要求酒店为其将来某一段指定时间内保留客房所履行的手续，也叫订房（Booking）。预订工作对酒店自身和顾客都有重要意义，对酒店来说，首先，可以在对客服务上掌握主动权，从而方便了客人，增加了客人的满意度，使客人能放心前来住宿；其次，预订工作是酒店进行客房推销的重要手段之一，通过高效优质的预订工作，可争取更多的客源，为酒店增加经济效益和社会效益；最后，通过预订工作，使酒店更好地掌握未来的客源情况，为酒店做好总体工作安排提供基本依据，有利于酒店提高管理成效。

（二）客房预订的方式

1. 电话订房（Telephone Reservation）

这种订房方式能够迅速传递信息，当场回复和确认客人的订房要求，不仅快捷、方便，而且能够使双方达到迅速有效的沟通。因此，电话订房的方式在客房预订中应用最为广泛，尤其为散客喜爱。电话预订的方式有受付电话（Collect Call）和专线电话预订，如800免费预订热线、400市话预订热线等，既省时、快捷，又减少了消费者的费用，从而方便客人进行预订。

2. 网络订房（Internet Reservation）

网络订房是现代酒店广泛使用的一种预订方式，也是当前国际上最先进的订房方式。通过网络进行预订既快捷又方便，还可以将自己网页与国内外著名旅游网友情链接，如 Google、百度、携程等，使客人方便接触酒店信息和订房。另外，酒店也可以通过计算机网络订房系统，将连锁酒店的订房系统和航空公司、各大旅行社等机构联网，资源共享。

3. 传真订房（Fax Reservation）

传真订房方式具备现代化通信特点，传递信息迅速、准确，而且有书面凭据，操作方便，不容易出现订房纠纷。因而商务会议主办者和旅行社一般乐于采用这种订房方式，成为仅次于电话的使用频率最高的订房通信方式。

4. 信函订房（Letter Reservation）

信函订房是订房人以明信片或信函的方式预订客房，这是一种传统的订房方式，由于信函传递的时间较长，因此比较适用于提前预订时间较长和要求预订相当数量客房的客户。信函订房的优点是：信息可靠，客人可以写明特殊要求，作为书面的预订协议，对酒店和客人均起到约束作用。

5. 口头订房（Verbal Reservation）

口头订房即客人亲自到酒店与酒店预订人员洽谈订房事宜。这种订房方式可以使预订员有机会运用推销技巧推销酒店客房产品，必要时，可以请客人参观客房以供客人选择。

6. 合同订房（Contract Reservation）

合同订房指酒店与旅行社、中间商或其他企业签订商务合同，在未来的一段时间内，以合同中规定的房价、房间数等为客户提供客房，这种订房方式效果非常好，具有较强的法律效力。

附：订房合同（参考样式）

____年____月____日，由____酒店（以下简称甲方），与_____（以下简称乙方）经友好协商，达成如下协议：

一、推销

1. 乙方同意利用其销售网络推销甲方，并向来到本市的所有客户和即将成为乙方客户的人士推荐甲方的服务设施。

2. 乙方保证在任何可能的情况下，在本市接待旅客时，将选择甲方作为其客人的下榻处。特别是以下项目：

（1）系列团队。

（2）旅游团队。

3. 乙方同意把甲方编入其宣传项目及宣传册之中，并在合适之处采用甲方的彩色照片。这些宣传品及小册子一经出版应立即送甲方一些样本。

二、价格

考虑到乙方可能提供的客源量，甲方同意按下列条件和价格（不含佣金）接待乙方的客源。

团队预订——单人间/双人间（10人及10人以上）：

▲淡季（十二月，一月，二月，三月）=_____元人民币

▲平季（四月，六月，七月，八月）=_____元人民币

▲旺季（五月，九月，十月，十一月）=_____元人民币

散客预订——单人间/双人间（10人以下）：

▲淡季（十二月，一月，二月，三月）=_____元人民币

▲平季（四月，六月，七月，八月）=_____元人民币

▲旺季（五月，九月，十月，十一月）=_____元人民币

▲所有套间一律享受_____%的优惠；所有客用房加床为_____元人民币，陪同床为_____元人民币。

注：所有价格不含任何早餐及城市建设费。

三、餐费

中式早餐=_____元人民币

美式早餐=_____元人民币

午餐套餐（西餐）=_____元人民币

晚餐套餐（西餐）=_____元人民币

注：餐费不含酒水。

四、价格保护

在任何情况下，乙方不得以比柜台价更高的价格将甲方的客房出让给第三者，当甲方柜台价随季节改变时，甲方应通知乙方。

五、预订

团队入住前，乙方应在甲方销售部办理团队预订手续。甲方将根据订房情况和接待能力于接到预订通知的3天内，决定是否接受此预订并以书面形式通知乙方。未经甲方接受并确认的预订，甲方概不负任何责任。

六、客房占用期限

按预订经确认的客房在入住日下午2：00之后方可入住。离店时间为正午12：00。

七、客房分配单

乙方同意在客人到达前 30 天向甲方提供将入住甲方团队的所有成员名单及住房分配方案，包括航班消息，用房标准。如果乙方未能按上述要求及时提供这些信息（除非另有协议），甲方有权取消已预订的客房及设施并转售给其他客户。

八、免费房

甲方同意为每 16 位付费客人提供半个双人间免费房，但每团的免费房不超过 4 个双人间。

九、取消预订

乙方如果需要取消或减少预订房，应按下列条件书面通知甲方。

房间数　　最少要求期限

10 间以下　　到客前 10 天

10～25 间　　到客前 15 天

26～50 间　　到客前 20 天

51 间以上　　到客前 30 天

在最少期限之后，如果团队要求取消或减少 10% 以上的预订房间数，甲方将收取每间取消房 1 天的房租作为乙方未及时取消预订的费用。

十、确认未到预订

如果整个团队在入住日未到，乙方应支付甲方当日所损失的房费，同时支付整个实际居住期应付的房费。

十一、押金/付款

乙方同意在做系列团预订时付给甲方押金＿＿＿元人民币。如果乙方未能履约，甲方可以从押金中抽取全部或部分作为甲方应得的押金。如果乙方完成合约，全部押金（不包括利息）将如数退还乙方或作为乙方应付甲方费用的一部分。

除了上述押金外，乙方承诺在团队离店后 30 天内支付团队下榻在甲方期间所产生的一切费用。否则甲方有权向乙方收取其超出天数的相应租息，利率按中国人民银行公布的同期活期存款利率计算。

十二、保密

此文件中的全部内容为绝密性的，不管是出于何种原因或目的，乙方都不能透露给第三者。乙方应对此表示理解并遵照执行。

十三、合同期限

本合同条款期限为从＿＿＿年＿＿＿月＿＿＿日开始至＿＿＿年＿＿＿月＿＿＿日截止。合同一式两份，由乙方签字后在＿＿＿年＿＿＿月＿＿＿日之前交给甲方，由甲方监督执行。

十四、违约责任

双方在执行合同过程中有违约行为时，本着友好协商的原则处理。确实不能达成一致意见的，双方同意由当地仲裁机构仲裁或交当地法院裁判。

甲方代表同意接受　　　　　　　乙方代表同意接受

授权签名：　　　　　　　　　　授权签名：

姓名：　　　　　　　　　　　　姓名：

职务：　　　　　　　　　　　　职务：

以上订房方式中，以电话和网络订房最为普遍。各种订房方式都有其各自的优点和缺点，在接受订房时，要注意各种订房方式的特点，应尽量以客人订房的同等方式予以答复，以显示对客人的尊重，当然电话订房时酒店应尽量以书面形式答复，而时间紧迫时，酒店应以最快捷的方式答复客人的预订。

二、客房预订的渠道和种类

（一）客房预订的渠道

1. 散客自订房

散客出行时，可以根据自己的行程通过电话、网络、传真等预订方式预订房间，一般情况下，酒店散客比例占到10%左右。

2. 旅行社订房

旅行社通常都是预订1年的客房，酒店会用合同与旅行社确认一年客房保底量，未达标则房费照付。

3. 通过航空公司或其他交通部门

4. 专业酒店预订公司

国际订房组织 UTELL、STERLING、SUMMIT 曾经是国际三大订房组织，目前三大组织已合并。通过三大订房组织订房有如下几点优点：首先，客源多，三大订房组织拥有90多家成员酒店，遍布全球52个订房中心；其次，成员酒店档次高；再次，订房渠道畅通；最后，有较强的销售组织保证。另外，目前出现了很多专业的酒店预订公司和网络，如携程网、艺龙网等，通过这些预订公司和网络可以获得优惠价的客房。

5. 通过与酒店同系统的其他单位

6. 分时度假（Timeshare）组织订房

7. 其他组织订房

（二）客房预订的种类

1. 临时类预订（Advanced Reservation）

临时类预订是指客人在即将抵达酒店前很短的时间内或在到达的当天联系订

房。酒店一般没有足够的时间给宾客以书面确认，只能予以口头确认。

2. 确认类预订（Confirmed Reservation）

确认类预订是指酒店通过书面形式答应为预订的宾客保留房间至18点或某一事先声明的规定时间，但如果到了这一规定时间（即留房截止日期，Shutoff Date），宾客仍未抵店，也无任何声明，则在用房紧张时期，酒店可将所保留的客房出租给等候类宾客或其他有需要的宾客。

酒店依然可以事先声明为客人保留客房至某一具体时间，过了规定时间，客人如未抵店的，也未与酒店联系，则酒店有权将客房出租给其他客人。

3. 保证类预订（Guaranteed Reservation）

保证类预订是指宾客通过预付定金或订立合同等方式来保证自己的订房要求，或者在旺季时酒店为了避免因预订客人临时取消订房或擅自不来而引起的损失，要求客人预付定金加以保证。这类预订称为保证类预订，否则双方都将承担相应的责任。

（1）保证订房的形式。

1）预付定金保证（Advanced Deposit）。对于酒店来说，最理想的保证订房的方法就是要求客人预付定金，如现金、支票、汇款等酒店认可的形式。预付金可以由预订处收取后交财务部，也可由财务部收取后通知预订处。酒店收到定金后，必须为客人保留所需房间到规定时间。如果客人不来住宿，则酒店有权视具体情况没收定金的全部或部分来补偿酒店可能出现的空房损失。

①预付定金的金额。定金的金额应该是客人所订客房数1日的房费，有些酒店根据需要与可能，会预收两天其至客人所有订房天数全额的房费作定金，但这一现象并不多见。定金通常只在客房供不应求时才可能收到同时客人也才愿意交。

②预付定金的形式。定金可以是现金，也可以是汇款，酒店有时也接受支票。

③收取定金的期限。散客的定金一般应在客人预计到达酒店时间之前的24小时前让酒店收到，以便酒店完成保证订房的手续。团体的定金应视酒店的具体规定及团体订房单位和酒店的关系在每次签订协议或合同时商定定金的金额、形式和期限，一般情况下团体定金的全部或一部分至少应在客人到店前一个星期支付。

④收取定金的前提。对于晚到的客人，在订房时事先声明要收取定金。

定金的收取涉及酒店和客人双方的利益，同时牵涉不同的具体情况，因此，酒店不是对所有客人都收取定金，只有在以下情况下，酒店才视具体情况收取定金：

旺季客房供不应求，一般应该收取定金，避免出现空房损失，这时客人一般也愿意预付定金；淡季客源不足，收取定金会限制客人订房，所以要少收定金或尽量免收定金；客人为得到保证订房，主动要求预付定金，这种情况下应收取定金；对于团体客人一般应收取定金，由于团体客人订房数量大，如果取消会给酒店造成巨大经济损失，因此对团体客人一般应收取定金，而且定金的金额、期限和形式应比散客更严格。

⑤收取定金的手续。客人电话订房时，在电话中告诉客人定金的金额、形式、期限以及取消时定金处理的办法；客人以书面方式订房时，预订员应发书面的预收定金通知单给客人，上面注明定金的金额、形式、期限以及取消或更改定金时的处理办法，如表5-1所示。

表5-1 预收定金通知单

对您在××酒店的订房表示十分感谢。我们很高兴地确认下列订房内容：

客人姓名　　　　　住店日期　　　　　客房类型

一天的房价（单位×间数）

承蒙您在此信的下联签字、盖章确认，并于＿＿＿年＿＿＿月＿＿＿日前把下列定金汇至我店，不胜感激。

定金（￥）

开户行名称

地址

日期：＿＿＿年＿＿＿月＿＿＿日

预订经理：＿＿＿＿＿＿＿

如您要取消上述订房要求，我们将按下列规定收取消费：

抵店当日18：00后通知，付100%的取消费。

抵店当日18：00前通知，付50%的取消费。

抵店前2天内通知，付30%的取消费。

抵店前2天通知，不需付取消费。

日期：

签字：

公司名称（盖章）

2）商务合同保证（Contract）。商务合同保证是指酒店与有关旅行社及其他企业签订住房保证合同，内容包括双方单位的地址、账号及同意为未按期抵店又未事先取消的订房承担付款责任的声明。这种保证方式具有较强的法律约束效力，效果好。

3）信用卡保证（Credit Card）。信用卡保证是指在订房时，酒店预订员取得顾客所持信用卡的预授权，如果客人既未取消预订又未按期抵店，酒店可以根据订房客人的信用卡号码、姓名及预订未到记录等情况向客人所持信用卡公司或授权机构收取相关费用作为补偿。

由于各地区、各酒店的实际情况不同，保证的方法也不尽相同。有些酒店将其认可的个人名誉担保视为订房保证；有些酒店目前尚无法接受以信用卡作为订房保证，故采取何种有效的订房保证，应视情况而定。

（2）保证类订房酒店的义务。在向客人收取了定金后，酒店应把客房保留到客人预计抵店日次日中午12时，也就是把客人看作是已付了1天房费且预住1天（即使客人不到）；如果客人未事先取消，酒店也应把客房保留到上述时间，同时没收定金的全部或部分来补偿酒店可能出现的空房损失，如果客人事先取消订房，则视酒店的规定及客人提前通知酒店取消的时间长短来处理。

（3）保证类订房客人的权利。当客人通过预付定金或其他方式保证了预订后，他至少或得到了从声明入住日到次日中午12时对一间预订客房的使用权，即使他未按时到达酒店也应留房，直至规定的期限；如果酒店已把该客房另外做了安排，则客人有权要求酒店另外替他做出妥善安排。客人的义务是预付定金或用其他方式保证不到店时酒店也能得到补偿，这也是酒店的权利，除非在规定的时间之前客人取消了订房。

4. 等候类预订（On – Wait Reservation）

在客房预订已满的情况下，再将一定数量的订房客人列入等候名单（Waiting List），对这类订房客人，酒店应事先向客人声明，如果有人取消预订，或有人提前离店，酒店就会给予优先安排，通知等候类客人来店。

三、客房预订服务程序与标准

为了确保客房预订工作的高效运行，前厅部必须建立健全客房预订程序。通常，客房预订的程序可概括成下列七个阶段：通信联系→明确客人要求→受理预订或婉拒预订→确认预订→核对预订→预订资料的储存、修改和取消→抵店前准备。如图5-1所示。

（一）通信联系（Communication）

顾客常常通过电话、面谈、传真、互联网、信函等方式向酒店前厅部客房预订处提出订房要求。

（二）明确客人要求（Knowing Requirements）

预订员应主动向顾客询问，以获悉顾客的住宿要求。通过查看预订总表或计算机终端，以判断宾客的预订要求是否与酒店的实际接待能力相吻合。其因素包

```
        ┌──────────┐
        │  通信联系  │
        └────┬─────┘
             ↓
        ┌──────────┐
        │ 明确客人要求 │
        └────┬─────┘
       ┌─────┴─────────┐
       ↓               ↓
   ┌────────┐      ┌────────┐
   │ 受理预订 │      │ 婉拒预订 │
   └───┬────┘      └────────┘
       ↓
   ┌────────┐
   │ 确认预订 │
   └───┬────┘
       ↓
   ┌────────┐
   │ 核对预订 │
   └───┬────┘
       ↓
┌──────────────────┐
│ 预订资料的储存、修改和取消 │
└────────┬─────────┘
         ↓
   ┌────────┐
   │ 抵店前准备 │
   └────────┘
```

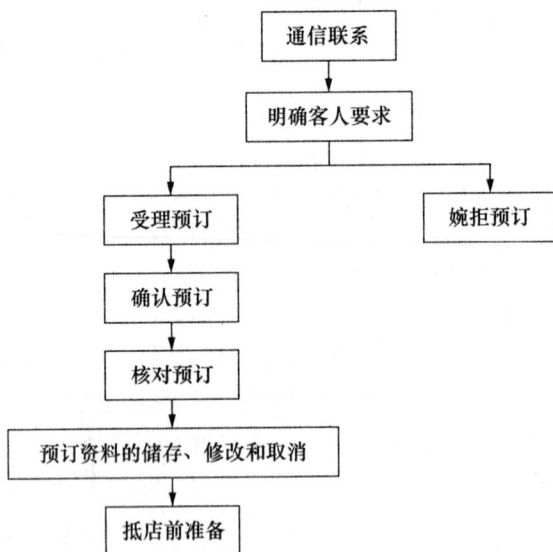

图 5 - 1　客房预订服务程序

括以下四点：抵店日期、客房种类、用房数量、住店夜次。

（三）受理预订或婉拒预订（Accepting or Turning Down）

1. 受理预订（Accepting）

如果酒店有符合客人要求的房间就要受理客人的预订，将其所需预订信息填入客房预订单，包括宾客姓名、人数、国籍，抵离店日期、时间、车次或航班，所需客房种类、数量、房租、付款方式、特殊要求以及预订人姓名（或单位）及地址、电话号码等信息，如表 5 - 2 所示。

2. 婉拒预订（Turning Down）

婉拒预订即因客满而婉言拒绝宾客的预订要求，婉拒预订并非意味着终止对客服务。如征求宾客调换另一类型的客房，可做如下建议："……实在遗憾，××先生，您所需要的套房我们已订满了。不过，在您抵店那天，我们可以为您提供一间客房，其面积与套房一样，而且朝向庭院……"另外，也可将宾客的预订要求、电话号码等记录在"等候名单"上，随后每天检查落实，一旦拥有客房，立即通知宾客。

总之，当酒店没有符合客人要求的房间时，用建议代替简单的拒绝是很重要的，它不但可以促进酒店客房的销售，而且可以在顾客中树立酒店良好的形象，此时酒店可做如下几方面的建议：

表5－2　客房预订单

客房预订单

Reservation Form

预订号

NO：

□New Booking 新预订　　□Amendments 更改　　□On Waiting List 等候　　□Cancellation 取消

客人姓名 Guest Name	房间数量 NO. of Rooms	房间种类 Room Type	客人人数 NO. of Guests	房价 Room Rate	公司名称 Company Name

预订到店日期 Original Arrival Date	预订离店日期 Original Departure Date	到达航班 Arr. Flight	离开航班 Departure Flight

付款方式 Payment	□公付　　□含中早餐　　□含西早餐 □自付15%服务费 Service Charge 15%	是否确认 Confirmation	□是　□否 Yes　　No

备注 特殊要求 Remarks	□预付款或支票 Deposit　　　□信用卡 Credit Card　　　□走付 COD □加床 Extra Bed　　　　　□婴儿床 Crib　　　　　□双人床 Double Bed

联系人姓名 Guest Name	联系电话或传真电话 Tel. No. &Fax. No.	预订人 Taken By	预订日期 Date Taken

（1）建议客人改变来店日期、房间类型、房价；

（2）征询客人的意见是否愿意接受等待类订房；

（3）征询客人的意见是否愿意接受为他代订其他酒店的客房。

（四）确认预订（Confirming）

确认预订不但使酒店进一步明确客人的预订要求，而且在酒店与客人之间就房价、付款方式、取消条款等声明达成了正式的协议。

确认预订的方式通常有两种，即口头确认（包括电话确认）和书面确认。如果条件允许，酒店一般应采用书面确认的方式，向客人寄发确认函（Confirmation Letter），如表5－3所示。

表5-3 预订确认函

_____酒店	客房类型、数量：_____ 房价：_____
地址：_____	预订日期：_____ 抵达日期：_____
电话：_____	抵达时间：_____ 逗留天数：_____
您对：_____	离店日期：_____
_____	结账方式：_____ 定金：_____
的预订已确认	客户地址：_____
	客户姓名：_____ 电话：_____

本酒店愉快的确认了您的订房。由于客人离店后，需要有一定时间整理房间，因此，下午3点以前恐不能安排入住，请谅。另外，未付定金或无担保的订房只保留到下午6时。

预订员：_____

这是因为：首先，书面确认能使客人了解酒店方面是否已正确理解其订房要求，可以减少差错和失误。

其次，确认函除了复述客人的订房要求以外，还写明了房价、为客人保留客房的时间、预付定金的方法、取消预订的规定及付款方式等，实际上在酒店与客人之间达成了某种书面协议。

再次，确认函可以进一步证实客人的个人情况，如姓名、地址等，从而减少带给客人的各种信用风险。

最后，书面确认比较正式。对于大型团体、重要客人，特别是一些知名人士、政府官员、国际会议等订房的确认函，要由前厅部经理或酒店总经理签发，以示尊重和重视。

（五）核对预订（Reconfirming）

为了提高预订的准确性和酒店的开房率，并做好接待准备，在客人到店前（尤其是在旅游旺季），预订人员要通过书信或电话等方式与客人进行多次核对（Reconfirming 即再确认），问清客人是否能够如期抵店。住宿人数、时间和要求等是否有变化。

核对工作通常要进行三次，第一次是在客人预订抵店前一个月进行，预订员要与客人进行订房核对。核对的主要内容是抵离日期、预住天数、客房类型和数量等。第二次是在客人预订抵店前一周进行，预订员要与客人进行订房核对。核对的主要内容是抵店时间、乘坐的航班或车次等。第三次是在客人抵店前一天进行，由于次日客人要住店，涉及客人入住前的准备工作，因而第三次核对尤为重要。核对的主要内容包括更改预订的情况、客人的特殊要求、VIP 的详细资料等。

（六）预订资料的储存、修改和取消（Storage，Amendment，Cancellation）

1. 预订资料的储存（Storage）

当预订确认书发出后，预订资料必须及时、正确地予以记录和储存，以防疏漏。预订资料一般包括客房预订单、确认书、预付订金收据、预订变更单、预订取消单、客史档案卡及宾客原始预订凭证等。有关同一宾客的预订资料装订在一起，将最新的资料存放在最上面，依次类推，以利于查阅。预订资料的记录储存可采用下列两种方式：

（1）按宾客所订抵店日期顺序储存。按照宾客所预订的抵店日期顺序，将预订单归档储存，以便随时掌握未来每天的宾客抵店情况。通常将预订资料放在一个大的卡片箱或抽屉里。

（2）按顾客姓氏字母顺序储存。按照顾客姓氏第一个字母的顺序，将预订单归档储存，以便随时查找出顾客的预订资料。同时，前厅部问讯处和电话总机也可通过贵客姓氏字母顺序快捷有效地查找相关资料。

2. 预订资料的修改（Amendment）和取消（Cancellation）

预订客人在实际抵店前，因种种原因可能对其原有预订进行更改或取消，在处理预订更改和取消时，预订员应耐心、高效地对宾客服务。不论是变更、取消还是婉拒预订，都有宾客方面或酒店方面的客观原因，预订员既要灵活地面对现实，又应表现出极大的热情并提供有效的帮助。尤其是接受预订取消时，不能在电话里表露出不愉快，而应使客人明白，他今后随时都可光临本酒店，并受到欢迎。正确处理订房的取消，对于酒店巩固自己的客源市场具有重要意义。在国外，取消订房的客人中有 90% 以后还会来预订。更改预订和取消预订的处理程序与标准详见表 5-4 和表 5-5。

表 5-4　更改预订的处理程序与标准

程序（Procedure）	标准（Standard）
接到客人更改 预订的信息	（1）询问要求，更改预订客人的姓名及原始到达日期和离店日期； （2）询问客人需要更改的日期。
确认更改预订	（1）在确认新的日期之前，先要查询客房出租情况； （2）在有空房的情况下，可以为客人确认更改预订，并填写预订单； （3）需要记录更改预订的代理人姓名及联系电话。
存档	（1）将原始预订单找出； （2）将更改的预订单放置上面订在一起； （3）按日期、客人姓名存档。

程序（Procedure）	标准（Standard）
未确认预订的处理	（1）如果客人需要更改日期，而酒店客房已订满，应及时向客人解释； （2）告知客人预订暂放在等候名单里； （3）如果酒店有空房时，及时与客人联系。
更改预订完成	（1）感谢客人及时通知； （2）感谢客人的理解与支持（未确认时）。

表 5 - 5　取消预订的处理程序与标准

程序（Procedure）	标准（Standard）
接到预订取消信息	询问要求取消预订客人的姓名、到达日期和离店日期。
确认取消预订	（1）记录取消预订代理人的姓名及联系电话； （2）提供取消预订号。
处理取消预订	（1）感谢预订人将取消要求及时通知酒店； （2）询问客人是否要做下一个阶段的预订； （3）将取消预订的信息输入计算机。
存档	（1）查询原始预订单； （2）将取消预订单放置在原始预订单之上，订在一起； （3）按日期将取消单放置在档案夹最后一页。

（七）抵店前准备（Preparation）

宾客抵店前的准备工作大致分成下列三个阶段：

1. 提前一周或数周

将酒店主要客情，如重点宾客（VIP）、大型团队、会议接待等信息通知各部门。其方法可采取分发各类预报表，如"十天客情预测表"（如表 5 - 6 所示）、"重点宾客（VIP）呈报表"（如表 5 - 7 所示）、"重点宾客（VIP）接待规格呈报表"（如表 5 - 8 所示）等，也可召开由运转总经理主持的协调会。

表 5 - 6　十天客情预测表

日期	星期	预抵散客	团队	离店	团队离店	住宿	团队住宿	故障房	已满房间数	预计出租房数	预计出租单位	预计出租率	预计空房间数	已用房间数	可用房间数

表5-7　重点宾客（VIP）呈报表

＿＿＿＿＿＿月＿＿＿＿＿＿日

房号	姓名	身份	接待单位	抵店	离店	客房种类		房租		备注
				日期	日期	T	S	T	S	
				日期	日期	T	S	T	S	
小计										

送：总经理室、大堂经理、公关销售部、餐饮部、客房部、保安部、前厅部、大厅、总机、客房用膳部。

表5-8　重点宾客（VIP）接待规格呈报表

团队名称 贵宾情况	
情　况 简　介	
审批内容	（1）房费：A. 全免　B. 赠送会客室一间　C. 房费按＿＿＿＿＿＿折收取　D. 按＿＿＿＿＿＿元收费 （2）用膳：在＿＿＿＿餐厅用餐，标准＿＿＿＿元/人（含/不含饮料） （3）房内要求：A. 鲜花　B. 小盆景　C. 水果　D. 果盘　E. 葡萄酒及酒杯　F. 欢迎信 　　　　　　　G. 名片　　H. 礼卡　　I. 酒店宣传册 （4）迎送规格：A. 由＿＿＿＿＿总经理迎送　　B. 由＿＿＿＿＿部总经理迎送　　C. 锣鼓迎送 　　　　　　　D. 欢迎队伍＿＿＿＿＿＿ （5）其他
呈报部门	经办人　　　　　　　　　部门经理
总经理批署	

2. 宾客抵店前夕

将客情及具体的接待安排以书面形式通知相关部门，做好准备工作。酒店在这方面常使用的表格有："次日抵店宾客一览表"（见表5-9）、"鲜花水果篮通知单"（见表5-10）、"特殊要求通知单"等。

表5-9　次日抵店宾客一览表

＿＿＿＿＿＿年＿＿＿＿＿＿月＿＿＿＿＿＿日

预订号	序号	客人姓名	房间数	房间类别	抵达时间航班	预期离店日期	备注
1							
2							

表5-10 鲜花、水果篮通知单

_____月_____日

姓名_____ 房号_____

送达日期_____ 时间_____

具体要求_____

付款客人姓名_____ 序号_____

备注_____

3. 宾客抵店的当天

前厅接待员应根据宾客预订的具体要求提前排房，并将有关接待细节（变更或补充）通知相关部门，共同完成宾客抵店前的各项准备工作。

四、散客和团体预订服务程序

（一）散客预订服务程序

1. 电话预订的受理

（1）客人打电话来。

（2）预订员在三次铃响内适时拿起话筒，有礼貌地向对方问好，尊称对方，自报酒店、部门，提出帮助对方。

（3）客人提出订房要求，预订员立即查看订房控制总表或电脑，如果有房间，问清楚客人的详细资料。如果没有空房，则询问客人是否愿意改变订房的类型和间数或改变订房的日期或天数，如果客人不愿意改变，则询问客人是否愿意进入酒店的等候名单，如果客人仍然不愿意改变，则婉拒客人，对酒店不能满足客人的要求表示歉意，向客人表达非常希望再次为客人服务的愿望，最后向客人道别，并待对方挂断电话后再挂断电话。

（4）把客人的详细资料记录在预订单上。

（5）复述订房要求，请客人听你的记录是否准确。

（6）明确答复对方有无订房，并说明酒店的具体规定，如留房期限和定金的规定等，必要时通知客人付定金并办妥相应的手续。

（7）向客人道谢并道别。如表5-11所示。

表5-11 受理电话预订的程序与标准

程序（Procedure）	标准（Standard）
接电话	铃响三声以内。
问候客人	（1）问候语：早上好，中午好，晚上好； （2）报部门：预订部。

续表

程序（Procedure）	标准（Standard）
聆听客人预订要求	（1）确定客人预订日期； （2）查看计算机及客房预订显示架。
询问客人姓名	（1）询问客人姓名及英文拼写； （2）复述确认。
推销客房	（1）介绍房间种类和房价，从高价房到低价房； （2）询问客人公司的名称； （3）查询计算机，确认是否属于合同单位，便于确定优惠价。
询问付款方式	（1）询问客人的付款方式，在预订单上注明； （2）公司或者旅行社承担费用者，要求在客人抵达前电传书面信函做付款担保。
询问客人抵达情况	（1）询问抵达航班及时间； （2）向客人说明，无明确抵达时间和航班，酒店将保留房间到入住当天的18：00； （3）如果客人预订的抵达时间超过18：00，要求客人告知信用卡号码做担保预订。
询问特殊要求	（1）询问客人有无特殊要求，如是否需要接机服务等； （2）对有特殊要求者，详细记录并复述。
询问预订代理人情况	（1）询问预订代理人的姓名、单位、电话号码； （2）对上述情况做好记录。
复述预订内容	（1）日期、航班； （2）房间种类、房价； （3）客人姓名； （4）特殊要求； （5）付款方式； （6）代理人情况。
完成预订	（1）致谢并期待客人光临。

2. 口头预订的受理

如果客人到前台当面口头订房（有时是住客在离店前预订下次返回同一地点的订房，即返回预订 Return Reservation），预订员应请客人填写一式两份的预订单或由预订员根据客人的口述填写，请客人签字，预订员再签字。第一联由订房处留底，第二联给客人作为已订过房的书面凭证，在客人抵达酒店时向接待员出示。订房员在预订员表上的签字即为酒店接受订房的凭证。

3. 其他预订方式订房的受理

当客人通过信件、网络、传真订房时，预订员应根据信件、传真等订房原始凭证和订房控制表上显示的有或无客房信息接受或婉拒客人预订（尽量以同等方式）。酒店的书面答复同样要说明酒店留房期限等规定。

（二）团体预订服务程序（Group Reservation Procedure）

1. 旅游团体预订的受理

（1）旅游团体通常由公关销售部提前半年左右与旅行社签订合同或协议，由公关销售部提前足够的时间下达团体接待计划给订房处。

（2）订房组按照团体接待计划的内容填写团体预订单。

（3）将旅游团体预订单输入电脑，由电脑完成预订单编号。

（4）订房处应与销售部核对次日将到的团体的资料，查看是否有变更或取消，也可依据酒店的订房核对的规定定期主动与团体订房单位核对团体订房资料。

（5）按酒店政策控制好团体订房的比例。

（6）团体订房资料应提前一天或更多天交接待处，以便其合理地分房。

2. 会议团体预订的受理

会议团体的订房程序与旅游团体大致相当，也是由公关销售部提前一段时间与会议举办单位签订合同或协议，然后下达接待计划给订房处，订房处根据此填写专用的会议订房表传递给接待处等有关部门以便做好接待的准备工作。

五、客房超额预订与解决办法

客房是一种特殊的商品，它具有不可储藏性，今天的空房损失不能由明天的客满来弥补，也就是今天空房，那么今天的商品就永远失去，无法再通过明天的客满来补偿。为了减少酒店的空房损失，采取了几种做法，如确认预订、核对预订、预收定金，但即使采取了上述种种措施，客人仍有可能由于各种主观或客观原因不来住宿、推迟入住或减少入住的天数和房数等。会出现预订而未到者（No Show）、临时取消预订者（Cancellation），提前退房者（Early Departure）、延期退房者（Overstay）。这时酒店就要承担由此可能造成的空房损失，为此酒店通常采用的措施就是超额预订。

（一）超额预订的定义

超额预订是指在酒店订房已满的情况下，再适当超过酒店现有的客房数增加订房数量，以弥补因订房不到或临时取消而可能造成的空房损失。

（二）超额预订数的确定

超额预订数不是随便订的，不是管理者一拍脑袋就能决定的，超额过少，酒店还会出现空房，那这是超额预订就没有意义了；超额过多，酒店就会出现无法给客人提供房间的情况，所以，一定要控制好超额预订的比例，确定恰当的超额预订数。

1. 超额预订数的计算

超额预订数 = 预计临时取消预订房数 + 预计预订而未到客人房数 + 预计提前退房房数 - 延期退房房数

这里超额预订数就受预订取消率、预订而未到客人比率和延期退房率等因素的影响。

假设：X = 超额预订房数；A = 酒店客房总数；C = 续住房数；r_1 = 预订取消率；r_2 = 预订而未到率；D = 预期离店房数；f_1 = 提前退房率；f_2 = 延期退房率，则：

$$X = (A - C + X) \cdot r_1 + (A - C + X) \cdot r_2 + Cf_1 - Df_2$$

$$X = (A - C)(r_1 + r_2) + Cf_1 - Df_2/1 - (r_1 + r_2)$$

设超额预订率为 R，则：

$$R = X/A - C \times 100\% = (A - C)(r_1 + r_2) + Cf_1 - Df_2/(A - C)[1 - (r_1 + r_2)]$$

一般情况下，酒店接受超额预订的比例应控制在 5% ~ 20%，如果预订比例过大，很可能出现客人到店而无房的情况，因此妥善控制超额预订的比例是很重要的，但这恰恰是有很大难度的。5% ~ 20% 这个超额预订率的制定仅供参考，因为它是依据酒店以往的经验统计数据计算得到的，未来状况到底会怎样，还要考虑其他因素作具体分析。

2. 超额预订率的控制

（1）掌握好团体订房和散客订房的比例。通常情况下，现有订房中团体订房多，超额预订比例应小些，散客订房多，超额预订比例可适当大些。

（2）掌握好旺季、平季、淡季的差别。旺季客房供不应求，客人订房后取消的可能性小些，这时超额预订比例应适当小一些；平季客房订房后取消或更改的可能性相比旺季要大，因此相对于旺季而言，平季的超额预订比例应大些，淡季一般不会客满，更不会出现超额预订。

（3）掌握好预订提前量的多少。当客房已订满，酒店还想再超额预订时，就要看预订提前量有多少，例如要看订满之日是明天还是 1 个月后。如果明天订满，再超额预订就要慎重，因为离客人到达只有 1 天时间，客人取消或减少预订的可能性相对较小；而如果是 1 个月后订满了还想超额预订，那么超额预订的比例就可以稍微高一些，因为 1 个月中客源变化的可能性是比较大的。

（4）要考虑现有订房中各类订房所占的比例。如果现有订房都是保证类订房，通常不能实行超额预订；保证类订房越多，超额预订的比例就应该越小，反之亦然；确认类的比例较高时，超额预订比例应该大一些；一般类订房的比例较高，超额预订的比例应更大一些。

（5）统计分析各重要订房单位过去历年同期实到人数占订房人数的比例，即到达率，用来估计现在该订房单位所订房数实际的到达率。

（6）了解酒店附近同等级酒店此时是否已经客满，如已客满或接近客满，就应该减少超额预订或不实行超额预订；反之则应多超额预订一些。

（7）根据酒店在市场上的信誉情况来决定。信誉好的酒店，顾客达到率就高，超额预订就应该小一些；反之则应该多一些。

（8）分析酒店行业的宏观发展环境，宏观环境佳则超额预订小一些，宏观环境差则适当提高超额预订率。

总之，在实际超额预订过程中，要根据酒店的实际情况及各种其他因素具体分析，并采取不同的超额预订率。

（三）超额预订造成客到无房的解决方法

按照国际惯例，酒店方面应该做到：

（1）诚恳地向客人道歉，并请求客人谅解。

（2）立即与另一家等级相同的酒店联系，请求援助，同时派车将客人免费送往这家酒店。

（3）如属连住，则店内一有空房，在客人愿意的情况下，再把客人接回来，并对其表示欢迎（可由大堂副理出面迎接，或在客房内摆放花束等）。

（4）如客人属于保证类预订，则除了采取以上措施外，还应视具体情况，为客人提供以下帮助。

1）支付其在其他酒店住宿期间的第一夜房费，或客人搬回酒店后可享受1天免费房的待遇；

2）免费为客人提供一次长途电话费或传真费，以便客人能够将临时改变地址的情况通知有关方面；

3）次日排房时，首先考虑此类客人的用房安排，大堂副理应在大堂迎候客人，并陪同客人办理入住手续。

（四）缺额预订（Underbooking）

缺额预订（Underbooking）就是指在指定时间内没有达到酒店预期目标预订的数量。酒店出现缺额预订现象，是指所接受预订数少于酒店可供房数（Availabilities），原因非常多，既有客观原因，也有酒店自身原因，不管哪种原因，酒店都应该想办法拓展客房预订渠道，健全预订程序，以促进客人预订。

六、预订失误控制与处理办法

（一）预订中常见失误类型

1. 订房信息记录不准确

这是预订中最常见的失误类型，主要表现在以下几方面：

（1）对客人姓名、人数、抵离日期、预住天数和房数、房价和房间类型等记录不全或不准确，并未及时与客人进行核对确认，造成排房失误或客人抵店时对房间类型、房价有异议。

（2）酒店没有为客人建立客史档案或客史档案记录不准确、不完整，使客人感到未受尊重，未得到应享受的回头客或常客待遇。

（3）订房客人的其他要求，如用餐、订票、订会议室、订康乐设施等未准确记录。

2. 订房信息未及时、准确地传递

（1）订房信息未及时传递到接待处，使得接待处分房不当或未及时排房。

（2）客人用餐、订票、订会议室或其他要求没有及时、准确地传递等到有关部门，造成这些部门未及时准备或准备失误。

（3）客史档案资料未及时传至相关部门，致使相关部门提供服务缺乏针对性。

3. 房价或房号资料未能保留或过早告诉客人

（1）酒店与旅行社或其他代理商之间的房价，告诉客人或间接让客人知道，影响了旅行社或代理商的客源，进而也影响了酒店的客源。

（2）酒店给某些客人预留的房号过早向客人保证或告知客人，使酒店在排放时缺乏灵活性，难以变更或因突然改变预订承诺造成客人不满。

4. 酒店未把留房期限、违约金的收取等规定及时以书面形式告知客人

（1）酒店的留房期限虽符合国际惯例，但若事先未告知客人，会造成客人过了留房期限后到达酒店无法提供客房。

（2）酒店关于定金的规定事先未能以书面形式准确地告诉客人，会造成没收客人定金时客人有异议。

5. 预订的变更或取消没有及时处理

（1）预订的变更可以是客人方面提出，也可是酒店方面提出，不管是哪一方提出预订变更后，需要双方沟通协调并确认。

（2）预订的取消主要涉及客人取消的时间和相应定金的扣除。

（二）预订中失误的预防

预订工作中的疏忽或失误将损害酒店的形象，使酒店蒙受经济损失。为此，必须采取相应的措施，尽量减少或杜绝失误。

1. 培训预订员

（1）严格对预订员进行专业技能的培训，使其熟悉工作流程。

（2）向客人解释酒店的政策和惯例，解释酒店专用术语的确切含义。

2. 反复审阅

（1）在客人办理完预订手续后一定要进行复述，与客人进行有关预订的核

对和确认。

（2）管理人员应对客房预订工作中使用的表格进行审查，看是否能满足酒店经营变化的需要，并反复审阅预订存档。

3. 密切联系

（1）预订处应与酒店的市场营销部、接待处密切联系，及时准确地掌握可售房信息。

（2）建立相应的审查制度，在预订资料输入电脑、存档以前，应交当值领班或主管审查，确认无误后方可进行下一步的工作。

（三）预订中常见问题处理

1. 客人预订时指定房号

一般酒店通常不接受在指定房号的预订，但会答应客人尽量按客人要求的房号安排；如果遇到 VIP 或常客，客人要求又强烈，在这种情况下，预订员应视情况而定。

（1）预订员应根据客人的预订日期，查看电脑预订情况而判断是否接受客人的指定性预订。

（2）若有空房，则应立即办理预订手续，把需要的房号预留起来并输入电脑；若没有空房，则应向客人说明情况后推销其他房间，或建议其他入住方案（如先请客人入住其他类型的房间后再更换等）。

（3）最后向客人说明如果出现不能满足要求的情况，则请客人谅解并作换房处理。

2. 客人在预订房间时嫌房价太高

（1）预订员应妥善运用推销语言技巧。先肯定房价高，后向客人详细介绍本酒店的客房结构及配套设施设备等。

（2）若客人还未下结论，则不妨采用对比法，将客人所预订的房间与其他酒店的进行比较，建议客人先入住尝试，并为客人办理预订手续。

（3）若客人仍觉房价太高，则淡季时可以在权限服务内为客人提供折扣优惠，如果客人要求更大折扣或常客等入住时，可向主管或经理申请。

3. 订房员接到酒店内部订房

（1）仔细审查订房单是否完整、正确，是否有负责人的亲笔签名，核实所给予的优惠幅度是否在该负责人的权限范围内。

（2）如预订房价的优惠幅度超越权限或协议范围，或者订单不完整，订房员应拒绝接受并报告主管。

4. 客人的抵店时间已经超过规定的留房时间

当客人的抵店时间已经超过酒店规定的留房期限，或者是未按原定的航班、车次抵达，事先又未与酒店进行联系，造成酒店无法为其提供客房。这种情况虽为确认类预定，但是已经超过了酒店规定的留房期限，责任不在酒店，但是出于宾客至上的原则，酒店同样应热情招待，并尽力为客人提供帮助。如果酒店已没有空房，可以与其他酒店联系并安排客人入住，但此时酒店不承担任何费用。

5. 酒店接受了客人的电话订房，但事后未邮寄确认书，客人抵店后，导致无房提供

在这类情况中，酒店虽没有向客人邮寄书面凭证，但从信义上讲，口头承诺同书面确认一样生效，遇到这种情况，酒店应向客人道歉，并尽量安排客人在本酒店居住，如实在无空房提供，可暂时安排客人在附近的同等级酒店入住，并于次日将客人接回，并再次道歉。

6. 客人声称自己已办理了订房手续，但在酒店预订处却找不到订房记录

在这种情况下，酒店的接待人员应立即与预订处联系，设法找到客人的订房资料，如找到客人的订房资料，经确认客人属于未按时抵店，而应在前 1 天入住，或者客人提前到达，则在酒店客满的情况下，接待人员应尽力为客人提供各种帮助，为客人解决困难。如果经查找，确认是因酒店方面的原因将客人的订房资料弄错，而酒店已经无法为其提供空房，则可以参照超额预订造成客到无房的解决方法解决。

第六章　前厅销售服务与管理

一、前厅销售内容与要求

(一) 前厅销售的内容

前厅销售的不仅是客房，还包括了饭店的其他产品与业务以及饭店的服务质量和形象。前厅销售具体内容包括如下：

(1) 饭店的地理位置。饭店所处地理位置是影响客人选择入住的一个重要因素，交通便利程度、周围环境状况等都是前厅员工用以推销的资源。

(2) 饭店的有形产品。豪华舒适的客房、齐全有效的设施设备是销售的重要条件。前厅员工必须全面掌握饭店产品的特点及其吸引力。

(3) 饭店的服务。服务是前厅销售的重要产品，前厅员工更应该努力提高自身的服务意识和技能水平，为客人提供礼貌、高效、周到、满意的服务。

(4) 饭店的形象。饭店形象是最有影响的活广告，它包括饭店历史、知名度、信誉、口碑、独特的经营风格、优质的服务等。前厅作为饭店形象的代言人，应自觉维护和创造饭店的良好形象。

(二) 前厅销售的要求

1. 销售准备

(1) 熟悉并掌握本饭店的基本情况和特点。熟悉并掌握饭店的基本情况和特点，是做好前厅销售工作的基础。前厅员工应对饭店的地理位置及交通情况、饭店等级及类型、饭店经营目标及客源市场、饭店服务设施与服务项目内容及特色、饭店有关销售方面的政策和规定等进行全面的了解、掌握，以便在销售中灵活运用。

(2) 做好日常销售准备工作。做好日常销售准备工作，是保证销售有效实施的先决条件。前厅部管理者必须保证前厅各个区域的工作环境有条理、干净、整洁；对客服务中使用的设施设备安全、有效；员工仪表达到饭店规定的标准；准确预测客情并做好人力、物力资源的安排。

2. 服务态度

(1) 要善于用眼神和客人交流，要表现出热情和真挚。

（2）要面带微笑，对客人表示："欢迎，见到您很高兴。"

（3）要用礼貌用语问候每位客人。

（4）举止行为要恰当、自然、诚恳。

（5）回答问题要简单、明了、恰当，不要夸张宣传住宿条件。

（6）不要贬低客人，要耐心向客人解释问题。

3. 销售实施

（1）表现出良好的职业素养。前厅是给客人留下第一印象和最后印象的场所，客人对饭店的体验和了解是从前厅员工开始的。真诚的微笑、礼貌的语言、得体的举止、高效规范的服务是前厅销售成功的基础。

（2）认真观察分析客人的要求和愿望。正确把握客人的特点及消费动机，有目的、有针对性地销售适合客人需要的产品，满足客人的物质和心理需求。

（3）要善于用描述性语言，准确使用形容词介绍提供的几种客房的优势，说明能给客人带来的好处以供客人选择，但不要对几种客房做令人不快的比较。

（4）不要直接询问客人要求哪种价格的房间，应在描述客房情况的过程中，试探客人想要哪种房间。

（5）要善于观察和尽力弄清客人的要求和愿望，有目的地销售适合客人需要的客房。

（6）不要放弃对潜在客人推销客房。必要时可派人陪同客人参观几种不同类型的客房，增进与客人之间的关系，这将有助于对犹豫不决的客人促成销售。

（7）加强销售过程的督导和控制。前厅管理者在销售服务过程中，必须亲临现场，主动征求客人意见，亲自为客人服务，帮助遇到困难的员工，及时发现并解决服务和管理中可能出现的问题。

二、前厅销售流程与技巧

（一）销售流程

前厅客房销售可分为以下五个步骤：

1. 特点把握

前厅销售人员应根据客房产品的特点、客源的种类及其需求，灵活运用销售技巧进行销售。不同类型的客人有不同的特点，销售的方法也有所不同，如因公出差的商务客人，对房价不太计较，但对服务的要求比较高，希望能得到快速、高效的服务，且使用饭店设施、设备的机会较多，回头率相对高。针对这些特点，前厅销售人员应向他们重点推销环境安静、光线明亮、商务办公设施设备用品齐全、便于会客、档次较高的客房；对度假观光的客人，应向他们推销环境幽雅舒适、有景观且价格适中的客房；等等。

2. 产品介绍

前厅销售人员在把握了客人的特点之后，应适时地向客人介绍客房及其他产品。对第一次来饭店的客人，应尽可能地向客人介绍客房的优点和独到之处，如特色的房型、理想的位置、宽敞的面积、新颖的装潢、美丽的景观等，并强调这些优美和独特之处能给客人带来的利益和好处。对常来店的客人来说，销售人员应抓住时机向其推荐饭店新增的且适合他们的产品。前厅销售人员介绍的内容及介绍的方式，也会加深客人对饭店的印象。

3. 价格商谈

价格是客人最为关心，也是最为敏感的内容。前厅销售人员在销售客房时，应强调客房的价值，回答客人最希望了解的关键问题，即"我付了这个房费后，能得到什么？是否值得？"努力使客人认同饭店产品的价值，避免硬性推销。

4. 客房展示

为了促进客房产品的销售，前厅应备有各种房型的宣传资料供客人观看、选择，有条件的饭店可在大厅醒目位置配备电脑显示屏幕，让客人对客房产品获得感性认识。必要时，还可以在征得客人同意的情况下，带领客人实地参观客房，增强客人对客房产品的认识。在展示客房的过程中，销售人员要自始至终表现出有信心、有效率、有礼貌。如果客人受到了殷勤的接待，即使这次没有住店，也会对饭店留下美好的印象。

5. 交易达成

经过上述步骤，当意识到客人对所推荐的客房感兴趣时，前厅销售人员应主动出击，可用提问的方式促使客人做出选择。如"您想试用这间客房吗？您的选择是值得的！"……客人认可后，应尽快给客人办理入住登记手续，并对客人的选择表示诚挚的谢意和良好的祝愿。

（二）销售技巧

一名优秀的前厅销售人员，不仅要掌握客房销售的内容、要求和程序，还必须掌握一定的客房销售技巧，并运用销售艺术，有效地促进销售。常见的销售技巧包括以下几点：

1. 正确称呼客人姓名

在销售过程中，若能亲切地用姓名称呼客人，就会使客人产生一种亲切感，拉近饭店与客人之间的距离，有利于销售。

2. 倾心聆听，及时释疑

在销售过程中，要善于从客人的谈话中听出对方的需求和意愿，对客人不明之处、不解之意要及时释疑，免去误会，以利销售。

3. 注意语言艺术

在销售过程中，要态度诚恳，用热情、友好的语言鼓励客人将需求和盘托出，坚持正面表述，如"您真幸运，我们恰好还有一间不错的客房。"而不能说："这是最后一间客房了，你要不要？"

4. 强调客人利益

在销售过程中，由于客人对产品价值和品质的认知度不同，销售人员应及时将产品给客人带来的益处告知客人，促使其购买。如"这类客房价格听起来高了一点，但是客房的床垫、枕头具有保健功能，还配有冲浪设备，可以让您得到充分的休息和享受。"

强调客人的利益这一技巧还可用在二次推销上，如销售人员向一位预订了低价房的客人说："××先生，您只需多支付40元，就可享受优惠待遇，这个价格除了房费以外，还包括了早餐或一顿正餐。"

5. 选择适当的报价方法

对客报价是前厅销售人员为扩大客房产品的销售，运用口头描述技艺以引起客人购买欲望的一种推销方法。在实际工作中，有针对性地适时采用不同的报价方法，才能达到最佳销售效果。销售中常见的报价方法有：

(1) 从高到低报价。此方法也称高码讨价法，即向客人推荐适合其需求的最高价格的客房及其特点。所谓"一分钱一分货"，高质即高价。对于一名新入住的客人而言，饭店产品的优点是不能一下就认识到的，而价格却能一目了然。在接待过程中，经常听到这样的抱怨："太高了，能不能打折。"在此类情况下，接待员要向宾客指出为其提供产品售价高的理由，讲清楚因为什么而价高。例如，理想的位置、新颖的装潢、优雅的环境、美丽的外景、宽敞的房间等。尽可能多地向客人介绍本店产品的优点和独特之处，以化解客人心里的价格障碍，进而为企业创造最佳的盈利机会。被推荐的客人可能会有两种反应：一是接受了所推荐的客房；二是拒绝了所推荐的客房。这时销售人员可逐一推荐价格低一个档次的客房及其特点，直至客人做出选择。这种相互作用的方法使得许多客人相信，他们拒绝了最高价格的客房，选择了中、低档价格的客房是明智的。这种报价方法适用于未经预订、直接抵店的客人。

(2) 从低到高报价。此方法也称利益引诱法，即向客人先报最低价格的客房，然后再逐渐走向高价客房。销售人员在报出低价客房的同时，应积极推销饭店有特色的附加服务，尤其是重点强调在原收费标准的基础上稍微提高一些价格，便能得到很多实惠。许多客人在利益的诱惑下，会接受偏高的价格。实践证明，这种报价方法对饭店稳定和扩大客源市场起着积极的作用。

(3) 选择性报价。此报价方法是将客人消费能力定位在饭店价格体系中的某个范围，做有针对性地选择推销。销售人员要能准确地判断客人的支付能力，能够客观地按照客人的要求选择适当的价格范围。

（4）根据房型报价。此报价方法是根据客房产品优势即卖点设计的。它有以下三种方式：

1）"冲击式"报价。先报出房间的价格，再介绍客房所提供的服务设施和服务项目及特点。这种报价方式比较适合推销低价房。

2）"鱼尾式"报价。先介绍客房所提供的服务设施和服务项目及特点，最后报出房价，突出客房物有所值，以削弱客人对价格的敏感度。这种报价方式比较适合推销中档客房。

3）"三明治式"报价。此报价方式是将价格置于提供的服务项目中进行报价，以削弱价格分量，增加客人购买的可能性。这种报价方式比较适合推销中、高档客房。

（5）比较优势法。当饭店的供给价格与客人的需求价格产生不符时，接待员不妨采用"比较优势"来化解客人的价格异议，即以自己产品的长处去与同类产品的短处相比，使本店产品的优势更加突出。例如，一个客人提出本店价格比其他饭店贵的时候，接待员可这样回答："第一，我店的设施是本地区最新的；第二，可以收看多套卫星节目；第三，房间内具有上网功能。"

（6）价格分解法。价格作为敏感性因素，接待员在推销时要将价格进行分解。例如，某类房间的价格是 680 元，报价时可将 80 元免费双餐分解出来，告诉客人房价实际是 600 元；假如房费内包含免费洗衣或免费健身等其他免费项目，同样也可以分解出来。"付出总有回报"，相信价格分解法能更好地打动客人。

（7）限定折扣法。俗语说："萝卜白菜，各有所爱。"限定折扣是一种"曲线求利"的办法。接待员在做到充分了解客人购买目的的基础上可限时、限地、限量给予适当折扣。例如，一位接待员在了解到客人不太注重房间位置时说："我饭店有一间角边房，如果您不介意，我可以给您申请七折。"另一位接待员在了解到客人可提前退房时说："如果您能在明早八点钟退房的话，可以给您打八折。"

（8）适当让步法。由于饭店产品越来越强的议价特点，所以价格因不同客人而异已成为十分正常的现象。对于确实无法承受门市价格的客人，适当给予优惠也是适应市场、适应竞争的重要手段。"该出手时就出手"，以免出现客人入住竞争饭店的现象。但做出的让步要在授权范围内。

（9）画蛇添足法。所谓画蛇添足法，是动用报价方式的一种技巧，即先报基本价，再报服务价，以此法可削弱客人闻价色变的可能性，将其动摇程度降到最小限度。一般来讲，星级宾馆饭店以百分比提成的形式向客人收取的服务费用，确实令部分客人望价兴叹。故而运用画蛇添足法时，一方面确保客人对房价心中有数，不致开房后又产生顾虑；另一方面应坚持灵活报价的前提，机动地穿插传统的冲击式报价、鱼尾式报价、三明治式报价等方法。另外，在平季或淡季时，饭店为做到薄利多销，常采用折扣方式，此时的画蛇添足法便有了另一番妙用。在报出房价的同时，竭力描述蛇尾的实惠，诸如"在此房价的基础上，我们可以给您折扣。这种折扣只在本季度生效"等推销词，无疑会使客人动心。

6. 推销饭店其他产品

在销售客房的同时，不应忽视饭店其他服务设施和服务项目的推销。适时地向客人推销其需要的其他服务设施与服务项目，不仅有利于增加饭店的收益，而且有利于搞好对客关系，提高客人的满意度。

7. 客人利益第一

在销售客房及饭店其他产品的过程中，始终要把客人的利益放在第一位，让客人感受到前厅一切销售都是为了满足其需求。接待员要将价格转化为能给客人带来的益处和满足，对客人进行启迪和引导，促进其购买行为。例如，一位接待员遇到一位因价高而犹豫不决的客人时，可以这样讲："此房间床垫、枕头具有保健功能，在让您充分休息的同时，还起到预防疾病的作用。"又如另一位接待员是这样说的："这房间价格听起来高了点，但配有冲浪浴设备，您不想体验一下吗？"强调"客人受益"，强化了客人对产品价值的理解程度，从而提高其愿意支付的价格限度。

三、前厅房态控制与管理

（一）房态类型的划分与影响房态的因素

1. 房态类型

常见的客房状态包括：

（1）住客房（Occupied Room），客房已被客人租用。

（2）空房（Vacant and Available for Sale Room），已完成清扫、整理工作，可供出租的客房。

（3）走客房（On – Charge Room），住客已退房，客房正处于清扫、整理过程中。

（4）待修房（Out – of – Order Room），客房有问题了，需要维修。

（5）保留房（Blocked Room），这是一种饭店内部掌握的客房。饭店会为一些大型的团队预留他们所需的客房；同时还有一些客人在预订客房时，常常会指明要某个房间；对于一些回头客的预订，订房处往往会为该客人预留其曾经住过的房间。

（6）携带少量行李的住客房（Occupied with Light），为防止发生客人逃账等意外情况，应在计算机中做相应标记。

（7）请勿打扰房（DND），有些住店客人为了不受干扰，会开启"请勿打扰"灯或挂"请勿打扰"牌。

（8）双锁房（Double Locked Room），双锁客房的原因较多。有时，住客为了免受干扰，在房内将门双锁，服务员无法用普通钥匙开启房门；有时，由于客人操作失误，无意将门双锁；有时，客人外出一段时间但不退房，为保证客房的安全，客房部会在客人离店时将客人房间双锁，客人返回时再解锁；有时，当饭店发现房内设备严重受损或客人消费行为不轨时，饭店管理部门也会做出双锁客房的决定。

（9）其他非卖房、团体房、会议房、散客房、免费房、长包房、内用房、预离房、预到房、保密房、矛盾房、留言房、VIP 房、团队/会议房、外宾房、生日用房等。

2. 影响房态的因素

客房状态因排房、客人入住、换房、退房、关闭楼层、维修等因素不断地发生变化，前厅销售人员应随时、准确地掌握这些变动的信息，及时传递、变更房态变化的信息。

（1）排房。饭店为了减少客人办理入住登记的时间，开房员为已订房的客人提前做好了排房工作，已预排好的客房应将客房状态转换到保留房的状态。有必要时应提前一天完成排房工作并把接待要求以书面形式通知到有关部门。

（2）入住。客人入住后，前台接待员应及时将保留房或空房状态转换到住客房状态，并及时通知客房部。

（3）换房。换房可能是客人的愿望，也可能是饭店的要求。不论是哪一种情况，换房一旦发生，应及时将调换出的客房由住客房状态转换成走客房状态，调换进的客房由空房状态转换成住客房状态。接待员还应开具客房变更通知单下发有关部门和作为换房、转换房态的凭证。

（4）退房。前台接待员在接到客人退房离店信息后，应及时将住客房状态转换成走客房状态，并通知客房部。

（5）待修房。客房因设施、设备损坏需要维修而暂时不能销售时，客房部应及时通知前台将此房转换到待修房状态，等得到客房部的恢复通知后再及时取消。

（6）关闭楼层。在淡季，由于出租率下降，饭店为节约能源，减少成本或利用淡季改造、维修、保养客房，常采用相对集中排房，关闭一些楼层的措施。此时，前厅根据饭店规定，将关闭楼层的客房转换到保留房或关闭楼层的状态。

（二）房态显示与控制

1. 房态显示

客房的使用处于不断变化之中，随时正确地显示客房状态，除了有赖于员工细致、规范的工作和责任感以外，还需要借助于科学的显示手段。在未使用电脑的饭店，客房状况显示架是显示客房现状最有效的工具，它能随时显示饭店所有客房及住店客人的最新情况和信息。客房状况显示架以45°角斜搁在总台柜台内侧的两根轨道上，以便接待员直接查看显示的房态。客房状况显示架按楼层由低到高、房号由小到大的顺序排列。客房状况显示架的槽口是用于存放反映客房现状及住客情况的客房状况长条，每一个槽口代表一个房间，用不同颜色的长条插入槽中，代表不同的房态，如红色代表住客房，黄色代表走客房等。只要显示及时、准确，房号、房型、房间的现状及客人的情况等一查便知。

2. 房态控制

对房态进行有效的控制，能极大地提高排房、定价的效率和受理预订的决策力，同时为饭店管理部门提供了分析客房销售状况的依据。如果饭店的客房是因为缺乏需求而未能出租，管理部门就能及时分析原因，通过加强宣传、促销、调整价格等措施来改善。如果是由于一些工作失误，让客人进入了尚未清理好的客房或住客房等引起了客人的不满、投诉或造成客房收入的损失，管理者可通过客房状况差异了解差错造成的实际损失，并通过分析造成差错的原因，从而达到加强改善管理工作的目的，进而维护饭店的声誉和良好的对客关系。

（1）制作客房控制表格。

1）客房状况表。饭店可根据自身的管理特点，制定适合自己饭店管理需要的客房状况表。接待员可依据客房状况架上所显示的房态、客人的预订资料、客房部的客房自然状况报告，每日定时填写客房状况表，来确定饭店的客房现状和预订状况。使用电脑的饭店可直接由电脑打印出相关的统计资料（见表6-1、表6-2）。

2）客房状况差异表。客房状况差异表是用来记录前厅的客房状态与客房部的自然状态不一致之处。此表由接待员在核对客房部的客房自然状态报告后填写。客房部的服务员每天至少2次（早、晚各1次）将客房部的客房状态报告送至总台。接待员应仔细将楼层报告上的每一间客房状态与总台的客房现状核对，将出现差异的客房填写在客房状况差异表上。客房部和前厅部的管理人员亲自检查差异的原因，并及时采取相应的措施加以纠正，确保房态准确。

表 6-1　房间营业报告　　　　　　　　年　月　日

房间统计	当日累计		本月累计		本年累计		今日到步分析	
	房数	百分率	房数	百分率	房数	百分率		
房间总数							订房总数	
自用房							未到	
坏房							保证订房	
封房							取消订房	
可出租房							订房到步	
空房							自人	
散客							实际到步	
团队房							预期离开	
是日使用							延期	
半日租							提前离开	
住房总数							实际离开	
客人总数							是日使用	

房间类别	本日累计		本月累计		本年累计	
	房数	收入	房数	收入	房数	收入
单人房						
商务房						
标准房						
商务套房						
总统套房						

房价分析	当日累计			本月累计		
	平均房价	收入		平均房价	收入	
		现金	挂账		现金	挂账
散客						
加床费						
服务费						
半日租						
团队						
会议						
是日使用						
总收入						

本年累计收入		本年累计房数		本年累计平均房价	
				本年累计开房率	

注：

抄送：　　接待员：　　审核：

表6－2 客房出租分析报表　　　　　　　年 月 日

可出租房		开房总数	总收入	平均房价	出租率
客源分析		在住人数	开房数	总收入	平均房价	入店人数	

客源分析		在住人数	开房数	总收入	平均房价	入店人数	
散客	外宾						港澳台 东南亚 欧美
	内宾						
团队	外宾						
	内宾						
会议	外宾						
	内宾						
长包房	外宾						
	内宾						
其他	外宾						旅行社的散客 总经理及经理的客人
	内宾						其他免费客人 持 VIP 卡入住的个人
半日租等							包括半日租、钟点房、加床
协议	外宾						
公司	内宾						
小计							
备注							

制表人：

（2）保证良好的房态信息沟通。

1）做好营销部、预订处、接待处之间的信息沟通。营销部应将团队/会议、长住客人等订房情况及时通知前厅预订处；预订处、前台接待处应将零星散客的订房情况和住房情况及时通知营销部。接待处应每天将实际到店客房数、实际离店客房数、提前离店客房数、近期离店客房数、临时取消客房数、预订但未抵店客人用房数及时通知预订处，预订处根据所报信息及时更新预订状况显示表。

2）做好客房部、接待处、收银处之间的信息沟通。接待处应将客人入住、换房、离店等信息及时通知客房部，客房部则应将客房的实际状况通知接待处，以便核对和控制房态。客人入住后，接待员应及时建立客账，以便收银记账。客人入住期间，如要换房，接待员应及时将换房通知单递交收银处。客人离店后，收银处应及时将离店信息再通知接待处，以便及时调整房态。

3. 房态差异成因与正确显示的措施

（1）客房状况差异的定义。前厅部记录、显示的客房状况与客房部查房结果不相符合的状况叫作客房状况差异。客房状况差异可归纳为两种，一种叫"Skippers"（未结账），是指前厅部客房状态显示为住客房，而客房部客房状态显示为空房；另一种叫"Sleeper"（空置房），是指前厅部客房状态显示为走客房或空房，而客房部客房状态显示为住客房。

（2）产生客房状况差异的原因。

1）客人入住后，前厅未能及时将空房转换成住客房。

2）客人已结账离店，前厅未能及时将住客房转换成走客房。

3）客人未登记，前厅部显示为空房，而客房部显示为住客房。

4）给错客人房间和钥匙，客人误进其他客房，而客人进入的客房房态实为空房。

5）客人离店时，前厅未收回房间钥匙，客人再次返回房间，而前台房态已转换成走客房。

6）客人提前结账，但并未退房，前厅已将此房转换成走客房。

7）客人已换房，但前厅未及时将房态进行调整。

（3）正确显示房态的措施。

1）完善房态转换检查程序。前厅部接待人员必须在客人登记或结账、换房后迅速及时地变更客房状况。健全客房状况多级检查、核对、确认程序。管理人员每天至少两次定时核对前厅部和客房部的客房状况报告。

2）加强员工业务技能培训。要对员工进行有关房态显示业务知识和技能的培训，确保每位员工了解各种客房状态的含义，客房状态转换方法及产生客房状况差异对服务与管理的影响，以此避免出现差错。

3）加强检查督导。管理人员要加强对员工工作的检查、督导，及时发现和预防因员工的工作失误给房态显示带来问题，以保证客房状况的正确显示。

（三）房价形成与定价方法

1. 房价形成

客房价格是由客房商品成本和利润构成的。其中，客房商品的成本项目通常包括建筑投资及由此支付的利息、客房设备及其折旧费、保养修缮费、物资用品费、土地使用费、经营管理费、员工工资福利费、保险费和营业税；而利润则是指所得税和客房利润两方面。

2. 定价方法

饭店客房定价的方法有很多，常用的包括以下几种：

（1）随行就市法。随行就市法是饭店以同一地区、同一档次的竞争对手的客房价格作为定价的依据，不依据本饭店的成本和需求状况而定房价的方法，其目的是保证效益，减少风险。

（2）千分之一法。千分之一法亦称建筑成本定价法，是根据饭店建筑总成本来制定房价的方法。饭店建筑总成本包括建筑材料、设备费用，还包括内装修及各种用具费用、所耗用的技术费用、人工费用、建造中的资金利息等。

（3）盈亏平衡定价法。盈亏平衡定价法，指的是饭店在既定的固定成本、平均变动成本和客房产品估计销量的条件下，实现销售收入与总成本相等时的客房价格，也就是饭店收支平衡时的客房产品价格。

（4）成本加成定价法。成本加成定价法，亦称"成本基数法"，它是按客房产品的成本加上若干百分比的加成额进行定价的一种方法。

（5）目标收益定价法。目标收益定价法，指的是通过定价来达到一定的目标利润，保证预期收回投资。其基本步骤如下：

1）确定目标收益率（或投资报酬率）；

2）确定目标利润额；

3）预测总成本，包括固定成本和变动成本；

4）确定预期销售量；

5）确定产品价格。

（6）需求差异定价法。需求差异定价法是以市场需求为导向，以客人对饭店客房价值的认同和理解程度为依据，判定出多种有差异的客房价格，来满足不同客人的需求。它包括：

1）理解价值定价法。理解价值定价法，是指根据客人对客房产品价格的理解和接受程度来定价的一种方法。饭店产品的特殊性导致只有饭店产品的质量、服务水平、价格和客人的主观感受、认识理解水平大体一致时，客人才会接受；反之，如果定价超过了客人对产品的理解价值，客人就不会接受。理解价值定价法的关键是如何测定客人对客房产品的理解价值。

2）区分需求定价法。区分需求定价法是指在客房产品成本相同或差别不大的情况下，根据客人对同一客房产品的效用评价差别来制定差别价格。它包括：

a. 同一客房产品对不同客人的差别定价；

b. 同一客房产品对不同位置的差别定价；

c. 同一客房产品对不同时间的差别定价；

d. 同一客房产品在增加微小服务上的差别定价。

3）声望定价法。声望定价法指的是一些高星级饭店有意识地把某些客房产品的价格定得高些，如总统套房、豪华套房等，从而提高客房产品及饭店的档次与声望。这种定价法的依据在于：客人经常认为"一分价钱一分货"，并把价格高低看作产品质量的标志。同时，有些客人把购买高价产品作为提高自己声望的一种手段，这种定价可以迎合这些消费者"求名"的心理。

4）分级定价法。分级定价法是指把客房产品分为几档，每档定一个价格。这样标价不但可以使消费者感到各种价格反映了产品质量的差别，而且可以简化他们选购产品的过程。饭店经常采用这种定价法来确定房价结构，对客房分级定等级，制定不同价格，以吸引对房价有不同需求的客人。

综上所述，要想确保需求差异定价取得成功，饭店就应设计出不同等级的客房，并具有各自的风格特点，同时，能为客人提供较宽的价格幅度，让客人有选择合适价格的余地。在实际销售过程中，前厅销售人员应想方设法让客人相信房价差异是合理的、可接受的。

（四）房价调控

1. 影响房价制定的因素

饭店在制定房价时，应考虑到下列影响房价的因素：

（1）定价目标。客房定价目标由饭店市场经营的目标所决定，是指导饭店客房产品定价的首要因素。它包括利润导向、竞争导向、销售额导向、成本导向等多种定价目标。

（2）成本水平。成本是定价的重要依据。客房产品定价时，必须考虑其成本水平。成本通常是价格的下限，而价格应确定在成本之上，否则将导致亏本。

（3）供求关系。客房产品的价格应随市场供求关系的变化而不断调整。当供大于求时，饭店应考虑降低价格；当供不应求时，饭店应考虑适当提高价格，以此适应市场需求。

（4）竞争对手的价格。竞争对手的价格是饭店制定房价时重要的参考因素。在制定房价时，应充分了解本地区同等级具有同等竞争力饭店的房价。一般来说，新房的价格略低于同档次饭店的房价，可能具有竞争力，但并非只有低价才能取胜。

（5）饭店的地理位置。饭店的地理位置是影响房价制定的又一重要因素。位于市中心繁华商业区，交通便利的饭店，其房价可适当高些；反之，可相应低一些，以提高竞争力。

（6）客人消费心理。客人的消费心理也是进行定价时应该考虑的因素之一。定价时重点要考虑客人对商品价格能够接受的上限和下限，价格过高或过低都会影响到客人的购买欲望。

（7）国家、行业的政策、法令。饭店制定房价，应依据国家经济政策、行业法规、政府主管部门等对饭店价格政策的制约。例如，为了维护客人的利益，在广交会期间，广州市物价局对广州市所有的星级饭店的高房价做了限制。

（8）饭店的服务质量。在客房定价的过程中，必须考虑到饭店服务质量水平的高低，即员工的礼貌水平、服务质量、服务技巧、服务效率和服务项目及要达到的标准。

2. 房价控制

饭店客房价格制定之后，须建立各种相关的规章和制度，使房价具有严肃性、诚实性、连续性和稳定性，且应要求前厅销售人员在实际销售客房的过程中严格执行。

（1）房价执行制度。管理人员必须让前厅销售人员全面了解和掌握已建立的各项规章和制度。如对优惠房价的批报制度、有关管理人员对优惠房价所拥有的决定权限、饭店房价优惠的种类和幅度及对象、前厅销售人员对标准价下浮比例的决定权限、各类特殊用房的留用数量、房价执行情况的审核程序和要求等。

（2）房价的限制。房价限制的目的是为了提高客房实际平均价格，实现饭店客房收益最大化。前厅部管理人员必须随时了解和掌握饭店客房出租率的变动情况，善于分析客房出租率的变化趋势，准确预测未来住店客人对客房的需求量，及时做出限制某类房价的决定。如果预测到未来某个时期的客房出租率很高，前厅管理人员可能会采取相应的限制措施，如限制出租低价房或特殊房价的客房、不接或少接团队客人、房价不打折等。

3. 房价调整

饭店的客房价格制定后，在实际运用过程中应进行有效的检查。依据房价检查的结果，管理人员应相应调整房价，以保证饭店客房利润目标的实现，使房价更适应客观现实的需要。房价的调整一般包括适度调低房价和适度调高房价两大类。

（1）调低房价。调低房价是指饭店在经营过程中，为了适应市场环境或饭店内部条件的变化而降低原有的客房价格。调低房价的主要原因包括：市场供大于求、竞争对手调低价格、客房无明显特色等。但是，调低房价不一定就会增加饭店客房销售量，它有可能导致饭店之间的价格战，还有可能给客人带来"低价低质"的消费心理，进而影响饭店自身在市场上的声誉等。

（2）调高房价。调高房价往往会引起客人的不满，并给前厅销售人员在销售客房时增加难度。但是，饭店调高房价成功，就会极大地增加饭店的利润。调高房价的主要原因包括客房供不应求、饭店成本费用不断增加、饭店服务质量和档次明显提高等。

四、前厅对客房销售预测

（一）客房销售预测的作用

客房年度销售预测就是指对来年客房销售作详细的计划。这是酒店营销部与前厅部每年应考虑的首要问题，因为客房销售预测是费用支出、人力安排等项预算的基础。换句话说，制订年度工作计划的依据就是客房销售预测。

（二）客房销售预测的内容

在对客房年度销售进行预测之前，前厅部应会同市场营销部对可能影响销售预测准确性的因素展开仔细分析。

（1）无限制市场需求分析。无限制市场需求分析是指如果酒店在不加选择、不设任何限制条件的情况下，客人对本酒店的产品与服务的有效需求。

研究无限制市场需求的目的是对市场的需求情况有个全面的认识，弄清市场的整体需求有多大，进而研究市场细分和市场组合，然后设定相应的限制条件，选择能给酒店带来最丰厚潜在利益的细分市场。在此基础上，酒店才能进一步预测每个细分市场的需求，然后确定将多少客房以什么价格卖给哪些细分市场和通过什么销售渠道进行出售，并适当设置限制条件，控制客房销售的进度和在各细分市场和销售渠道的销售情况，从而达到准确的预测。

（2）市场供求情况变化分析。客房销售预测还包括对酒店所处市场的供给因素变化的监控，如是否有新开业的酒店，现有酒店是否增加或减少客房数量，是否全部或部分客房停止销售以进行装修或升级改造，是否有酒店关门转行等。这些情况的变化会影响酒店市场的供给以及酒店市场竞争的环境。对上述情况，在预测时应该密切关注。

（3）竞争对手价格变化趋势分析。了解竞争对手的价格，包括如下关注点：必须清楚市场的价格领导者是谁，哪家酒店主导价格的变化，本酒店在市场价格中的位置；竞争对手遗忘的价格策略和变动趋势，如他们给公司协议客户的折扣，各个销售渠道价格的增长率等；本地其他档次的酒店的价格情况和变化趋势。此外，还要了解本地总体社会经济发展的趋势和经济增长率等。

（4）市场需求变化的季节性分析和周期性分析。市场的季节性变化趋势是指在一定时期内（通常是指较短的时期）研究对象围绕整体趋势上下波动的情况。通常表现为客房收入在不同月份的高低起伏。如低谷期、高峰期、上升期等。市场的季节性变化趋势也许出现在某年、某月、某星期，甚至是一星期中的某些天。

市场的周期性变化趋势是指在一定时期内（通常是一年）会重复出现的变动特征。如酒店一年之中哪些月份是营业收入的低谷，哪些月份是营业收入的高峰，这种特征如果每年反复出现，那就成为周期性的变化规律了。

从宏观经济趋势来说，酒店客房销售预测人员要懂得本地社会经济发展的整体趋势、季节性变化及其变动周期，懂得现在是处于经济发展的哪个阶段，是衰退期、复苏期、稳定期还是高峰期。从微观的角度来看，要懂得本地旅游市场的整体发展趋势、季节性变化以及变动的周期。把握这些趋势，无疑对酒店客房销售预测有极大的帮助。

（5）影响本地旅游市场供求关系的重大事件的分析和预测。重大事件会影响市场的变动方向，使市场需求突然增加或减少。这些事件包括计划中的或者突发的事件，这些事件会涉及社会生活的方方面面，如政治、商业、文娱、宗教及其他社会活动。为了掌握这些事件，便于提醒自己将该因素纳入预测的考虑之中，酒店销售预测人员应当收集有关事件的信息，并在日历上做标记，提醒自己不要忘记。重大事件通常包括以下几种：

1）节假日。如法定假日、宗教假日、民族文化节假日、地方特色的节假日等。它们大多会使市场需求增加，也可能使市场需求减少。这取决于酒店所在地区及酒店的性质，比如每年的国庆长假会使中国许多风景名胜区的旅游度假型酒店需求大增，而很多发达地区的商务型酒店的需求则会降低。

2）地区性的大型行业会议或展览。如年度性的汽车展览、服装展览、电子产品展览、国际酒店用品展览等均会给酒店业带来很大的需求。

3）大型体育比赛和文娱表演。它们通常会使酒店的市场需求增加，例如奥运会、亚运会或其他地区性、区域性的大型体育比赛等。

4）来自学校教学规律的事件。大学开学时，会有大批新生到校报到，很多非学校所在地的新生家长会送行到学校；放假前的毕业典礼会有很多学生家长和亲朋好友来参加；在中国还有一个独特的大事件会影响到酒店的需求，那就是一年一度的高考，随着很多中国家庭经济条件的改善，高考前已经有不少家长为子女复习迎考到酒店开房间，这种做法虽不值得提倡，但已经形成了一个实实在在的需求。这些现象都会增加酒店的市场需求。

5）因恶劣天气引发的事件。恶劣的天气可能使酒店的需求增加或减少。恶劣天气会使人们减少外出旅游，从而减少酒店需求，但是恶劣天气也可能增加酒店的需求。例如，恶劣天气会使很多航班不能起飞，很多机组人员和乘客滞留；对机场酒店来说，恶劣天气反而会增加对酒店的需求。另外，如果邻近地区遭受恶劣天气影响，部分市场需求会转移到本地市场，从而使本地市场需求增加。虽然恶劣天气无法提前很久预知，但是有些规律性的气候现象仍可以为预测提供参考，如每年七八月份的台风对我国东南沿海产生的影响就可以在预测时作为一定的参考因素。

五、客房经营效益的分析

（一）衡量客房经营效益的方法

根据衡量对象和时间的不同，可以将衡量客房经营效益的方法分为两种：纵向比较和横向比较。

1. 纵向比较

纵向比较是指以过去某个时期的经营情况作为基点，能描绘相对于这个基点的变动情况。例如，将今年6月本酒店客房出租率与上年6月本酒店的客房出租率进行比较，或是将本周的平均房价同过去同月同周的平均房价进行比较，将今天的平均可供出租客房的收入与上年同日的平均可供出租客房的收入进行比较等。

纵向比较有助于酒店把握经营情况变化的趋势，有利于查找变化的原因，并采取相应的对策，提高经营管理水平。

2. 横向比较

横向比较是指把酒店经营管理的情况与特定的对象同期经营情况进行比较。这些特定的比较对象通常是酒店假想的竞争对手。例如，把本酒店去年平均房价以及客房出租率与本地5家竞争对手酒店同年的情况进行比较，把本月本酒店的客房出租率与某家竞争对手酒店的同月客房出租率进行比较等。

横向比较能比较宏观和全面地反映本酒店在市场中的竞争能力和生存能力，有利于酒店制定中长期的发展战略。

无论横向比较还是纵向比较，常采用绝对值比较、比率比较和指数比较三种方式。例如，假设今年5月本酒店的平均房价是1000元人民币，竞争对手是900元人民币，那么该月份本酒店平均房价比竞争对手高100元人民币，这种比较是绝对值的比较。如果换算成比率，本酒店的平均房价比竞争对手高11.1%，这是比率比较。绝对值比较和比率比较能描绘出具体的局部差异和变动情况，但是不能描绘出整体的差异情况和本酒店在竞争圈子里的地位及变动。指数比较就能很好地满足这种需要。关于指数比较，参见下面内容的表述。

（二）衡量客房经营效益的指标

从酒店客房经营效益的角度出发，衡量客房经营效益的指标有很多种，最重要和最常用的指标是客房出租率、平均房价、每间可供出租客房产生的营业收入等。

1. 客房出租率

客房出租率是表示酒店客房销售情况的重要指标。计算公式如下：

客房出租率 = 已售客房数/可出租客房数

即酒店租出去的房间数占它拥有的可供出租房间总数的百分比。例如，如果山水酒店某日有200间客房可供出租，当日出租房间数为180间，则其客房出租率为90%。

通常酒店内部用房和免费提供给客人使用的客房不算在内，因为这些房间没有产生收入。可供出租的房间总数就是酒店设备设施完好，能出租给客人使用的房间总数，它通常不包括坏房。所谓坏房，是指有故障要维修而当天不能出租的房间。值得注意的是，另有一种客房叫作故障房。这种房间因故障暂时停止出租，等待维修，维修工作当日能完成，则该房间变成当日即可以出租的客房，因此，故障房是应该算在可供出租房间总数里的。

2. 双人住房率

双人住房率是指两人租用一间客房数与酒店已售客房数之间的比率。计算公式如下：

双人住房 = （客人数 – 已售客房数）/已售客房数 × 100%

国际上许多酒店一个标准间两位客人住与单人住，其房价是不同的。因此，酒店注重双人住房率，是提高经济效益、增加客房收入的一种经营手段。同时，酒店管理者了解双人住房率对于预测餐饮的销售量、布件的需要量及分析酒店的平均房价都是十分有用的。由于国内酒店对于标准间入住一位客人还是两位客人，收费大多没有区别，因此，这个指标在国内运用不多。

3. 平均房价

平均房价是指酒店每出租一间客房所获得的平均客房收入。计算公式如下：

平均房价 = 客房房费总收入/已售客房数

酒店的客房收入与出租的客房数量及房价密切相关，所以平均房价对于酒店经营管理者具有重要的参考价值。平均房价的高低受到许多因素的影响，如出租的客房类型、双人住房率、白天房价以及房价折扣等。通过分析平均房价，可以掌握前台销售人员向客人出租高价客房的工作业绩。假设山水酒店某日有180间客房被客人租用，获得18000元人民币收入，那么其平均房价就等于100元人民币（18000/180 = 100元人民币）。

4. 客房收入率

客房收入率（Room Revenue Ratio）是指酒店每天的客房实际收入与潜在的最大客房收入之间的比率。计算公式如下：

客房收入率 = 实际客房房费收入/潜在最大房费收入 × 100%

潜在的最大客房收入是指酒店通过出租客房所能获得的最大房费收入。如某酒店共有100间标准客房，每间客房的公布房价是100元，则潜在的最大客房收入为：100 × 100元 = 10000元。通过实际收入额同潜在的收入额的比较，既可以反映出客房销售收入增加的潜力，也可以反映出前台员工销售高价客房的工作业绩。

5. 每间可供出租客房产生的营业收入

Rev/PAR 是 Revenue Per Available Room 的缩写，即每间可供出租房产生的营

业收入或单位客房收入。计算公式如下：

Rev/PAR ＝实际平均房价×实际客房出租率

或　　　　客房实际营业收入÷酒店可供房总数

仍以前面的山水酒店为例，如果某日可供出租房间总数为 200 间，那么它的每间可供出租房产生的营业收入（Rev/PAR）为 18000/200 ＝90（元）。如果该酒店能将其每间可供出租客房产生的营业收入提高 10 元，那么它的客房总收入将提高 2000 元。可见每间可供出租客房产生的营业收入直接反映了单位产品（客房）的创收能力。由于酒店客房数量相对固定，可供出租的房间数目也相对固定，所以提高每间可供出租客房产生的营业收入是提高客房总收入的最重要途径。

6. Rev/PAR 重要性的进一步分析

当前，Rev/PAR 普遍被各大国际酒店集团用来作为评价、衡量酒店经营状况的主要依据，也是当今酒店业收益管理研究的核心指标之一。这主要是因为：

从数学角度来看，Rev/PAR 等于客房出租率与平均房价的乘积，而且 Rev/PAR 与客房出租率及平均房价成正比。当客房出租率不变时，提高平均房价可以提高 Rev/PAR。当平均房价不变时，提高客房出租率能提高 Rev/PAR。当然，如果能同时提高客房出租率和平均房价，就能更大幅度地提高 Rev/PAR。不过，这样的情况在实际经营中并不多见，除非是市场需求大大高于供给的时候。

在大多数情况下，难以同时提高客房出租率和平均房价，因为价格与需求是成反比的。当客房价格升高时，市场需求通常会下降，租出去的客房的数量下降，导致客房出租率的下降，所以平均房价上升未必会提高 Rev/PAR。反之，在实践中如果大幅度地提高客房出租率又很可能是通过降低平均房价换来的。此时，只有 Rev/PAR 很好地结合了平均房价和出租率，为我们提供了一个有效、简单的指标来分析酒店的经营状况。通过下面实例的分析，我们会对 Rev/PAR 的重要性有更进一步的认识。

某酒店共有 100 间客房，采用不同的价格策略会产生不同的经营效果，如表 6 - 3 所示。

表 6 - 3　某酒店不同价格情况下的经营效果

情形	平均房价（天）	出租客房总数（间）	客房出租率（%）	Rev/PAR（元）	客房总收入（元）
1	550	10	10	55	5500
2	450	40	40	180	18000
3	350	70	70	245	24500
4	288	85	85	245	24480
5	200	92	92	184	18400
6	110	100	100	110	12100

通过分析上述表格的数据,我们可以看出,如果只考虑平均房价的高低,第一种情况好像最好,因为它得到了最高的平均房价。第六种情况最差,因为它得到了最低的平均房价。但是当房价为 550 元时,酒店仅售出了 10 间客房,总收入比第六种情况少,所以谈不上好。如果只考虑出租率的高低,第六种情况得到 100% 的出租率,看上去最好,但是总收入只有 12100 元,第二种到第五种情况得到的收入都比它高。看来,仅客房出租率这个单一指标高也不能反映真实的经营状况。

可见,评价客房经营效益好坏,只考虑平均房价或客房出租率是不全面的。如果把两者结合起来考虑,就会得到比较准确的结论。由于 Rev/PAR 是两者综合作用的结果,所以它是用来评价客房经营效果的最佳标准。从表中可以看到,第三种情况的客房总收入达到最高,Rev/PAR 也最高,因此,酒店应选择 Rev/PAR 最高时的平均房价与出租率组合。

(三)客房经营状况的分析

1. 客房营业收入分析

影响客房营业收入的因素主要有客房出租率、公布房价和折扣率。客房出租率是影响客房营业收入的关键因素。一般来说,出租率越高,收入就越高。公布房价是对外的公开报价,但酒店对于不同的客人有时会给予不同的折扣,所以公布房价与平均折扣率相乘才是酒店实际收取的房价。在公布房价确定的情况下,平均折扣率越高,实际房价越低,收入也就越少;在平均折扣率确定的情况下,公布房价越高,实际房价越高,收入也就越多。客房营业收入如表 6-4 所示。

表 6-4　客房营业收入

单位:元

项目	2014 年 10 月	2015 年 10 月	差异
客房数	400	400	0
出租率(%)	78	80	2
公布房价	125	120	-5
折扣率(%)	90	95	5
实际房价	112.5	114	1.5
收入	1088100	1130880	42780

从表 6-4 可以看出,该酒店 2015 年 10 月客房营业收入为 1130880 元,比 2014 年 10 月增加了 42780 元,增长率为 3.39%。若要进一步了解收入增加的因素及影响程度,则需要用因素分析法进行分析。

(1)出租率因素对收入的影响。

400 间 × 31 天 × (80% - 78%) × 125 元/间天 × 90% = 27900(元)

由于出租率提高，酒店 2015 年 10 月客房收入增加了 27900 元，占收入增加额的 65.21%。

（2）公布房价因素对收入的影响。

400 间 × 31 天 × 80% × (120 元/间 – 125 元/间) × 90% = – 44640(元)

由于公布房价下降，客房收入减少了 44640 元。

（3）折扣率因素对收入的影响。

400 × 31 天 × 80% × 120 元/间 × (95% – 90%) = 59520(元)

由于折扣率下降，客房收入增加了 59520 元。

三项因素对客房收入的综合影响：

27900 + (– 44640) + 59520 = 42780(元)

三项因素使客房收入比 2014 年 10 月增加了 42780 元。

从上面的分析可以看出，客房营业收入增加的主要原因是出租率提高和房价折扣率下降。因此，全面反映酒店客房经营情况不仅是客房出租率的高低，而且有赖于客房实际平均房价的高低。

2. 客房费用分析

客房费用分析就是要分析客房经营费用变化的原因，采取相应的措施。这是加强客房经营管理，提高客房经济效益的重要手段。客房费用对照如表 6 – 5 所示。

表 6 – 5　客房费用对照

项目	2014 年 10 月费用	2015 年 10 月费用	差异
工资	8000	8000	
福利费	880	880	
低值易耗品摊销	56500	57000	500
电话租金	4500	4500	
服务费及其他费用	3000	3000	
不变费用小计	72880	73380	500
消耗品	25000	24000	– 1000
消费	8000	9000	1000
电费	18500	20000	1500
燃料费	16000	16600	600
维修费	7805	6993	– 812
洗涤费	13000	11000	– 2000
可变费用小计	88305	87593	– 712
总计	161185	160973	– 212

从表6-5可以看出，该酒店客房部2015年10月费用比2014年10月费用减少了212元，其中不变费用增加了500元，这是由于低值易耗品摊销费增加所致；可变费用减少了712元，这是由于间天可变费用下降所致。间天可变费用的计算公式如下：

间天可变费用=计算期客房可变费用总额/（客房数量×计划期天数×出租率）

该酒店2014年10月间天可变费用为9.13元。2015年10月可变费用为8.83元。如果用因素分解来表示可变费用总额，则可以写成如下公式：

可变费用总额=客房数量×计划期天数×出租率×间天可变费用

用因素分析法进行分析：

（1）出租率因素的影响。

400间×31天×（80%-78%）×9.13元=2264（元）

由于出租率提高，可变费用总额增加了2264元。

（2）间天可变费用因素的影响。

400间×31天×80%×（8.83-9.13）=-2976（元）

由于间天可变费用降低，可变费用总额减少了2976元。

两项因素使客房可变费用总额减少了712元。

在酒店经营中，对客房间天可变费用常有定额。若将两年间天费用进行比较，则可以发现经营管理中的问题或成绩。

3. 客房利润分析

客房利润是指在一定时期内房价收入扣除税金和费用以后的余额。其计算公式是：

客房利润=客房收入-税金-费用

在一般情况下，营业税率是不变的，所以税金是随着营业收入的变化而变化的。因此，影响因素分析，有必要将收入与费用进行分解，这样才能分别测定各项因素对利润的影响。分解后的客房利润公式是：

客房利润=∑[某类客房可出租数量×计划期天数×出租率×单位房价×（1-税率）]-不变费用总额-∑（某类客房可出租数量×计划期天数×出租率×单位可变费用）

公式中的某类客房可出租的数量是指酒店拥有的不同档次的客房数量。如果该酒店的客房有多种类型且档次相差较大，那么应该分别计算各种类型客房的收入与支出，然后汇总成酒店的收入与支出。在分析利润时，可以按不同类型的客房进行分析计算，因为不同类型的客房房价不同，实际出租率也不同，只有分别计算其收入才更为精确。客房利润分析如表6-6所示。

表 6-6　客房利润分析

项目	2014 年 10 月	2015 年 10 月	差异
客房数量（间）	400	400	
出租率（%）	78	80	2
公布房价（元）	125	120	-5
房价折扣率（%）	90	95	5
税率（%）	5	5	
不变费用总额（元）	72880	73380	500
单位可变费用	9.13	8083	-0.3
利润	872510	913363	40853

（1）出租率因素的影响。

[400 间 ×31 天 ×（80% -78%）×125 元/间 ×90%] ×（1 -5%）- [400 间 × 31 天 ×（80% -78%）×9.13 元] = 24241（元）

由于出租率提高，客房利润增加 24241 元。

（2）房价因素的影响。

400 间 ×31 天 ×80% ×（120 元/间 ×95% - 125 元/间 ×90%）×（1 -5%）= 14136（元）

由于房价提高，客房利润增加 14136 元。

（3）不变费用因素的影响。

由于不变费用增加，利润减少 500 元。

（4）单位可变费用因素的影响。

400 间 ×31 天 ×80% ×（8.83 元 -9.13 元）= -2976（元）

由于单位可变费用下降使利润增加 2976 元。

综合各项因素的影响，最终利润增加了 40853 元即：

24241 +14136 +（-500）+2976 = 40853（元）

从上面的分析可以看出，出租率提高和房价上升是使利润增加的主要原因，单位可变费用和不变费用的下降也使利润增加；反之，则客房经营利润就会下降。

4. 客房产品盈亏临界分析及最大利润分析

（1）盈亏临界分析与应用。

盈亏临界分析也称保本点分析法或量本利分析法，它是指酒店经营达到不赔不赚时应取得的营业收入的数量界限。在酒店客房经营过程中，成本、销量和利润之间存在着千变万化的关系，如当客房销售量一定时，利润状况如何？如果成本发生变化，为使利润不减少，销售额应如何变化？房价变化了会对利润产生什么影响，销售应作如何调整？等等。

1）客房临界分析法的概念。在进行盈亏临界分析时，首先需要将成本按照其与销售量的关系划分为固定成本与变动成本。固定成本总额一般保持不变，变动成本总额却会随着销售量的增减而变动。酒店所获得的客房营业收入扣减客房变动成本后的余额要先用来补偿固定成本，余额与固定成本相等的点即为盈亏临界点或保本点。

例如，某酒店客房部日固定费用为 13000 元，出租客房间天变动费用为 20 元，房价为 150 元，该酒店有 258 间客房，则盈亏临界状况可以如表 6 - 7 所示。

表 6 - 7　客房盈亏临界状况

单位：元

客房租数	变动费用	固定费用	总费用	收入	盈亏状况
1	20	13000	13020	150	盈亏临界点
20	400	13000	13400	3000	
50	1000	13000	14000	7500	
100	2000	13000	15000	15000	

也就是说，当客房出租量达到 100 间时，总成本与总收入相等。那么，这 100 间便是盈亏临界点的客房出租量，收入 15000 元为盈亏临界点的营业收入。

除上述方法外，还可以采用绘制盈亏平衡图的方式进行。利用该图可以直观地看到销售量、成本与利润之间的变动关系（见图 6 - 1）。

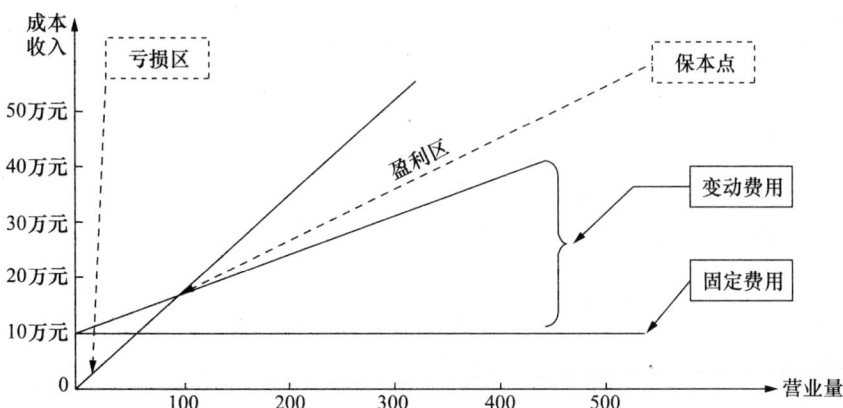

图 6 - 1　盈亏平衡

在进行盈亏临界分析时，要明确边际贡献这一概念。边际贡献是指每增加一个单位销售所得到的销售收入扣除单位变动成本后的余额。边际贡献首先要用来补偿固定成本，其余额才能为酒店提供利润。当边际贡献与固定成本相等时，酒店经营活动就处于保本状态。如酒店的平均房价为150元，每间客房的变动成本为30元，则边际贡献为120元，这是用绝对数表示的边际贡献；如果把全部销售额看成100%，已知变动成本率为20%，则边际贡献率为80%（1－20%），这是相对数表示的边际贡献。

盈亏临界分析法一般公式为（不考虑税金）：

保本点销售量（额）＝固定成本/边际贡献

如果边际贡献用绝对数表示，则计算的结果为保本点销售量，其公式为：

保本点销售量（额）＝固定成本/（单位售价－单位变动成本）

如果边际贡献用相对数表示，则计算的结果为保本点销售额，其公式为：

保本点销售量（额）＝固定成本/边际贡献率

2）客房临界分析法的运用。盈亏临界分析法实际上是量本利分析法的一个特例。它是在利润为零的情况下研究销售量（额）与成本间的变动关系。酒店只有先保本才能有利润可赚，但保本并不是目的。在此基础上，我们再来分析在具有一定利润的前提下它们之间的变动关系。

它们之间的关系可以用下面的公式来表示：

目标销售量（额）＝（固定成本＋预期利润）/边际贡献率

a. 成本变动时销售量的变动情况。在客房销售价格不变的情况下，成本如果增加，那么酒店的利润就会下降。要想使利润不减少，就必须增加销售量（额）。如果成本的变化是由于固定成本增加了，那么计算销售量（额）的公式就要调整为：

目标销售量＝（原有固定成本＋新增固定成本＋预期利润）/（1－变动成本率）

如果单位变动费用发生了变化，而房价保持不变，要想保持原有的利润水平，必须提高客房销售收入额即：

目标销售额＝（固定成本＋预期利润）/［1－（原有变动费用率＋新增变动费用率）］

b. 客房价格变化时销售（额）的变动情况。酒店客房价格在旅游淡旺季是不同的，有时为了提高竞争能力也可能使房价下降一定幅度。在这种情况下，为不使利润下降就必须提高客房出租率。这时，计算销售量的公式就调整为：

目标销售额＝（固定成本＋预期利润）/［原房价×（1－房价下降率）－单位变动费用］

c. 为弥补亏损所必需的销售量的计算。例如，某酒店客房经营情况如下：固定费用为 550000 元，变动费用为 135000 元（每间 30 元），销售额为 675000 元（4500 间，房价 150 元），亏损 10000 元。

要消除亏损所必须达到的销售量为：

$$4500 + \frac{10000}{150 - 30} = 4583（间）$$

要消除亏损所必须达到的销售额为：

$$675000 + \frac{10000}{1 - 20\%} = 687500（元）$$

如果在除亏的基础上计划获利 20000 元，则：

$$所需销售量 = 45000 + \frac{10000 + 20000}{150 - 30} = 4750（间）$$

$$所需销售额 = 675000 + \frac{10000 + 20000}{1 - 20\%} = 712500（元）$$

（2）客房最大利润分析与应用。

1）客房最大利润分析法的概念。客房最大利润分析法又称为边际分析法，即引进边际收入和边际成本概念，通过比较边际收入与边际成本来分析酒店实现客房销售最大利润的方法。边际收入（MR）是指每增加一间客房而使客房总收入相应增加的部分，即增加单位客房产品销售而带来的客房营业收入。边际成本（MC）是指每增加销售一间客房而引起的客房总成本相应增加的部分，即增加单位客房产品销售而必须支出的成本情况。

a. 当 MR > MC 时，说明增加一间房的出售所增加的收入大于成本，因而能增加利润，从而使客房销售的总利润扩大。因此，当 MR > MC 时，可以继续增加客房销售量，以获取更多经济收益。

b. 当 MR < MC 时，说明增加一间客房的出租所增加的收入小于支出，即产生亏损，从而使客房销售的总利润减少。因此，当 MR < MC 时，酒店不应增加客房销售量，以保证一定的经济收益。

c. 当 MR = MC 时，说明每增加一间客房的销售所增加的收入与支出相等，即增加单位客房产品销售的利润为零。在这种情况下，酒店客房销售的总利润既不会增加，也不会减少，因而是酒店实现客房销售最大利润时的销量。

2）客房最大利润分析法的应用。经预测，某酒店 100 间客房在不同价格下的需求以及边际收入、边际成本资料如表 6 - 8 所示。

表6-8 最大利润分析数据

单位：元

房价（Q）	销售量（X）	边际收入（MR）	边际成本（MC）	净利润（P）
8600	1	800	120	680
760	2	720	120	1280
720	3	640	160	1760
680	4	560	160	2160
640	5	480	200	2440
600	6	400	200	2640
560	7	320	240	2720
520	8	240	240	3920
480	9	160	280	2600
440	10	80	280	2400

由此可见，根据薄利多销的经营原则，在降低房价能够提高客房出租率、增加客房销量的情况下，只要边际收入超过边际成本，则可以继续降价，以求得最佳的经济效益。换句话说，酒店可以让客房销售价格降低，以促使销售量增加，直到边际收入和边际成本相等为止。在上例中，当房价为520元时，边际收入与边际成本相等。这时有客房最大利润为3920元。如果边际成本已经超过边际收入，再继续降低客房销售价格，尽管会继续增加销量，但会引起客房销售利润的下降。

5. 客房销售市场占有率分析

（1）几个概念。

1）市场份额（Market Share），也称实际市场占有率，是指一个公司的产品或服务实际销售量（或销售收入）占该类产品或服务实际市场销售总量（或销售收入）的份额（比例）。市场份额越高，表示该公司的经营管理能力和竞争能力越强。

2）应有市场份额（Market Fair Share），是指一个公司的产品销售量（或销售总收入）根据其生产能力在该类产品市场销售总量（或销售总收入）中应该占有的份额（比例），它等于该公司生产能力占市场总的生产能力的比例。应有市场份额越高，表示该公司生产能力越大，在市场中的重要性越高。

3）市场渗透指数，是指一个公司的产品或服务的实际销售量、销售收入或销售价格与竞争对手的实际市场销售量、销售收入或销售价格的比值乘以100%。市场渗透指数越高，表示该公司的经营管理能力和竞争能力越强，在竞争中处于领先地位。对于酒店客房销售市场而言，其市场渗透指数通常用客房出租率指数、平均房价指数和 Rev/PAR 指数来反映。

4）客房出租率指数（Market Penetration Index，MPI）。MPI 是用来衡量、比较不同酒店出租率的工具。它的计算方法是用待评估酒店的出租率除以市场平均出租率水平。我们不仅应掌握 MPI 的计算方法，更重要的是要了解 MPI 对销售工作的指导意义。要了解 MPI 的平均水准是 1。换句话说，如果待评估酒店的 MPI 超过了 1，则说明该酒店的出租率已经超过市场平均水平；反之，则说明酒店的出租率出现了问题，低于市场平均水平。

5）平均房价指数（Average Rate Index，ARI）。ARI 是用来衡量、比较酒店平均房价的工具。它的计算方法是用待评估酒店的平均房价除以市场平均房价。这里的"市场平均房价"是指待评估酒店和其所有竞争对手汇总后的平均房价。计算方法为：各酒店的客房收入总和÷各酒店已出租房总和。我们不仅应掌握 ARI 的计算方法，更重要的是要了解 ARI 对销售工作的指导意义。要了解 ARI 的平均水准是 1。换句话说，如果待评估酒店的 ARI 超过了 1，则说明该酒店的平均房价已经超过了市场平均水平；反之，则说明酒店的平均房价出现了问题，低于市场平均水平。

6）收益指数（Revenue Generated Index，RGI）。RGI 是用来衡量、比较酒店收益 Rev/PAR 的工具，也是最有效的工具。目前各大酒店集团都是用这个指数来分析、判断旗下酒店的经营状况。其计算方法是：待评估酒店 Rev/PAR：市场 Rev/PAR。市场 Rev/PAR 是指待评估酒店和其竞争对手汇总后的 Rev/PAR。市场 Rev/PAR 的计算方法是：各酒店客房收入总和÷各酒店可卖房总和。我们不仅应掌握 RGI 的计算方法，更重要的是要了解 RGI 对销售工作的指导意义及 RGI 的平均水准是 1。换句话说，如果待评估酒店的 RGI 超过了 1，则说明该酒店的每间可供销售客房产生的营业收入已经超过市场平均水平；反之，则说明该酒店的每间可供销售客房产生的营业收入出现了问题，低于市场平均水平。酒店的 RGI 在整个竞争市场中的排序称之为 RGI 名次，当然，RGI 排名越靠前越好。

（2）实例分析。

1）市场占有率实例分析。假设某酒店是一家四星级酒店，共有 334 间可售客房，某年 4 月出手了 7515 个间夜，获得客房收入 789075 元。另外有 4 家四星级酒店与该酒店互为竞争对手。这 5 家酒店共有 3500 间客房，同月这 5 家酒店共售出 74500 个间夜，获得客房总收入 8268503 元。下面分别计算该酒店和竞争对手的客房出租率、平均房价和每间可供出租客房产生的营业收入，然后再计算该酒店应有市场份额、实际市场份额等。结合计算结果，说明这些指标的含义。

①该酒店的情况。

$$客房出租率 = \frac{7515}{334 \times 30} \times 100\% = 75\%$$

$$平均房价 = \frac{789075}{7515} = 105（元）$$

$$Rev/PAR = \frac{789075}{334 \times 30} = 105 \times 75\% = 78.75（元）$$

②该市场的情况。

$$市场平均出租率 = \frac{已售客房总数}{可供出租客房总数} \times 100\% = \frac{74500}{3500 \times 30} \times 100\% = 71\%$$

$$市场平均房价 = \frac{市场客房总收入}{市场出租客房总数} \times 100\% = \frac{8268503}{74500} \times 100\% = 111（元）$$

$$Ren/PAR = \frac{市场客房总收入}{市场出租客房总数} \times 100\% = \frac{8268503}{3500 \times 30} \times 100\% = 78.75（元）$$

③该酒店客房应有市场占有率。

$$应有市场占有率 = \frac{本酒店可供出租客房总数}{市场可供出租客房总数} \times 100\% = \frac{334}{3500} \times 100\% = 9.54\%$$

④该酒店客房实际市场占有率。

$$客房销售实际占有率 = \frac{本酒店可供出租客房总数}{市场可供出租客房总数} \times 100\% = \frac{7515}{74500} \times 100\% = 10.09\%$$

通过上述计算可以得出，该酒店应有市场占有率为 9.54%。这意味着，如果整个市场在这个地区对四星级酒店的总需求为 100 间客房，该酒店要获得其中的 9.54 间才同它的生产能力相对应；如果整个市场在这个地区租用四星级酒店消费了 100 元，该酒店要获得其中的 9.54 元才同它的生产能力相称。

实际情况是，该酒店客房销售量方面的实际市场占有率比其应有市场占有率高，说明该酒店在竞争中把部分竞争对手应得的间夜数抢过来了。而该酒店客房总收入方面的实际市场占有率等于其应有市场占有率，说明该酒店在竞争中仅获得自己应有的份额。

2）市场渗透指数实例分析。如前文所述，对于酒店客房销售市场而言，其市场渗透指数通常用客房出租率指数、平均房价指数和 Rev/PAR 指数来反映，如表 6-9 所示。

表 6-9　某市场客房销售市场渗透指数数据

市场份额分析		可售房数（间）	实际售房数（间）	出租率（%）	平均房价（元）	客房收入（元）	Rev/PAR	MPI	ARI	RGI	RGI排名
本酒店	A酒店	300	225	75.00	550.00	123750	412.50	1.13	1.00	1.13	1
竞争对手酒店集合（假设5家酒店）	B酒店	300	195	65.00	550.00	107250	375.50	0.98	1.00	0.98	5
	C酒店	350	263	75.00	500.00	131500	375.71	1.13	0.91	1.03	3
	D酒店	500	250	50.00	650.00	162500	325.00	0.75	1.18	0.89	6
	E酒店	200	140	70.00	520.00	72800	364.00	1.05	0.95	0.99	4
	F酒店	200	160	80.00	500.00	80000	400.00	1.20	0.91	1.09	2
	总和	1850	1233	66.65	549.72	677800	366.38				

从表格中的数据来看，我们可以得出如下结论：

A 酒店的出租率不是最高（和 C 酒店并列第二，落后于 F 酒店），平均房价也不是最高（和 B 酒店并列第二，落后于 D 酒店）。但实际 A 酒店经营业绩最佳，其 RGI 排名第一。

C 酒店的 RGI 排名第三，其落后的原因是什么？通过分析其 MPI 可以看出，其实它的出租率不错，超过市场平均指标 13%，但问题出在它的 ARI 上面，只有 0.91，落后于市场平均指标 9%。因此，C 酒店要重点评估其价格体系和目标客源市场。

D 酒店的 RGI 排名第六，落后的原因又在哪里呢？通过分析其 ARI，发现它的平均房价指数很高，超过市场平均指标 18%；但是它的 MPI 又非常差，只有 0.75，落后市场平均水平 25%。问题的根源在于客流量太少。从 ARI 可以看出，其过高的价格指数很可能是导致客流量少的主要原因之一。D 酒店同样需要评估自己的销售策略、价格策略和目标市场的匹配程度。

第七章　前厅收银服务与管理

收银服务（Cashier）是酒店服务的核心内容，收银员在为客人办理结账退房时，还应该征询客人对酒店的意见，良好、快速的服务和临别问候将会给客人留下美好的最后印象。

一、结账服务程序

前厅收银处（Cashier）又称总台收银处，设在酒店大堂，与总台接待处、问讯处相邻。收银处每天负责核算和整理各业务部门收银员送来的客人消费账单，为离店客人办理结账退房手续，编制各种收银报表，并及时反映酒店营业情况。从业务性质来看，总台收银一般由财务部门管理，但由于它又处于接待客人的第一线，所以行政上由前厅部负责。

根据酒店的实际情况，收银处工作职责可能略有不同，主要包括以下几方面：

第一，负责客账控制及营业报表的编制工作。

第二，负责客人贵重物品的寄存与保管。

第三，负责办理外币兑换业务及信用卡服务。

（一）客账控制流程

1. 建账（Creation of Account）

前厅接待处为客人办理完入住登记手续后，将入住登记表的其中一联（财务联）移交给前厅收银处，作为建立客账的原始凭证，收银员以此收取押金和建立客户账单。

酒店的账户分为散客账户、团体账户、工作账户（也称为非住客账户，英文是 House Account，即为非住宿客人在店内消费建立的账户）。客人办理完入住登记手续，交付押金后，收银员应及时为散客或团体客人建立账户。

2. 入账（Posting）

建立客人的账户后，酒店就应当及时准确地将客人在各营业点的消费情况分门别类地记录到客人账户中。在电脑化管理下，各联网收银点的挂账均由电脑自动计入前台总账，未联网收银点的客人消费、客人预订押金、结算付款的记录一般由前台收银员负责手工录入。

3. 结账（Settlement）

客人离店前，都需到总台收银处办理结账手续（使用快速结账者除外），无论采取何种方式结账，收银员主要围绕以下三方面进行：

第一，了解客人最新消费情况。

第二，结算账户余额。

第三，根据不同方式结清账款。

（1）一次性结账方式。星级评定标准明确规定：三星（含三星）以上的酒店都应采用（除商品外）一次性结账方式。所谓一次性结账就是酒店根据信用政策及客人资信情况的不同，给予客人相应的短期限额的签单授权，由客人签认的消费凭单转至总台并记入客账，待客人离店时一次性付清所欠账款的一种结账方式。

由于酒店内前台、餐厅、娱乐等收银点的电脑系统联网，客人可以凭房卡等有效证明在规定的信用限额（House Credit Limit）下在各收银点内以签单挂前台客账的方式结账。签单授权方便了客人，实现了"多点消费，统一结账"的管理模式。酒店采用一次性结账方式一方面为客人在店内消费提供了方便，另一方面从一定程度上促使客人消费，增加了酒店的营业收入。

采用一次性结账，每个酒店都会碰到跑账、漏账等问题。如何有效地采用一次性结账方式，首先要解决好各种消费信息的及时收集问题。

前厅收银处是客人办理一次性结账的场所，要随时收集各种消费信息，并及时、准确地入账。酒店一般使用以下信息传递方式：

1）人工传递信息。是指客人在各部门的消费凭单等需要由专人传递至总台收银处，这是酒店最基本的信息传递方式，因为消费凭单上有些内容是用其他办法无法传递的，例如客人签单字迹就是没法用电话、电脑传递到总台收银处的。不过，人工传递信息的速度慢，因此一般酒店不可能安排专人在收到每一张消费凭证后立即送往总台收银处。信息传递慢，会影响入账工作，从而导致跑账、漏账情况的发生。

2）电话传递信息。是通过电话方式快速及时地把有关客人的消费信息传递给总台收银处。该方法是解决人工传递信息慢的最好办法，但是它不能提供原始的消费凭证，而且可能会在记录信息时出现差错而无法核对，所以电话传递信息时可以作为信息传递的一种辅助方法。

3）电脑传递信息。是用网络将各个营业网点的终端联结起来，消费信息可通过电脑终端直接传送到客人相应的账户中。同时，使用电脑传递信息速度快，不受地点限制，特别是在当前电脑普及的条件下，无疑是信息传递中最佳的一种方法。但是，客人的原始凭证还需要送至前台收银处，作为客人提出异议时的凭据。

（2）即时消费结账。即时消费是指顾客临近退房前的消费费用，因转送到收款处太迟而没能赶在顾客退房前及时入账。酒店须建立一套高效的、多功能的账务处理系统，来确保客人在酒店内部各个部门的消费账单能尽快传到前厅收银处。在采用电脑操作管理的酒店，类似问题一般不会出现，而对于采用手工转账的酒店，及时核查即时消费，确保不产生漏账损失是一件重要工作。通常的做法是，顾客结账时，收款员应礼貌询问宾客是否有即时消费，或者直接电话询问易产生即时消费的消费点，如总机、餐厅、房务中心等。这种做法一方面取决于顾客的诚实度，另一方面当面与顾客核查费用问题，让顾客产生不信任感，影响顾客对酒店的印象。而且，在顾客结账时去核查消费会耽误太长时间，影响工作效率，引起顾客的不满。所以酒店须指定一个大致适当的比例，作为客人即时消费带来的损失，该损失由酒店承担。

（3）快速结账服务。酒店一般规定退房结账的最后时间为中午 12 点，在此之前通常结账顾客比较集中，为了避免顾客排队等候，或缩短顾客的结账时间，酒店可以提供快速结账服务。大致分为两种模式：客人房内结账和客人填写"快速结账委托书"办理结账手续。

1）顾客房内结账。

顾客房内结账的前提是，前厅计算机系统与顾客房间的电视系统联网，顾客通过电视机显示器查阅账单情况，并通知收款处结账。如果顾客使用信用卡，收银员可以直接填写签购单，不需要顾客到前台去。如顾客使用现金，则必须到前厅收银处结账，因为付现金的客人还没有与酒店建立信用关系，故电脑管理系统控制程序不容许现金付款的客人采取房内结账。在一般情况下，房内结账只对信誉较好、采用信用卡结算的顾客提供。

2）通过填写《快速结账委托书》结账。

对于有良好信誉的使用信用卡结账的顾客，酒店为其提供此项快速结账服务：顾客离店前一天填写好《快速结账委托书》，允许酒店在其离店后办理结账手续。收银员核对委托书的签名与顾客签购单、登记表上的签名是否一致，在顾客早晨离店时只向顾客告知应付费用的大致金额即可，在顾客离店后，在不忙的时间替顾客办理结账手续，事后按照顾客填写的地址将账单收据等寄给顾客。

4. 缴款制表

（1）清点现金。总台收银员班次结束前，应清点各种现金，包括备用金、剩下的现金、信用卡签购单、支票和其他可转换款项（如现金预支凭证）等，并放入缴款袋（见表7－1）。

表7－1　缴款袋

收款员缴款袋

收款日期　　　年　　月　　日

　　　收款人姓名＿＿＿＿＿＿＿＿＿＿

　　　营业部门＿＿＿＿＿＿＿＿＿＿

值班时间　自　午　　时　　分至　　午　　时　　分

一、本袋内装现金

人民币

100 元券		5 角券	
50 元券		2 角券	
10 元券		1 角券	
5 元券		1 元币	
2 元券		5 角币	
1 元券		1 角币	
小计		小计	

二、本袋内装其他票据

票据			信用卡		
支票			VISA		
			Master		
			American Express		
			JCB		
			Diners Club		
小计			小计		
人民币长款			人民币短款		

内附：收款员日报表一份

领班收款员＿＿＿＿＿＿＿＿＿　　　收款员＿＿＿＿＿＿＿＿＿＿

（2）整理单据。将离店结账的账单按照"现金结算"、"支票结算"、"信用卡结算"、"挂账结算"等类别分别汇总整理。检查各类凭单、发票、电脑账单、登记单是否齐全，并将入住、预订客人的押金、订金单据汇总整理。

（3）编制收银报告。总台收银员班次结束前，应根据本班所有收入填制总台收银报表。总台收银报表主要是总台收银员收入明细表和收银员收入日报表。

收银员收入日报表一联与钱款经旁证复核，装入缴款袋；另一联与总台收银员收入明细表及结账账单留存联、预付款单财务联交夜间稽核，并在旁证的陪同下，把缴款袋投入指定的保险箱。

5. 夜间稽核（Night Audit）

夜间稽核（Night Audit）又称为夜审，是在一个营业日结束后，对所有发生的交易进行审核、调整、对账、计算并过入房租，统计汇总，编制夜审报表，备份数据，结转营业日期的一个过程。除了上述任务以外，夜审工作还包括：确认未到预订、检查应离未离客房、办理自动续住、解除差异房态、变更房间状态、过夜租、每日指标及营业报表等。夜审的工作内容与步骤如下：

（1）检查前厅收银处工作。夜审人员上班后首先要接管收银员的工作，做好工作交接和钱物清点工作。然后对全天收银工作进行检查。

1）检查收银台上是否有各部门送来的尚未输入宾客账户的单据，如有的话，需要进行单据输入，并进行分类归档。

2）检查收银员是否全部交来收款报表和账单。

3）检查每一张账单，看房租和宾客的消费是否全部入账，转账和挂账是否符合制度手续。

4）将各类账单的金额与收款报告中的有关项目进行核对，检查是否相符。

（2）核对客房出租单据。

1）打印整理出一份当天"宾客租用明细表"，内容包括房号、账号、宾客姓名、房租、抵离日期、结算方式等。

2）核对宾客租用明细表的内容与收银处各个房间记账卡内的登记表、账单是否存在差错。

3）确定并调整房态。

（3）房租过账。经过上述工作，确认无误后通过电脑过账功能将新一天的房租自动记录到各住客的宾客账户中，或者手工入房租。房租过账后，编制一份房租过账表，并检查各个出租客房过入的房租极其服务费的数额是否正确。

（4）对当天客房收益进行试算。为确保电脑的数据资料准确无误，有必要在当天收益全部输入电脑后和当天收益最后结账前，对电脑中的数据进行一次全面的查验，这种查验称之为"试算"。试算分三步来进行：

1）指令电脑编印当天客房收益的试算表，内容包括借方、贷方和余额三部分。

2）把当天收款员及营业点交来的账单、报表按试算表中的项目分别加以结算汇总，然后分项检查试算表中的数额与账单、报表是否相符。

3）对试算表中的余额与住客明细表中的余额进行核对，如果不相符，则说明出现问题，应立即检查。

（5）编制当天客房收益终结表。客房收益终结表也称结账表，此表是当天全部收益活动的最后集中反映。此表一旦编制出来，当天的收益活动便告结束，全部账目即告关闭。如果在打印终结表后再输入账据，只能输入到下一个工作日里。

（6）编制借贷总结表。借贷总结表是根据客房收益终结表编制的，是列示当天客房收益分配到各个会计账户的总表，此表亦称会计分录总结表。编制完借贷总结表，夜审工作就算结束了。

（二）结账服务程序（Cheek – out Procedure）

1. 结账准备工作

（1）发放离店结账通知书。向预期次日离店客人房间发放离店结账通知书（见表 7 - 2），由收银员通过电话联系等方式通知客人。

表 7 - 2　离店结账通知书

NO.				
日期 Date	摘要 Description	参照 Reference	借方 Debit	贷方 Credit
付款方式 Payment	核收 Audit	经手人 Cashier	在任何情形下，本人都同意负责支付以上的账目。 Regardless of charge instruction. I acknowledge that I am personally liable for payment of the above statement. 客人签名： Guest's Signature：

（2）打印次日离店客人名单。总台夜班接待员按时打印次日离店客人名单（Expected Departure List）（见表 7 - 3）。

表 7 - 3　次日离店客人名单

日期
Date

房号（Room No.）	姓名（Name）	住店日期（Period）	人数（PAX）	备注（Remarks）
总数				
Total: _____　RMS: _____　PAX: _____				

（3）核查账单。收银员核查次日离店客人账夹内的账单，问讯员检查有无客人信件、留言、需要转交的物品等，礼宾部应提前安排离店客人用车及行李运送等准备工作。

2. 散客结账服务程序（FIT Check - out Procedure）

（1）散客结账服务流程。

1）主动问候客人，询问客人是否结账离店。

2）询问客人房号，收回房卡、钥匙和押金单等，通过电脑与客人核对姓名、房号。

3）通知客房中心查房，检查客房小酒吧（Mini - bar）的耗用情况以及客房设施设备的使用情况等。

4）核实退房时间是否符合酒店规定。

5）委婉地问明客人是否有其他临时消费，如餐费、洗衣费等，以免产生漏账，给酒店造成不必要的损失。

6）问明客人付款方式。

7）打印账单（Bill）。

8）双手呈送账单给客人核对、请其签名确认。如有疑问，可向客人出示保存在账单盒内已经核对的原始凭单。

9）按照客人要求的付款方式结账，开发票。

10）检查是否有邮件、留言、传真未传递给客人，是否有寄存的贵重物品未取。

11）弄清客人是否要预订下次来的客房，或者预订本酒店集团属下的其他酒店客房。

12）发给客人征求意见卡，请客人对酒店进行评估。

13）对客人表示感谢，并祝其旅途安全、愉快。

14）将客人离店信息通知有关班组，如总机关闭外线电话。

15）更新房间状态。

16）整理账单、款项等，方便审核人员审核。

（2）散客结账时的注意事项。

1）客人结账时，要注意收回房门钥匙及房卡（Hotel Passport）。如客人暂不交钥匙，在通知楼层客人结账时，提醒服务员收回钥匙。

2）通知楼层服务员迅速检查客房，以免有客人的遗留物品或房间物品有丢失或损坏现象。

3）委婉地问明客人是否还有其他临时消费（如电话费、早餐费等），以免漏账，给酒店造成损失。

4）如果客人采用信用卡结账，收银员要注意做好"验卡"工作。

5）结账业务的办理要迅速，散客结账一般要求在 3~5 分钟完成。

3. 团体结账服务程序（Group Check – out Procedure）

（1）团体结账服务程序。

1）团体客人退房前一天应提前做好准备，核对清楚主账户（Master Folio）与杂项账户（Incidental Folio），与相关班组联系，做好查房、行李服务等准备工作。

2）与有自付项目的客人联系，建议客人于退房前一天晚上提前结清自付款项，以免退房时客人等待时间过长。

3）退房时，核准团体名称、房号、付款方式、打印总账单，请地陪人员或会议负责人确认并签名。

4）为有自付账目仍未结清的团体客人打印账单、收款。

5）如出现账目的争议，及时请主管或大堂副理协助解决。

6）不得将团体房价透露给团体成员及非相关人员。

7）回收钥匙与房卡，调整房态，并通知相关部门。

（2）团体结账时的注意事项。

1）结账过程中，如出现账目上的争议，及时请结账主管人员或大堂经理协助解决。

2）收银员应保证在任何情况下，不得将团队房价泄露给客人，如客人要求自付房费，应按当日门市价收取。

3）团队延时离店，须经销售经理批准，否则按当日房价收取。

4）凡不允许挂账的旅行社，其团队费用一律到店前现付。

5）团队陪同无权私自将未经旅行社认可的账目转由旅行社支付。

4. 常见付款方式

常见的付款方式主要有：现金结账、支票结账、信用卡结账和转账结账，除此之外，还有特殊的结算方法，如旅行社结算凭单结账、甲客人代乙客人结账等。

（1）现金结账（Pay in Cash）。现金结账是最普遍的结账方式之一，也是最受酒店欢迎的结算方式。现金结账的客人必须使用人民币进行结算，如客人只有外币，应请客人先办理外币兑换（Foreign Currency Exchange），再付款结算。采用现金结账时，收银员应注意以下几点：

1）检查大面额现钞，以防有假。

2）注意防范不法分子以找零钱为借口，牟取非法利益。

（2）信用卡结账（Pay by Credit Card）。信用卡结账是持卡人赊购商品和服务、记账付款的一种信用工具，具有安全方便的特点，也是一种比较常见的结账方式。随着信用卡用户的增多，为了保证酒店利益，前台收银员在接受客人信用卡结账时要特别注意以下几个方面：

1）核对客人持有的信用卡是否是本酒店可接受的信用卡。

2）检查信用卡的有效日期和外观是否完整。

3）根据最新收到的"黑名单"和"取消名单"，进一步检查信用卡是否有效。

4）注意信用卡公司所允许的信用卡支付最高限额。

当出现不符合上述要求的信用卡时，收银员应请客人更换另一种信用卡或使用现金支付，不能盲目交易。

（3）支票结账（Pay with Check）。国内一些公司和企业多数会采用支票与酒店进行消费结账。在处理这种支付方式时，收银员应当具备有关支票的专业知识，熟悉操作规程和细则，辨别真伪，避免因业务不熟而使酒店遭受损失。目前，大部分酒店可以通过电脑网络来验证支票，有效地提高了支票检验的准确性和工作效率。在办理顾客支票支付时要注意以下几个方面：

1）检查支票内容是否齐全、完整。

2）拒绝接受字迹不清、过有效期的支票。

3）检查支票是否是挂失或失窃的支票。

4）核对客人入住登记表上的签名是否与支票上的签名相符。

5）仔细核对客人的身份证件，登记证件号码及公司联系电话。

6）若有不清楚之处应向客人核实清楚，或向银行或财务部门查询。

（4）旅行支票（Pay with Traveler's Check）。旅行支票属可转让票据，可被酒店视为现金。使用时应注意检查旅行支票的真伪。

（5）转账结账。转账结账，也称为挂账结账，是指客人凭合同单位的联单或证明函件消费酒店产品，日后由消费者或第三者付款的结账方式。酒店通常会与一些大型的、信誉好的、稳定的业务单位（如旅行社）签订转账支付的协议。这样可以简化客人抵离店的手续，方便客户。采用转账结账时，应注意以下几个方面：

1）酒店应对申请采用转账结账的业务单位的财务状况非常清楚。

2）要注意挂账的范围。采用挂账结账时，收银员要注意可以采用挂账结账的范围，一般有下面几种情况：客人在店全部费用由指定单位支付；食宿费全部由指定单位支付；住宿费用与三餐费用由指定单位支付；住宿费与某些特定项目费用由指定单位支付；住宿费由指定单位支付。对于不在挂账范围的费用，需请客人自己支付。

3）转账单位能够根据双方约定的时间准时付款，没有不良消费信用记录。

4）酒店对转账支付单位的客账消费管理要准确全面，没有误差，否则双方容易产生矛盾和不信任，导致客户的流失。

5）酒店应与转账单位的财务人员保持良好的关系，确保收款渠道畅通，避免发生拖欠赊账和债务转移现象。

（6）混合方式结账。混合方式结账指客人结账时采用上述两种或更多种方式一起结账，如客人现金不足时，部分费用会采用信用卡结账；另外对于采用挂账结账的顾客，要分清挂账的范围，挂账范围以外的客人需要自己采用现金、信用卡或支票付账。

（三）结账服务中特殊情况的处理

1. 客人消费超过信用限额（House Credit Limit）

当客人账户接近或超过其信用限额（House Credit Limit）时，可能会发生逃账等情况。酒店可以拒绝新的消费记入客人账单。

酒店前厅每天应定时检查客人账单，当发现超限额账户时，前厅可以通过向信用卡公司申请增加信用授权或要求客人支付部分账款以减少应收款来解决此问题。

防止客人逃账（Skipper）是酒店前厅部管理的一项重要任务，总台员工应该掌握防止客人逃账的技术，以保护酒店利益。防止客人逃账可以采用如下几个方法：

（1）收取预订金。

（2）收预付款。

（3）对持信用卡的客人，提前向银行授权。

（4）制定合理的信用政策。

（5）建立详细的客户档案。

（6）从客人行李多少、是否列入黑名单等发现疑点，决定是否收留。

（7）加强催收账款的力度。

（8）与楼层配合，对可疑顾客密切注意其动向。

（9）不断总结经验教训。

2. 他人代付账款

当客人要求代付他人账款时，应请客人填写书面授权书（如图7-1所示）并签名，注意代付项目，在电脑中做好记录，以免事后发生纠纷。

3. 延迟结账

酒店设定结账时间为的是客房部能有足够的时间为新到的客人准备房间，前厅同意延迟结账还可能导致酒店成本增加。另外，还必须考虑给新入店客人带来的不便和潜在的不满。

广州×大酒店

HOTEL GUANGZHOU

承诺付款书

GUARANTEE OF PAYMENT

我承诺支付＿＿＿＿＿＿＿房＿＿＿＿＿＿＿先生/小姐的

(1) 全部费用

(2) 房费　　　付款方式为现金/信用卡（信用卡号码：　　　　）

(3) 其他费用（请特别说明）

	i) total charges	MS. ＿＿＿＿＿＿＿
I will guarantee pay the	ii) room charges　　for Mrs. ＿＿＿＿＿＿＿	
	iii) others（please specify＊）　MS. ＿＿＿＿＿＿＿	
of room number ＿＿＿＿＿＿＿ during the stay from　　to		
By Cash/My Credit Card Number ＿＿＿＿＿＿＿		

客人姓名 Guest Name	签名 Signature ＿＿＿＿＿＿＿
房号 Room Number	日期 Date ＿＿＿＿＿＿＿
＊特别费用说明： Please specify the other charges：	经办人： Prepared By： ＿＿＿＿＿＿＿

图 7-1　承诺付款书

　　总台员工应催促那些预期离店的客人，如果超过时间，应加收房费。一般中午 12：00 至下午 6：00 以前结账的应加收半天房费，下午 6：00 以后结账的要加收一天的房费（有的酒店规定，下午 3：00 以前结账者，加收一天房费的1/3；下午 3：00 到 6：00 结账的，加收 1/2；6：00 以后结账的，则可加收全天房费）。客人可能会对加收额外的费用非常不满并拒付。总台员工应平静地处理这种情况，向客人解释酒店制定的延迟结账费用的政策，必要时请前厅经理来与客人讨论这件事。

　　酒店应在显眼的位置公布结账时间。此外酒店需重视与即将离店客人的沟通，以减少延迟结账离店。对于熟客和某些特殊客人的此类要求，在酒店出租率不高时，也可以考虑免收延迟结账费用。

　　4. 提前结账

　　对于顾客提出的提前结账的要求，收银员要密切关注顾客的消费情况，做法是收银员每 1 小时通过电脑查核提前结账客人的消费情况：

　　（1）收银主管每一小时通过计算机查核提前结账客人的离店情况。

（2）收银员在结账时，暂时不把客人的资料从电脑中删去，确定客人真正离店且无其他消费项目后方可把客人的资料从电脑中删除。

（3）在住房登记卡上注明客人提前退房的时间，并在电脑系统中做标记。

（4）可将客人的住房登记卡按照所标明的退房时间放入离店夹内。

5. 结账时要求优惠

有些客人在结账时，往往以各种理由要求优惠，这时，要视具体情况而定。

（1）如果符合酒店优惠条件，收银员要填写"退账通知书"（一式两份，分别交财务处和收银处），然后由前厅部经理或相关人员签名认可，并注明原因，最后在电脑中做退账处理。

（2）有时候也有客人要求取消优惠的特殊情况，这也要尊重客人的意见，满足客人的要求。

（3）遇有持酒店 VIP 卡的客人在结账时才出示 VIP 卡并要求按 VIP 优惠折扣结账时，应向客人解释酒店的规定：VIP 卡在入住登记时出示才有效，否则不能按优惠折扣结账；如客人坚持要求按优惠折扣结算，可报大堂副理或部门经理，由其决定是否做退账处理。

6. 客人带走客房物品

有些客人或是为了留作纪念，或是想贪小便宜，常常会带走毛巾、烟灰缸、茶杯、书籍等客房物品，这时应礼貌地告诉客人："这些物品是非纪念品，如果您需要，可以帮您在客房部联系购买。"或者巧妙地告诉客人："房间里的××东西不见了，麻烦您帮忙找一下，是否忘记放在什么地方了。"这时切忌草率地要求客人打开箱子检查，以防使客人感到尴尬，下不了台，或伤了客人的自尊心。

处理时应兼顾酒店与客人双方的利益，尽量保证酒店不受大的经济损失，并能让客人接受，不使客人感觉丢面子。

7. 客人对账单有异议

结账工作是酒店整个接待工作中的重要一环，应把这一项工作做好，让客人们高兴而来，满意而归，使整个接待工作更加完美；接待员要过目检查客人账单，发现差错，及时更正；有时账单上的实际费用会高出客人的预算，当客人表示怀疑时，我们应做耐心的解释。一些额外的费用（如过夜费、服务费等），客人往往容易忽略，特别是加急服务更要说清楚，让客人明白所支出的费用是合理的；若是账单上的费用有错漏，客人提出时，我们应表示歉意，并到结账处查核更正。

8. 当发现客人走单

客人一般都是比较爱面子的，特别是身份较高的客人。因此，当发现走单，在公共场所找到客人时，首先要考虑到客人爱面子的心理，先把客人请到一边，然后小声地并注意运用语言艺术，如："对不起，先生，因我们工作的疏忽，还有（酒水、洗衣、电话等）单据漏结算，请您核对一下，现在结算好吗?"客人付钱后，服务员应说："对不起，打扰您了，谢谢。"

如果我们不是这样做，而是在大庭广众之下，特别是当客人与朋友在一起时，直接对客人说："还有单据没有付钱。"就会使客人感到难堪而产生反感，甚至为了面子，对账单不承认，给收银工作带来困难；同时这也是有失礼貌的表现。

二、贵重物品保管

酒店不但要为住店客人提供舒适的客房、美味的菜肴、热情礼貌的优质服务，还必须对住客的财产安全负责，因此，酒店应为客人设置寄存贵重物品的场所和设施。

住店客人的贵重物品（Valuables）一般指其携带的现金、支票、首饰、照相机、重要文件等。为了保证顾客住店期间贵重物品的安全问题，国家旅游酒店行业规范中明确规定："酒店应当在前厅设置有双锁的客人贵重物品保险箱。贵重物品保险箱提供住店客人贵重物品的保管服务。"

酒店通常为客人提供客用安全保险箱（Safe Deposit Box），供客人免费寄存贵重物品。它是一种带一排排小保险箱的橱柜。小保险箱的数量一般按酒店客房数的15%~20%来配备，若酒店的常住客和商务散客比较多，可适当增加保险箱的数量。此外，有的酒店配有一种不分隔的大保险柜（Non - compartmentalized Safe），采用一纸袋寄存的方式为客人寄存贵重物品。我国一些高星级酒店除了在前厅收银处设置安全保险箱外，为了方便客人贵重物品的存放，同时在客房内配备小型保险箱（In - home Safe）供客人使用。小型保险箱的数量按酒店客房数的一定比例配备，一般为50%左右。

客用安全保险箱通常放置在前厅收银处后面或旁边一间僻静的房间，由收银员负责此项服务工作。保险箱的每个箱子有两把钥匙，一把为总钥匙（Mater Key）由收银员负责保管，另一把由客人亲自保管，只有这两把钥匙同时使用，才能打开和锁上保险箱。保险箱的启用、中途开箱、退箱，一定要严格按酒店规定的操作程序进行，并认真填写有关保管记录，以确保客人贵重物品的安全，防止各种意外事故的发生。

（一）保险箱的使用程序

1. 保险箱的启用

（1）询问确认。

1）主动问候，了解客人寄存贵重物品的要求，不接受危险品、禁品的存放。

2）请客人出示房卡、钥匙，确认其是否为住店客人。

（2）填单签名。请客人填写贵重物品寄存单（见图7 - 2、图7 - 3），提醒客人阅读寄存单上的宾客须知，请客人签名确认，并在电脑上查看房号与客人填写的资料是否一致。

（正面）

客人贵重物品寄存单

Safety Deposit Box Services

保险箱号码	客人姓名
Box NO. ＿＿＿＿＿＿	Guest Name ＿＿＿＿＿＿
房间号码	存放物品
Room NO. ＿＿＿＿＿	Valuables ＿＿＿＿＿
日期	客人签名
Date ＿＿＿＿＿	Guest Signature ＿＿＿＿＿
时间	收银员签名
Time ＿＿＿＿＿	Counter Signature ＿＿＿＿＿

图 7 - 2　贵重物品寄存单（正卡）

（反面）

---

1. 如遗失此钥匙，必须要更换新锁，须赔偿价款的半数金额。If the key is lost, we will not only replace a new key but a new lock, you will be charged half the cost. Please take good care of the key.

2. 如退房离店时未能将此钥匙交回前台收银处，酒店有权自行开启并移出保存物品，不负任何责任。The hotel management reserves the right to open the box and remove contents, without liability, if the key is not surrendered when guest departs from hotel.

3. 我认可已取走所有存放物品，以后与酒店无关。I acknowledge that all property stored in the box has been safely withdraw there from, and liability of said hotel is released.

日期	客人签名
Date ＿＿＿＿＿	Guest Signature ＿＿＿＿＿
时间	收银员签名
Time ＿＿＿＿＿	Counter Signature ＿＿＿＿＿

图 7 - 3　贵重物品寄存单（正卡）

（3）择/开箱。

1）根据客人要求，选择相应规格的保险箱，介绍使用须知和注意事项。

2）将箱号记录在寄存单上；打开保险箱，请客人存放物品，并回避一旁。

（4）交付钥匙。

1）客人将物品放好后，收银员应当面锁上箱门，向客人确认已锁好；取下钥匙，一把给客人，另一把由收银员保管。

2）提醒客人妥善保管钥匙，向客人道别。

（5）记录存档。在电脑内做好记录，并将寄存单存档。

2. 中途开箱

客人在住店期间，由于种种原因可能会多次要求打开保险箱取出寄存的物品或增加寄存物品，前台收银员应该严格按照中途开箱的流程进行服务。

（1）核对开启。

1）请客人出示房卡及保险箱钥匙，找出寄存单，请其在副卡（见图7-4）上签字。

当您中途需要使用保险箱时，请在此卡上签名。

保险箱号码
Box No. _____

日期　　　　　　　　　　　　　客人签名
Date _____　　　　Guest Signature _____

时间　　　　　　　　　　　　　收银员签名
Time _____　　　　Counter Signature _____

图7-4　贵重物品寄存单（副卡）

2）确认客人寄存单副卡签字与正卡签字一致。

3）当着客人面用两把钥匙打开保险箱，请客人取用物品。

（2）签名记录。

1）客人使用完毕，按照启用保险箱的要求，将保险箱锁上。

2）请客人在寄存单相关栏内签名，记录开启日期及时间；收银员核对、确认并签名。

3. 客人退箱

（1）取出物品。

1）核准钥匙及客人签名后，当面打开保险箱。

2）客人取出物品后，检查一遍保险盒，以防有遗留物品，收回保险箱钥匙，锁上该箱。

（2）请客人签名。请客人在寄存单相应栏内签名，记录退箱日期和时间。

（3）记录告别。

1）记录退箱时间、经手人，在电脑上删除记录，并将寄存单存档。

2）向客人致谢告别。

4. 客人贵重物品保管的注意事项

前厅收银处在提供贵重物品寄存服务时，应注意以下几个方面：

（1）定期检查保险箱各门锁是否处于良好的工作状态。

（2）必须落实专人保管钥匙制度，在每次交接班时，应有书面记录，并实行定期核对保险箱钥匙制度。

（3）客人寄存贵重物品时，收银员应注意回避，做到不看、不问。

（4）严格、认真地核对客人的签名。

（5）通常一次只为一个客人办理寄存手续。如遇两人或夫妻共同使用一个小保险箱。应让两人分别签署认可，取物品时，必须两人同时在场。

（6）只为住店客人免费提供此项服务，如遇特殊情况，根据酒店规定程序执行。

（7）必须请客人亲自来存取，一般不能委托他人。

（8）酒店可规定客人寄存贵重物品的最高标准及赔偿限额，避免不必要的麻烦。

（9）客人退箱后的寄存单应存放至少半年以上，以备查核。

（二）保险箱客用钥匙遗失的处理

总台的客用保险箱钥匙系统一般为子母制，两把钥匙同时使用才能将保险箱打开或锁上。如果客人将客用钥匙遗失，那么保险箱就无法正常使用，便会给寄存工作带来一定的麻烦。

一般情况下，若客人遗失保险箱钥匙，酒店通常都要求客人作出经济赔偿，但必须有明文规定。如可在记录卡正卡上标出："如遗失此钥匙，必须要更换新锁，须赔偿价款的半数金额（If the key is lost, we will not only replace a new key but a new lock, you will be charged half the cost. Please take good care of the key.）"；或在寄存处的墙上用布告出示有关赔偿规定，让客人知晓；在启用保险箱时收银员也应向客人说明有关规定，通过这些措施来减少处理工作中可能出现的不必要麻烦。保险箱客用钥匙遗失的处理程序如下：

一方面，如果保险箱客用钥匙丢失，应请客人出示有效证件和房卡，核实其身份后，请其在寄存单背面注明钥匙丢失并签字，以防日后他人冒领，然后由前厅经理签字认可。

另一方面，若客人未能找到钥匙并要求破箱取物时，按酒店规定收取赔偿费用后，必须在客人、当班的收银员、大堂经理以及酒店保安人员在场的情况下，由酒店工程部有关人员强行将该保险箱的锁做破坏性钻开，请客人核对寄存物品是否完整、无遗漏，并做好记录，以备查核。

（三）客人贵重物品丢失的责任问题

尽管酒店对客人贵重物品的保管采取了严密的措施，但任何时候，酒店都不能完全保证客人的贵重物品万无一失。那么，一旦发生客人贵重物品失窃事件，酒店是否该对此负责呢？如果负责，要承担多大的赔偿责任呢？

1. 寄存在酒店收银处保险箱内的贵重物品丢失

一些酒店在其向客人提供的"住宿登记表"上明确指出："贵重物品请存放在收款处之免费保险箱内，阁下一切物品之遗失，酒店概不负责。"（Safe Deposit Boxes are available at cashier counter at no charge. Hotel will not be responsible loss of your property）。显然，这种做法对客人来讲是不公平的，在法律上也是站不住脚的：其一，按照国际惯例和有关法律，酒店有义务保护住店客人人身和财产安全。其二，客人入住酒店是以"安全"为前提条件的，安全对于客人来讲，是第一重要的，服务质量居于其次。而这里的安全既包括人身安全也包括财产安全，如果客人的财产安全得不到保障，那么客人的安全感就无从谈起。其三，虽然酒店收银处保险箱的钥匙系统是子母制，两把钥匙共同使用才能打开保险箱，但这并不能保证客人的贵重物品万无一失，因为酒店负责保管客人贵重物品的收银员完全有机会利用工作之便另配一把客用钥匙，打开保险箱。因此，很多酒店都在一定的场所和位置（如住宿登记表）向客人声明："请将您的贵重物品存放在酒店贵重物品保管处，否则，如丢失，酒店概不负责"。（Money, jewels, and other valuables must be deposited in the hotel safe. Otherwise the management cannot assume responsibilities.）这就意味着，如果客人按照酒店的要求将贵重物品存入贵重物品保管箱，酒店就应该对其负责。反之，如果酒店已向客人声明贵重物品需要寄存，但客人没有照此办理，那么发生客人贵重物品的丢失，酒店可以不负责任或少负责任。

但贵重物品如钻石、名贵字画、古董等，价值大，可有时很难说清其真正价值，万一丢失，如果按客人所述价值照"价"赔偿，这对酒店来说是不公平的，那么酒店到底应该承担多少赔偿责任呢？

如果按照国际酒店协会的相关规定，一方面酒店对客人的贵重物品在一定条件下负有赔偿责任；另一方面这种赔偿"应有合理的限度"。为此，酒店可规定对客人贵重物品的最高赔偿限额，并将这一限额在某一明显的位置告知客人（如贵重物品寄存单），如同酒店在为客人提供洗衣服务时，在洗衣单上注明"酒店对客人待洗衣物的损坏或丢失赔偿限额最高不超过该衣物洗涤费用的10倍"一样，酒店对于客人贵重物品的赔偿也可以作出类似的规定，如"酒店对客人贵重物品的赔偿限额，最高不超过客人在酒店住宿费用的10倍"。这样做双方都可以理解和接受，从而可以避免出现不必要的纠纷。

同时，为了防止出现赔偿责任过大的问题，酒店甚至可以规定客人寄存贵重物品的最高标准。据业内人士介绍，在国外，四星级以上的酒店一般会对贵重物品有明确的金额界定，比如名贵字画、古董等物品，酒店一般不予寄存，通过规定寄存贵重物品的最高标准可保护酒店和顾客双方的利益。

另外，为了防止一些客人声称自己"放在贵重物品保管处的钱少了"，或"钻石被偷换了"等类似事件的发生，酒店应要求客人在寄存贵重物品时，对于一些体积较小、数量多的贵重物品，如钻石、戒指、现金等，将贵重物品用酒店提供的专用信封封起来，并告诉客人在封口处签字。这样，酒店就只对寄存在贵重物品保管处的确实丢失的物品负责。

2. 寄存在酒店客房保险箱内的贵重物品丢失

除酒店收银处提供保险箱外，很多酒店在客房内为客人配备小型保险箱（In - room Safe），对于在这种保险箱内"丢失"的物品（一般不可能出现），酒店可以不予赔偿。因为，一方面酒店客房里配备的保险箱是密码箱，此时保险箱的密码只有客人自己知道，别人不可能打开，除非连保险箱也被人偷走，当然这样的情况也有，但很少发生。因此，对于酒店来说，为客人在其客房内提供保险箱，也不失为一种可以免除或减少酒店对客人贵重物品赔偿责任的好方法。目前，越来越多的酒店倾向于在客房内为客人配备小保险箱。

当然，如果确实发生寄存在客房保险箱内的贵重物品丢失，作为酒店有义务协助客人追回丢失物品。

三、外币兑换业务

（一）外币兑换认知

外币（Foreign Currency），从广义上来讲，通常是指本国货币以外的其他国家或地区发行的货币，它包括现钞、票据、证券、存款等。而狭义上的外币仅指现钞，主要表现为纸币和铸币两种形式。酒店为了方便中外客人，经中国银行授权，在酒店内设立外币兑换点（Foreign Currency Exchange），根据国家外汇管理局每日公布的外汇牌价，为住店客人提供外币兑换服务。兑换后未用完的人民币在离境前可凭6个月内有效期的外汇兑换单兑换成外币，携带出境。

酒店提供外币兑换业务主要出于以下三方面的考虑：

第一，与酒店的门面、星级和身份相匹配。中华人民共和国星级评定标准中明确规定：四星级（含四星级）以上酒店前厅中必须18小时提供外币兑换服务。如果高星级酒店不提供外币兑换服务会让顾客怀疑其星级服务是否完善。

第二，与酒店的定位和客源市场有关。酒店由于受人员、设备、客源等条件制约，通常仅接受几种主要外币现钞兑换业务，这几种主要外币就是酒店客源国的外币，例如威海国际金海湾酒店，由于韩国、日本客人较多，所以酒店的外币兑换主要以韩元和日元为主。这样做的目的是为了更好地为客人提供服务。

第三，还要指出的是，酒店开设外币兑换这项业务虽说是不赚钱的，但是通过兑换这项业务，酒店可根据需要兑回实际操作中所需要的大量零钱。

（二）外币现金（Foreign Currency Cash）

1. 我国可兑换外币现钞的种类

目前可在中国银行及指定机构兑换的外国货币有 17 种：英镑、港元、美元、瑞士法郎、新加坡元、瑞典克朗、挪威克朗、丹麦克朗、日元、加拿大元、澳元、欧元、菲律宾比索、泰国铢、韩元、澳门元、新台币。

酒店由于受人员、设备、客源等条件制约，通常仅接受几种主要外币现钞兑换业务。

2. 外币现钞兑换程序

（1）主动问候，了解客人要求，问清客人兑换币种，看是否属于酒店的兑换范围。

（2）礼貌告诉客人当天的外币兑换率。

（3）清点外币，通过外币验钞机或人工检验外币真伪。

（4）请客人出示护照和房卡，确认其住客身份。

（5）填写兑换水单（如表 7 - 4 所示），将外币名称、金额、兑换率、应兑金额及客人房号填写在相应栏目内。

表 7 - 4　外币兑换水单

No. _____

××× HOTEL Foreign Exchange Voucher

外币兑换水单

Guest Name	Gender	Nationality
宾客姓名	性别	国籍
Passport	Number	Room No. Date
护照号码	房号	日期

Currency Type	Amount	Exchange Rate	RMB
外币种类	金额	汇率	人民币

Guest Signature

客人签名

　　　　　　　　　　　　　　　　Total

　　　　　　　　　　　　　　　　合计

Cashier Signature

　　　　　　　　　　　　　　　经手人签名

（6）请客人在水单上签名，检查客人与证件上照片是否一致，并通过电脑核对房号。

（7）检查复核，确保金额准确。

（8）清点人民币现金，连同护照、一联水单交给客人，请客人清点并道别。

3. 外币兑换的注意事项

（1）酒店的外币兑换服务只对住店客人开放，为住店客人服务。如非住店客人需要兑换，可请客人持有效证件去就近银行办理。

（2）收进外币后，应先辨明是否是可兑换货币，外币的真伪以及某些版本是否已停止流通兑换。

（3）兑换时，应注意唱收。即收到客人多少外币及兑付给客人多少人民币时都需要当着客人的面大声报出来。

（4）提醒客人妥善保管好兑换水单，以便客人需要时可在六个月内再依据水单把钱再换回来。同时提醒客人硬币（Coin）银行是不予兑换的，可买英文报纸或小礼品把硬币使用完。

（三）旅行支票（Traveler's Check）

旅行支票是一种有价证券、定额支票、亦称汇款凭证，通常是由银行（或旅行社）为便利国内外旅游者而发行。旅游者在国外可按规定手续，向发行银行（或旅行社）的国内外分支机构、代理行或规定的兑换点，兑取现金或支付费用。

国外顾客经常使用旅行支票，而我国顾客则很少，这主要跟支付习惯有关，西方国家的支付习惯是一步步进化的：从现金，到支票，再到信用卡。而我国则从现金直接过渡到信用卡，所以社会接受旅行支票还有漫长的路要走。

1. 旅行支票的特点

（1）旅行支票很像现金，具有良好的流动性、永久有效且无使用时间限制，如果用不完，可以留着下次再用，或支付一定费用换回现钞。

（2）旅行支票即使丢失和被盗也不用担心，只要凭护照和购买合约去指定机构办理挂失手续，即可得到新的旅行支票；如果遇到意外，还可申请旅行支票发行机构提供的医疗紧急援助服务。

（3）旅行支票的购买和使用，手续费低廉，仅需支付0.75%的手续费；在美国甚至是免费的。

（4）旅行支票的使用不像信用卡受到通信状况制约。

（5）旅行支票具有多币种选择，避免了兑换产生的汇率损失。

2. 全球通行的旅行支票的品种

（1）有运通、VISA以及通济隆等，而印有"中行"字样的上述旅行支票能够在世界各地800余家旅行支票代兑行兑换，或在各国的大商铺和宾馆酒店直接使用。

（2）除最为常用的美元旅行支票外，客户还可根据需要在中行上海市分行买到欧元、英镑、日元、澳元等币种的旅行支票，避免了兑换当地货币所带来的不必要的汇率损失。

3. 旅行支票的兑换程序

（1）热情接待客人，询问客人需要何种服务。

（2）检查客人所持支票的真伪及支付范围。

（3）请客人在支票指定的复签位置上当面复签，并核对支票的初签与复签是否相符，如有可疑之处，应进一步检查，比如要求持票人背书。

（4）请客人出示证件，经收银员进行核对，如相片是否相符，支票上的签名与证件上是否一致，而后将支票号码、持票人的号码及国籍抄到水单上。

（5）填写兑换水单，一式两份，并计出贴息及实付金额。让客人在水单的指定位置上写上姓名、房号，将尾联撕下给客人，将水单及支票送交复核员。

第八章　前厅礼宾服务与管理

一、门厅应接礼宾服务

（一）"金钥匙"认知

在酒店中，经常可以看到胸前别着两把金钥匙的工作人员，他们是礼宾部的工作人员，被人们称之为"金钥匙"（Concierge）。"金钥匙"常被客人视为"万能博士"、"百事通"及解决问题的专家。金钥匙既是一种专业化的服务，又是对具有国际金钥匙组织会员资格的酒店礼宾部（有的酒店称为委托代办组）职员的特殊称谓。

金钥匙是一个国际的服务品牌，拥有先进的服务理念和标准；是一位服务的专家，服务的榜样；也是一个服务的网络。国际金钥匙组织起源于法国巴黎，后被引入中国，现金钥匙服务已被国家旅游局列入国家星级酒店标准。

酒店金钥匙的服务宗旨：在不违反法律和道德的前提下，为客人解决一切困难；酒店金钥匙为客排忧解难，"尽管不是无所不能，但也是竭尽所能"，要有强烈的对客服务意识和奉献精神，为客人提供满意加惊喜的个性化服务。酒店金钥匙组织的工作口号是"友谊、协作、服务"（Service Through Friendship）；酒店金钥匙的人生哲学：在客人的惊喜中找到富有乐趣的人生。

（二）金钥匙服务标准和精神

1. 服务体现"可靠度"——严格按承诺提供规范服务

（1）处理事情及时，改正错误迅速，始终如一。

（2）结账等服务准确，柜台服务符合标准。

2. 服务体现"可信度"——对知识、礼仪把握适度，在沟通中显示出信任与自信

（1）完整地回答客人问题。

（2）客人进入（餐厅、酒吧、商场、大堂等）时感到舒适，立即获得尊重。

（3）主动提供房单、餐单、酒单或展示商品，介绍产品，如房状或菜肴成分、加工方法等信息。

（4）服务操作表现出有教养、职业性、富有经验，使客人有安全感。

3. 服务体现"灵敏度"——乐于帮助客人，并能竭尽全力，提供快捷服务

（1）时刻提供快捷服务，竭力满足客人的特殊需求，从不说"不"。

（2）员工之间互助合作，保证服务速度、质量。

4. 有形服务体现"完美度"——仪容仪表、设施、设备、环境维护等状况良好

（1）员工着装整洁、美观、合适。

（2）建筑外观、停车场、庭园醒目，有吸引力；装修、装饰、布局、陈设档次与价格相符。

（3）餐厅分区、商场、通道等醒目，有吸引力；各出入口便利、顺畅，环境宜人。

（4）客房、餐厅、卫生间、商场等各类服务场所前后台整齐、清洁。

（5）菜单、宣传品醒目、完好，有吸引力，符合公司形象。

（6）时时保持床铺、座椅、桌面、车辆、计算机等整洁、舒适，且在布置上体现高雅与热情。

5. 无形服务体现"充实度"——无微不至，有针对性地对应客人的个性

（1）时时微笑，让每位客人都感受到特别礼遇。

（2）主动、细心体察，预料到客人的个人需求、愿望，而非呆板地从属于规范、制度。

（3）为每一过失细节负责，表示歉意、同情，并保证事不过二；以客人获得最大利益为己任。

（三）门厅应接员（Door man）工作要求

门厅应接员代表着酒店的形象，一般安排身材高大、英俊，目光敏锐、经验丰富的青年男性担任，但也可用有气质、风度好的女性担任。门厅应接员通常要穿着高级华丽、有醒目标志的制服，一般由军礼服式样演变而成。上岗时精神饱满、热情有礼、动作迅速。工作时通常站于大门一侧或台阶下车道边，站立时应挺胸、手自然下垂或下握，两脚与肩同宽，其主要承担迎送客人，调车，协助保安员、行李员等人员工作的任务。

（四）应接门厅客人

1. 等候引导

（1）身着制服，并检查仪表仪容是否得体，精神抖擞地站在门口一侧，站姿标准，体现出良好的职业风范，恭候客人到来。

（2）在客人乘车抵达酒店时，使用规范手势示意（切忌大喊大叫），指挥车辆停到方便客人进酒店的位置，同时不影响交通。

2. 开关车门

（1）将车门打开70°左右，右手挡在车门框上，为客人护顶，欢迎客人光临

（对常客或重要客人可以称呼其姓名和职务以示尊重）。

（2）关车门时应注意不能夹住客人的衣物，还应注意车上有无遗留物品。

（3）行李员未能及时到场时，将行李从后备厢中拿出、清点；如果客人行李较多，应主动提醒客人清点件数、带好个人物品，然后用手势提示行李员为客人运送行李。

3. 站回原位

（1）若客人行李较少，在进入大厅前将行李交给行李员，由行李员引领客人到总台。

（2）客人如乘坐出租车，应迅速记下车牌号，站回原位，继续迎候新来的客人。

门厅应接员在住客进出酒店时，应主动为客人叫车；客人乘坐出租车抵达时，应等客人付完车费后再把车门打开；如遇雨天，应打伞为客人服务，并礼貌地请客人擦干鞋底后进入大厅；团体客人到店时应维持好交通秩序，迎接客人下车。

（五）特殊问题处理

1. 客人在大堂、走廊不小心摔倒

（1）迅速上前扶起客人，询问客人有否跌伤，是否需要请医生。

（2）如是轻伤，应找些药物处理；如伤势较重，应迅速将客人送到医务室并通知总经理；如客人需外出治疗，应迅速安排好车辆与陪同人员。

（3）查清客人摔倒的原因，如是地毯起皱或地面太滑，应通知有关部门及时采取措施。

2. 客人欲将宠物进入酒店住宿

（1）有礼貌地告诉客人根据酒店的规定宠物是不能进入酒店的，建议客人将宠物交行李部代为寄养。

（2）寻找适当的地方寄养，客人喂食或领取宠物时须出示住房卡以免宠物被人冒领。

（3）行李部与大堂副理分别做好记录；经常进行观察保障宠物安全健康。

3. 在下雨天、地面滑或有台阶时

门童应摆放醒目的标志牌或以口头的形式提醒客人小心路滑，以防意外，并提供雨伞临时寄存服务，设置伞架、防滑除尘踏垫等。

二、抵店行李应接服务

（一）行李服务与行李员（Bellboy）

行李服务是由前厅部的行李处负责提供。酒店一般将行李处设在客人很容易发现的位置，所处位置也可以使行李员便于观察到客人抵店、离店的进出情况，便于与总台协调联系。行李服务是前厅部向客人提供的一项重要礼宾服务，由行李员完成。行李员一般由高大威猛、身体强壮的男性承担。作为一名合格的行李员，应严守行李服务标准，认真、热情地为客人提供行李服务。

（二）接收行李的标准

（1）当客人行李送抵酒店大门时，应尽快推出行李车接应。

（2）清点行李件数，检查行李有无破损，如遇损坏，须请客人签字证明；如果是团队客人，须通知团队陪同及领队。

（3）客人下车后，上车检查是否有遗留物品；如客人乘坐出租车抵店，还要特别记住客人所乘出租车的车牌号。

（4）统计行李件数，请客人签名确认。

（5）整齐码放行李，全部系上有本酒店标志的行李牌，并用网子罩住，以防止丢失、错拿。

（三）分检行李的标准

（1）根据总台分配的房号，分检行李，并将分好的房号清晰地写在行李牌上。

（2）与总台联系，问明分配的房间是否有变动，如有变动须及时更改。

（3）迅速将已知房号的行李送至房间。

（4）如遇行李姓名卡丢失的行李应由客人确认。

（四）运送行李到房间的标准

（1）将行李整齐地摆放行李车上，在推车入店时，注意不要损坏客人和酒店的财物。

（2）在进入楼层后，应将行李放在门一侧，轻敲门（按门铃）三下，报出"行李服务"（Bell Service）。

（3）客人开门后主动向客人问好，固定门后，把行李送入房间内，待客人确认后方可离开。

（4）如客人不在房间时，应按照房号将行李放在房内行李架上。

（5）对于破损和无人认领的团队行李，要同领队或陪同及时取得联系以便及时解决。

（五）散客抵店行李服务

1. 问候引领

（1）主动问候客人，检查、清点行李有无破损和缺少，大件行李装行李车，贵重及易碎物品应让客人自己拿好。

（2）引领客人时，应走在客人的左前方两三步远处，随着客人的脚步走，在拐弯和人多时应回头招呼客人。途中可视情况询问客人姓名、有无预订、是否初次到达本店；或简要地介绍本酒店的服务项目。

2. 看管行李

客人在总台办理入住登记时，行李员站于客人身后2米左右处看管行李；眼睛注视着接待员，并随时注意接待员的示意。

3. 引客至房

（1）当客人登记完毕后，应主动上前从接待员手中接过房卡，引领客人前往客房。引领途中走在客人在前方两三步远处，搭乘电梯时请客人先上先下，适时向客人介绍酒店的特色、新增服务项目、特别推广活动等，并简短地向客人介绍紧急出口及客人房间在酒店的位置。

（2）进房前到达房间时知会客人，按"敲门（按门铃）→通报"进房程序将房门打开，立于一侧，请客人先进，将行李放在行李架上。

（3）若是白天，应先为客人打开窗帘，将房卡交给客人，再适当向客人介绍房卡的使用方法及电源开关；有选择地向客人介绍电视的收看、电话的使用、小酒吧的收费及主要电话号码等服务内容，并注意把握客人的心理活动和表情反应。

4. 返回大厅

（1）询问客人是否还有其他需要，如果没有则应祝客人入住愉快。离开房间时，退后一两步，然后再转身走出，面朝房内轻轻将房门关上，再迅速离开。

（2）从员工通道返回大厅礼宾台，在"散客行李进店记录表"（见表8-1）上逐项填写并签名。

表8-1　散客行李进店登记表

日期（Date）：

房号 （Room No.）	行李员姓名 （Bellboy Name）	进店时间 （Arrival Time）	所乘出租车 车牌号 （Taxi License Plate）	行李员回到大厅的 时间（Bellboy's Return Time）	行李数目 （Number of Luggage）	备注 （Remarks）

（六）团队抵店行李服务

1. 分检行李

（1）根据团队抵店时间安排好行李员，提前填好进店行李牌上的内容，注明团队名称和进店日期。

（2）领班与团队负责人一起清点行李件数、检查破损情况等，然后填写"团队行李进出店登记表"，请团队负责人签名；将行李拴上填好房号的行李牌，以便准确地分送到客人房间，如暂不分送，应码放整齐，加盖网罩。

（3）若没有客人的行李或行李短缺、破损，则婉转地请客人稍候，并立即通知领班查询解决。

2. 分送行李

（1）将行李装上行李车，行李车上的行李不得过高，避免损坏客人和酒店的财物；走专用通道到指定楼层，"敲门（按门铃）→通报"。

（2）进房后将行李放在行李架上，请客人清点及检查行李，无异议后道别（如客人不在房间，应先将行李放于行李架上，个别无房号的暂存楼层，与团队负责人协商解决）。

3. 行李登记

分送完行李后，应在"团队行李进出店登记表"（见表8－2）上记录并签名，然后按登记表上的时间存档。

表8－2　团队行李进出店登记表

团体名称 (Name of Team)			人数（Number of Members）		
抵达日期 (Arrival Time)			离店日期 (Departure Time)		
进店 (Arrival)	卸车人员 (Unload Staff)		酒店行李员 (Bellboy)	领队（签字） (Team Leader)	
离店 (Departure)	卸车人员 (Unload Staff)		酒店行李员 (Bellboy)	领队（签字） (Team Leader)	

行李进店时间：　　　　　　　车牌
Luggage Arrival Time：　　License Plate：
行李收取时间：　　　　　　　车号：
Luggage Collecting Time：　　License Plate：

房号 Room No.	行李箱（Suitcase）		行李包（Luggage Bag）		其他（Others）		备注（Remarks）
	进店 (Arrival)	出店 (Departure)	进店 (Arrival)	出店 (Departure)	进店 (Arrival)	出店 (Departure)	

（七）特殊问题处理

1. 团队的个别房间行李搞错

（1）向客人了解行李的大小、形状、颜色等特征，与陪同的最新排房表核对，核查是否有增房。如有，查对增加房间的行李，检查客人不在的房间，务必尽快将行李调整；若没有，请陪同人员协助查找客人在的房间，予以调整，做好记录。

（2）本批团体行李中多一件或几件行李，应把多余的行李存放在行李房中，同一批多余的行李应放在同一格内。用行李标签写一份简短的说明，注明到店时间及与哪个团体行李一起送来，然后等候旅行社来查找。同批团体行李中少了一件或几件行李，亦应在签收单上加以说明，同时与旅行社取得联系，尽快追回。

（3）行李错送的处理应把非本团行李挂上行李标签，做一个简短的说明后，存放于行李房的一格中，等候别的旅行团来换回行李，或通过旅行社联系换回行李事宜。

2. 无人认领的行李

（1）若为发放团队行李时无人领取，行李员首先应将情况向领班汇报，由领班及时与该团队的陪同或领队沟通，行李员此时要协助陪同或领队一起寻找行李的主人。

（2）若客人的行李寄存时间早已过期，但无人领取时，行李员应及时汇报领班，由领班查找后联系客人，通知客人及时取行李。若客人表示没有时间或不方便领取时，则行李员应征求客人的意见后做出相应的处理，必要时行李员应提供帮助。行李员在工作时应常对行李进行整理，以便能及时发现问题。

（3）若在大堂发现无人认领的行李，行李员应首先向前台其他人员了解情况，然后将行李放在行李房，同时检查，根据行李上的线索查找失主，及时汇报上级管理人员并做好登记，以便及时告诉来寻者。

3. 行李破损或丢失

（1）在酒店签收前发现破损的行李，酒店不负任何责任，但必须在团体行李进店登记表上登记。签收后，在运往客房的途中，或从客房送至酒店大门的途中破损，应由酒店负责。首先应尽力修复，如果实在无法修复，则应与团队中的领队或导游及客人协调赔偿事宜（或钱或物）。

（2）行李到店前丢失，由旅行社或行李押运人员负责；如果酒店押运的行李是在去酒店的途中丢失的，酒店应负责任。但因客人尚未办理入住手续，还不是酒店的正式客人，酒店的赔偿责任应轻于住店客人的行李丢失情况。

团队或散客的行李抵店后，发生任何情况之前，均应由酒店一方首先将行李妥善保管。

三、在店行李礼宾服务

（一）行李服务要求

（1）为了能做好住客行李服务工作，行李组领班及行李员应具备良好的职业道德，做到诚实、责任心强，思维敏捷。能吃苦耐劳，做到眼勤、嘴勤、手勤、腿勤，善于与人交往。

（2）行李组领班及行李员必须熟悉酒店内各条路径及有关部门的位置。

（3）掌握酒店内餐饮、客房、娱乐等服务内容、服务时间、服务场所及其他相关信息。

（4）掌握酒店所在地名胜古迹、旅游景点及购物场所的信息。

（5）熟知礼宾部，特别是行李员的工作程序及操作规则和标准。

（二）行李登记标准

行李登记的服务标准包含两个方面：一是送完行李后将每间房间的行李件数准确登记在入店行李登记单上，开门直接送的行李应注意"开门"字样，并核对总数是否同刚入店时一致；二是按照客人入住单上的时间存档。

（三）行李房管理制度

酒店礼宾部为方便住客存取行李，保证行李安全，会有专门的行李房并建有相应的管理制度。

（1）行李房是为客人寄存行李的重地，严禁非行李房人员进入。

（2）行李房钥匙由专人看管，做好"人在门开，人离门锁"。

（3）行李房内严禁吸烟、睡觉、堆放杂物，要保持清洁。

（4）寄存行李要摆放整齐，寄存的行李上必须系有"行李寄存单"。

（5）行李房内不寄存下列物品：非酒店住客的物品，贵重物品，包括现金、金银首饰、珠宝、玉器、护照等，易燃、易爆、易腐蚀等危险品，枪支弹药、毒品等违禁物品，宠物，易变质食品及易碎物品。

（四）行李寄存服务

1. 礼貌应接

客人前来寄存行李时，行李员应主动问候，热情接待，礼貌服务，并确认客人身份。

2. 弄清情况

（1）弄清客人的行李是否属于酒店不予寄存的范围（非住客的行李多数酒店不予寄存）。

（2）问清行李件数、寄存时间、是否有贵重物品或需特殊处理的物品客人姓名及房号，并做好记录。

3. 填写行李寄存单

填写"行李寄存单"（见表8-3），并请客人签名，上联附挂在行李上，下联交给客人留存，告知客人下联是领取行李的凭证。

表8-3　行李寄存单

姓名及房号
Name&Room No. _____

行李数目
Number of Luggage _____

日期　　　　　　　　　　　　　时间
Date _____　　　　　Time _____

客人签名
Guest's Signature _____

行李员签名
Bellboy Signature _____

4. 存放行李

将半天、一天、短期存放的行李放置于方便搬运的地方；如一位客人有多种行李，要用绳系在一起，以免错拿。

5. 进行登记

经办人须及时在"行李寄存记录本"（见表8-4）上进行登记，并注明行李存放的件数、位置及存取日期等情况。

表8-4　行李暂存记录本

日期 Date：

客人姓名 （Guest Name）	房号 （Room No.）	行李数目 （Number of Luggage）	存放时间 （Storage Time）	保管条号 （Storage Number）	提取人 （Luggage Claimer）	提取时间 （Luggage Claiming Time）	备注 （Remarks）

（五）行李领取服务

1. 签名询问

（1）客人来领取行李时，收回"行李寄存单"下联，请客人当场在寄存单下联上签名。

（2）询问行李的颜色、大小、形状、件数、存放的时间等，以便查找。

2. 核对记录

（1）核对"行李寄存单"上、下联的签名是否相符，如相符则将行李交给客人。

（2）在"行李寄存记录本"上做好记录。

3. 特殊情况处理

（1）如住客寄存、他人领取，须请住客把代领人的姓名、单位或住址写清楚，并请住客通知代领人带"行李寄存单"的下联及证件来提取行李。行李员须在"行李寄存记录本"的备注栏内做好记录。

（2）当代领人来领取行李时，请其出示存放凭据，报出原寄存人的姓名、行李件数。行李员收下"行李寄存单"的下联并与上联核对编号，然后再查看"行李寄存记录本"记录，核对无误后，将行李交给代领人。请代领人写收条并签名（或复印其证件）。将收条和"行李寄存单"的上联、下联订在一起存档，最后在记录本上做好记录。

（3）如果客人遗失了"行李寄存单"，须请客人出示有效身份证件，核查签名，请客人报出寄存行李的件数、形状特征、原房号等。确定是该客人的行李后，须请客人写一张领取寄存行李的说明并签名（或复印其证件）。将客人所填写的证明、证件复印件、"行李寄存单"上联订在一起存档。

（4）来访客人留存物品，让住店客人提取的寄存服务，可采取留言的方式通知住客，并参照寄存、领取服务的有关条款进行。

（5）客人的行李寄存时间早已过期，但无人领取时，行李员应及时汇报领班或大堂副理，并做好登记，由领班或大堂副理查找后联系客人，通知客人及时领取行李。

行李寄存及领取的种类有以下三种：①住客自己寄存，自己领取；②住客自己寄存，让他人领取；③非住客寄存，但让住客领取。

（六）换房行李服务

客人未到达时要求换房，由预订处更改客人的入住信息后及时将房间变更单分发至相关部门；客人入住后要求换房，除按散客换房处理外，必须通知大堂经理或部门管理人员，以确保服务周到。

1. 问清房号

接到总台客人换房通知后，问清客人的房间号，并确认客人是否在房内。

2. 敲门（按门铃）入房

（1）到达客人房门口时，按程序"敲门（按门铃）→通报"，经客人允许后方可进入。

（2）了解行李情况，提醒客人贵重物品或现金请客人自己携带，并向客人询问是否有易碎物品。

3. 点装换房

（1）请客人清点要搬运的行李及其他物品，并将它们小心地装上行李车；在搬运客人私人物品时，除非经客人授权，应坚持两人以上在场（大堂经理等）。

（2）带客人进入新的房间后，帮助客人将行李重新放好，然后收回客人的原房间住房卡，将新房间的住房卡交给客人；向客人礼貌道别，离开房间。

4. 交还房卡

将客人的原房间住房卡交回总台，并做好换房行李记录（见表8-5）。

表8-5　换房行李登记表

日期（Date）	时间（Time）	由房号（From Room No.）	到房号（To Room No.）	行李数目（Number of Luggage）	行李员（签名）Bellboy（Signature）	楼层服务员（签名）Floor Attendant（Signature）	备注 Remarks

（七）特殊问题处理

1. 客人登记入住后，并不立即去房间，而要求行李员将其行李先送入房间

（1）问清客人的房号并请客人出示房卡，请客人核对行李件数，确认无误后送入客房；进入客房时，须同楼层服务员一起进入。

（2）做好该房的送运行李记录。

（3）因房间尚未整理或有行李而致使客人无法住进已开好的房间时，行李员在到总台为客人调换房间之前，对于是否能够换房成功不要对客人轻易表态。

2. 送客人进房时，房间尚未整理或有行李

（1）马上关上房门，向客人致歉，请客人稍候，立即到总台为客人调换房间。

（2）带客人到新换的房间，并再次向客人致歉。

3. 当行李送入房间时，客人说还有欠缺

（1）向客人表示致歉，迅速查找失误环节，主动与陪同联系，协助查找并安慰客人。

（2）如到店行李件数与送入客房件数一致，在本团队客房中查找；如送入客房行李件数少于到店件数，有可能行李遗留在仓库或错送其他团队客房。

（3）如实在找不到，应分清责任，如酒店负有责任，酒店应酌情赔偿。

在处理住客行李服务中常见的问题时，应注意结合酒店自身为保证客人行李安全制定的相关制度，以确保酒店的利益不受损害。

四、在店代办礼宾服务

（一）礼宾部代办人员要求

国际金钥匙协会组织对以"金钥匙"为代表的代办人员的最基本的要求就是忠诚。它包括对客人忠诚、酒店忠诚、社会和法律忠诚。具有敬业、乐业精神，能够遵循"客人至上，服务第一"的宗旨为客人服务。具有热心的品质和丰富的专业知识，通晓多种语言，热心与人交往，亲切热情、想方设法帮助客人。熟悉酒店业务和旅游业有关知识与信息，可担当起"活地图"的角色。能够以酒店为依托，善于广交朋友，能够建立广泛的社会关系与协作网络。

（二）礼宾部委托代办书

礼宾部委托代办书的样式（见表 8 - 6）及填写要求如下：

表 8 - 6　礼宾部委托代办书

房号　　　　　　　　　　　客人姓名
Room No. : _____　Guest Name : _____
代办服务
Service：
☐ _____
☐ _____
☐ _____
☐ _____
备注
Remarks：_____
宾客须知
Notes：
1. 如需到本店以外办理委托之业务，完成与否，均需收取交通费用。
If You Need To Shop Outside Handle Trust Business, Complete Or Not, Are Required To Collect Traffic Cost.
2. 本酒店不负责在委托代办所提供之服务中出现的任何遗失或损坏。
The Hotel Is Not Responsible For Any Loss Or Damage Caused By The Concierge Services.
3. 本人已明了及接受以上各项委托条件。
I Have Understood And Will Accept All Commission Terms Above.
宾客签名日期
Signature：_____　　Date：_____
经办人
Handle By：_____
已按如上委托条件完成
According All Commission Terms Above Have Been Completed.
宾客签名　　　　　　　　　日期
Signature：_____　　Date：_____
经办人
Handle By：_____

（三）在店代办礼宾服务

1. 举牌寻人

（1）当访客来到酒店欲找某一位住店客人，而当恰好这位客人不在房间，并向礼宾值班员反映时，值班员应先问清住客的姓名，与总台核对住客相关信息。

（2）在前厅等公共区域举着写有这位客人姓名的"寻人牌"呼唤寻找客人。可边举牌行走，边敲击牌上安置的铜铃或其他发声装置，以便发现或提醒客人。

（3）在店内寻找非住店客人，或在其他营业场所、娱乐区域寻人时，还可通过电话与各营业点值班服务员联系查找。

2. 替客泊车

泊车服务是酒店设专职车辆管理员，负责客人车辆的停放服务。泊车管理员应注意车内有无遗留的贵重物品及其他物品，车辆有无损坏之处，并将停车地点、车位号、车牌号、车型等内容填入工作记录。泊车服务对管理员素质要求较高，除应受过严格的专业训练并具有优秀的驾车技术和很强的安全意识以外，更应具有高度的责任心。

（1）递交寄存牌。客人驾车到店时，泊车管理员将车辆钥匙寄存牌（Car Valet Parking Coupon）交给客人，并礼貌提醒客人保管好随身携带的物品，将客人车辆开往停车场。

（2）交还驾车。客人离店需用车时，出示车辆寄存牌，泊车管理员迅速将客人车辆开到酒店大门口，交给客人驾车；礼貌告别客人。

3. 预订车辆

（1）通知机场代表。根据预订处提供的有关通知及预抵店客人名单、国籍等信息，行李员应提前通知机场酒店代表和车队。

（2）记录要求。行李员应耐心、细致地将客人的订车要求准确记录，替客人联系预订店内车辆或店外的出租车。出租车可以是酒店本身拥有的，也可以是出租车公司在酒店设点服务的，或是用电话从店外出租公司叫车；根据客人的要求也可提前预订包车。

（3）讲明情况。当被叫的出租车到达酒店门口时，行李员应向司机讲清客人的姓名、目的地和客人的要求；也可填写一张向导卡给客人，卡上用中文写明客人要去的目的地及酒店的名称、地址等。必要时，前厅接待服务人员应充当客人的翻译。

（4）礼貌告别。按行业标准和酒店规定指挥车辆，并提前明示行驶路线或停靠位置，态度友好、和善地与客人告别。

4. 自行车出租

客人提出租用自行车，值班员将预订要求记录在值班日志上并予以安排；非住店客人要求租用自行车，应视本酒店的具体管理规定是否允许及车辆是否够用而定。自行车除本市（县）统一牌号以外，还应有本酒店的编号；每天各值班员应按制度清点数量和检查完好程度，并做检查记录。

（1）询问情况。客人提出租用自行车，值班员填写自行车租用单，并问清客人房号、姓名、国籍、抵/离店时间，向客人说明租金标准及结账方式。

（2）挑选车型。引领客人到自行车停放处，请客人挑选车型并验车；向客人说明自行车的使用规定，尤其对境外客人要说明在分阶段车道骑行、存车收费等规定。

（3）还车结账。客人退还自行车时，记录归还时间，核对车型、车号，并检查车辆是否完好无损，如有损坏，视损坏程度按管理办法请客人赔付；将客人租用车费记入账单，请客人签字后，并及时按规定将账单转入总台收银处。

5. 衣物寄存

酒店有宴会、舞会、文艺演出及大型会议等较大规模的活动时，一般是由礼宾部安排人员承担客人衣物寄存服务。闲杂、无关人员不得进入存衣处。

（1）提前准备。礼宾部接到提供衣物寄存服务的通知后，提前将存衣处（衣帽间）内的挂衣架、存包架、存衣牌等物品准备充足。

（2）说明提醒。客人存衣物时，服务人员要主动向客人说明贵重物品等谢绝寄存。将存衣牌取下交给客人，并提醒客人妥善保管存衣牌；将衣物上架按顺序放好。客人凭存衣牌取衣物时，首先核准号码，然后将衣物交给客人，并请客人当面确认衣物是否完好无缺后礼貌告别。

6. 托婴服务

（1）客人需要提供托婴服务时，请客人提前 3 小时与房务中心联系，并由房务中心请客人填写一张《托婴服务申请表》。

（2）详细核对客人所填表格，了解有关婴儿的生活习惯，是否有特殊要求并特别注意客人在表格中填写的有关吩咐。

（3）礼宾部经理或大堂副理根据婴儿的性别、年龄情况安排适合人员提供看护服务。

（4）看护人员要按时抵达看护地点，并留意客人的有关吩咐，处理交接事宜。

（5）服务中看护人员务必小心谨慎，不能离开小孩，不能随意给小孩吃东西，不让小孩接近容易碰伤的东西，不能把小孩带离指定的地点。

（6）客人外出时，请留下联系电话，以便出现特殊情况进行联系。

（7）将婴儿安全地交还给客人后，请客人签单确认并付费。

（8）完成托婴服务后，及时通知房务中心并由房务中心处理有关费用问题。

7. 护照签证服务

（1）事先了解。事先向当地公安局了解护照办理的有关政策、所需时间及程序等，认真负责地向客人提供有关信息和具体服务。

（2）迎客验收。主动迎接客人，介绍服务项目与服务标准；收齐办理护照签证的有效证件，并向客人介绍服务费的收费标准。再次检查各有关证件，确定有效、齐全之后，让客人填好相关表格及委托书等；按规定收取服务费，将各证件材料装入护照签证专用袋（填上姓名、日期、编号等）。

（3）通知领取。等护照签证办妥之后，及时通知客人来领取，并退还有关证件，请客人填好收取确认书；按规定办理结账手续，做好记录备案工作。若是VIP，在护照签证办妥之后，应派专人送去，并请客人填好收取确认单。

8. 客人借用雨伞

（1）请客人交付押金，待客人将伞退还时，将押金还给客人。

（2）在雨伞出租本上注明客人的姓名、房号、借伞时间、经办人姓名；出借时须向客人申明借用期限，超过期限将按丢失处理。

（3）如果客人将雨伞丢失或超期未还，应将押金交总台收银处，作为客人的赔偿金，并通知客人，同时，做好记录。

9. 电梯服务

现代酒店大多使用自动电梯，不需要有人看管和服务。但酒店为了对某些重要客人显示礼宾的规格或为尽快疏散客人，酒店行李服务处派行李员专门为客人操纵电梯或在电梯口处照顾引导客人。

五、客人离店礼宾服务

（一）送客业务要求

客人离店时，对门厅应接员（门童）的业务要求主要有：微笑服务，使用敬语向每一位离店客人致以问候，指挥并疏导酒店门前车辆，维护门前秩序；了解VIP姓名、离店时间、接待规格及特殊要求；为出店客人准备车辆，为上下车客人开关车门，为客人出店提供拉门服务；协助行李员装卸行李，帮助维护门厅环境卫生；替客人指示方向，回答客人的问询；注意门厅出入人员动向，协助保安部做好安全保卫工作。

（二）送客态度要求

在客人离店服务过程中，客人出现不礼貌行为的情况不多。即便极少数客人因各种各样的原因对前厅服务人员做出了某些不文明的行为，前厅服务人员也首先要保持忍耐和克制。

（三）送别散客

1. 门童致意

散客离开，门童要主动点头致意、微笑。如果客人暂时外出，可以说"一会儿见"；如果客人已结账欲离去，则向客人致祝愿语，欢迎客人再次光临。

2. 调好车辆

（1）若散客要乘车离店而又对酒店周围环境不熟悉时，门童应热情、耐心地问清客人所去目的地，然后告诉司机，填写"服务指南卡"，记下车号、日期、时间及目的地，然后将卡交给客人留存；特别是当人多的时候，要调好车辆，按先后顺序排列，让客人有序地离开；在车辆和客人发生冲突时，首先要考虑把客人调开。

（2）在用车高峰期或下雨天时，应主动为客人调度、联系出租车，并协助保安人员及时疏导车辆。

3. 开门护顶

（其服务方式和标准与送别 VIP 相同）

（四）送别团队

1. 门童致意

（1）协助行李员再次清点行李件数后再装进汽车。

（2）客人上车时，站在车门一侧，要一直把住车门，一边点头致意，一边注意客人上车过程，要主动协助行动不便者上车。

2. 目送告别

（1）如果是自动门，在客人全部上车后松手即可。

（2）车门关好后，站到车的斜前方 1～1.5 米处，向客人挥手道别，目送客人离店。

3. 注意事项

（1）团队中如有儿童，应礼貌、委婉地提醒家长陪同，特别是进出旋转门、自动门或穿行于车场时务必注意安全。

（2）团队人员多、杂时，为保证客人财产安全，要区分非团队的其他人员，密切注意和清除酒店门口附近的闲杂、可疑人员。

（五）送别徒步离店客人与"过往客人"

除住店客人外，临时参观酒店、参加宴会或会议的客人均可视为"过往客人"；对"过往客人"也要同样提供微笑、热情、细致和周到的服务。

1. 主动致意

（1）送别徒步离店客人，应主动招呼致意，并注意礼节礼貌规范，做到态度友善、情感真诚。

（2）当人数或行李较多时，门童应主动帮助行李员搬运行李。

2. 疏散车辆

（1）宴会或会议结束后，客人离店时间比较集中，大厅内外一时会比较拥挤，门卫要迅速而有序地引出客人的车辆，让客人和车辆迅速疏散。

（2）在不同告别情形下，应注重告别礼节形式的正确使用，如对自己施以鞠躬礼的客人必须还以鞠躬礼，一般客人的告别只需使用注目礼和点头礼，并同时使用文明告别语即可。

（六）送别客人时的其他服务

此项服务是酒店整体对客服务的延伸和扩展，越来越多的酒店都非常重视，并努力使之更具专业；为客人提供送别时的其他服务，同时，需要相关服务人员熟悉酒店业务和旅游方面的知识与信息，还需具备"敬业是本分，奉献是美德"的心态。

1. 保持大厅内外环境清洁

（1）发现有杂物应立即通知保洁员，发现纸屑、烟蒂、果皮等，马上捡起投进垃圾桶内。

（2）发现有在禁烟处吸烟，或在大厅乱丢乱扔垃圾等不文明行为的客人，应主动上前委婉、礼貌地加以规劝。

2. 维护大厅及其周围秩序

（1）门童、保安人员及时疏导车辆，维护大门周围良好秩序，保持门口、车道的安全、畅通。

（2）在用车高峰或雨、雪天的时候，主动为客人联系、调度出租车。

（3）记下出租车车号、日期、时间和目的地，然后将卡片交给客人留存。

3. 注重送别服务的礼貌细节

（1）对不熟悉酒店周围及酒店所在地环境的客人，热情耐心地问清客人所去的目的地，填写服务指南卡，然后交给司机，向其做些必要的嘱咐，并对司机表示感谢。

（2）礼貌地回答客人的询问，对不能确定的问题，可以请客人到问讯处询问，或代客人询问后再告诉客人。

（七）特殊问题处理

1. 客人请服务员外出（去玩或者看戏）

（1）当客人请你外出时应借故婉言谢绝，如"实在对不起，今晚还要参加学习"、"真抱歉，今天我还有别的事情要办"，等等。

（2）总之，根据实际情况，灵活运用语言艺术，婉言谢绝客人。

2. 客人要求和服务员合影留念

（1）首先表示谢意，然后尽量婉言谢绝。

（2）若客人确实出于诚意，难以推辞时，也应多找几位同事一起合影，不要单独和客人拍照，以免造成日后的误会。

3. 客人向服务员赠送礼品或小费

（1）服务员首先要婉言谢绝，语言要有礼貌，对客人的心意要表示感谢。

（2）如果客人坚持一定要送，实属盛情难却，为了避免失礼，引起客人的误会或不快，服务员应暂时收下，并表示谢意，事后交领导处理，并说明情况。

4. 客人提出批评意见时

（1）如果客人批评的是自己，服务员应虚心听取，诚意接受，对自己的不足之处表示歉意，并马上改正；如果客人是一时误解提出意见，则要在适当的时机做耐心细致的解释，争取客人的理解，切不可在客人未讲完之前急于辩解。

（2）如果客人批评的是他人或其他部门，服务员同样要虚心接受，在客人的眼里，酒店的每一位员工都代表着酒店，切不可事不关己高高挂起，对客人的批评漠不关心或推卸责任。

5. 外国客人想在本地游览，但人生地不熟

（1）向外国客人提供一张本地的旅游图，根据客人的兴趣，介绍有代表性的名胜和反映市民生活习俗、风貌的场所。

（2）询问客人的游览时间，据此向客人提出建议。根据客人的需要，组织路线，联系导游人员和交通工具。

6. 客人离店时，带走房间物品

个别客人在临走时出于贪小便宜，或是为了留个纪念等心理，顺手拿走酒店的茶杯、毛巾等用品的事情常有发生。直接向客人索要是不合适的，会令客人下不了台，且破坏彼此间已建立起来的和谐关系。解决的办法较多，值得做多方面的思考。

（八）行李离店服务

1. 离店行李服务要求

门厅送别服务除了礼宾员送别客人服务以外，还有行李员提供行李服务等项目。客人离店时，往往会打电话通知行李员帮助提拿或运送行李，因此，行李员要保养好运输搬卸工具，使之随时处于良好状态，听从领班的工作安排。按照行李服务工作程序，为散客及团队客人的离店提供最佳的服务。根据散客、团队客人的不同特点，有针对性地做好行李服务，并协助维持大厅的秩序。回答客人提出的有关询问，尽量满足客人要求。行李装车后，应礼貌地向客人道别。

2. 离店行李服务标准

（1）接到客人离店需提供行李服务的通知后，根据行李数量、客人要求等情况确定行李车的数量和大小，然后快速推车前往离店客人房间。

（2）在进入楼层后，应将行李车停放在客房门一侧，按进门操作要求轻敲门（或按门铃），报出"行李服务"（Bell Service）。

（3）客人开门后主动向客人问好，固定门后，询问客人运送行李的要求。

（4）检查客人行李是否完好，然后将行李平衡摆放在行李车上，待客人确认行李件数后方可推车离开客房；如客人行李有破损，应当场指明、告知客人。

（5）在推车离店，途径电梯、楼道、台阶等场所时，注意不要碰坏客人行李和酒店设施及用品。

（6）如果到达客人房间而客人不在房内，应迅速与总台和客房楼层值班台取得联系，并保证按时取拿行李。

第九章 前厅服务质量与控制

　　酒店市场的竞争归根结底是服务质量的竞争。服务质量是酒店市场竞争的基础。任何一个酒店要生存和发展，就必须在市场竞争中取得胜利；要取得市场竞争的胜利，就必须提供高质量的酒店产品，要提供高质量的酒店产品，就必须完成许多与质量有关的工作。如给来过 10 次以上的客人，在睡衣上绣上客人的名字，以备专用；在客房的信封、信纸上面烫金，印上客人的名字；为带小孩的家庭提供婴幼儿看护服务；设立非吸烟楼层；为客人提供不同软硬的枕头；根据客人对室温的要求调节空调的温度等，这些做法都是酒店细致入微服务的具体表现。

　　上述这些工作都属于质量控制的范畴。控制是管理的具体体现，也是管理的有效延伸，前厅服务质量与控制是酒店前厅管理的核心内容之一。

一、前厅服务质量控制的内涵

（一）前厅服务质量内涵

1. 服务质量内涵

　　国际标准化组织 ISO 9000 系列标准认为，质量是能够满足阐明的或隐含的需求的产品或服务特性与特点的总和。服务质量是指酒店为客人提供的服务适合和满足需要的程序。服务质量表现为客人对酒店的服务活动和服务结果的满足程度。酒店的服务能否满足客人，既取决于服务活动的最终结果，也取决于服务活动的全部过程以及每一个环节。对于酒店来讲，服务质量的好坏主要是来自两方面的因素，一方面是物的因素，即酒店的"硬件"因素，包括酒店的外形建筑、设备设施、房间布局、室内装修、家具用具的设置等；另一方面是人的因素，即酒店的"软件"设施，包括酒店员工的工作作风、工作态度、服务技能、文化修养等，这两方面也是保证服务质量的关键因素。服务质量的真正内涵不仅是客人需求满足的综合反映，也是酒店"软件"和"硬件"完美结合的具体体现。

　　全面质量管理是 20 世纪 60 年代初，首先由美国质量管理专家费根堡姆和朱兰等提出来的，是企业为了保证和提高产品质量，综合运用于产品的研究、设计、制造和售后服务等的一套质量管理体系。质量管理需要在建立一个有效的组织或体系的基础上进行，组织的全体人员都要执行相应的质量职能，承担相应的质量责任，并以树立市场为动力的质量管理观，即以满足顾客需要为目标。而我们酒店行业服务产品具有边制作边服务的特点，有缺陷的服务一旦实施就无法回收。质量管理强调事先对生产或服务过程中质量问题的多发点进行预测和控制，以达到"第一次就把事情做对"的效果，从而提高了效率，降低了成本，提高了顾客的满意度。

2. 前厅服务质量内涵

前厅服务质量是指酒店前厅以其所拥有的设施设备为依托，为客人提供的服务在使用价值上适合和满足客人物质和精神需要的程度。所谓适合，是指前厅为客人提供服务的使用价值能为客人所接受和喜爱；所谓满足，是指该使用价值能为客人带来身心愉悦和享受，使得客人感觉到自己的愿望和企盼得到了实现。因此，前厅服务质量的管理实际上是对前厅提供服务的使用价值的管理。前厅所提供服务的使用价值适合和满足客人需要的程度高低即体现了前厅服务质量的优劣。前厅向客人提供的服务通常由前厅的设施设备、劳务服务的使用价值共同组成。从整体来说，前厅所提供的服务带有无形性的特点，但从局部具体服务的使用价值上带有物质性和有形性的特点。因此，前厅服务实际上包括有形产品质量和无形劳务质量两个方面。国际标准化组织 ISO 9000 系列标准规范是企业的质量管理体系，对服务及质量的描述，也反映了前厅服务产品有形与无形的联系。

(二) 服务质量的特性

1. 功能性

酒店的功能就是为客人提供生活、工作或社会交际等最基本的条件，它包括酒店建筑、设备、设施、环境及各种服务项目。功能性是服务质量最起码、最基本的物性，没有基本的服务功能也就不称其为酒店了。

2. 经济性

经济性是指客人入住酒店之后，其费用开支与所得到的服务是否相等，价与值是否相符。酒店服务的价值标准是用尽可能低的支出，为客人提供高质量的服务。

3. 安全性

安全是客人关注的首要问题。酒店的服务员在为客人服务的过程中，必须充分保证客人的生命和财产不受威胁、危害和损失，身体和精神不受到伤害；酒店的机器设备完好运行，食品和环境干净卫生，这些都是服务质量中安全性的重要方面。

4. 时间性

时间性对于服务工作至关重要。当今社会，时间就是金钱。酒店的服务能否在时间上满足客人的要求，是服务质量优劣的表现。时间性这一特点强调为客人服务要做到及时、准时和省时。

5. 舒适性

客人住进酒店，酒店的各种设施要适应客人的生活要求和习惯。它包括适用、舒服、方便、整洁、美观和有序。

6. 文明性

文明性属于精神需求。在酒店，客人一般都希望能获得自由、亲切、尊重、友好、理解的气氛和良好的人际关系，享受精神文明的温馨。文明性是服务质量特性中的一个极为重要的方面，它充分体现服务工作的特色。

（三）前厅服务质量的内容和标准

综上所述，前厅服务是有形产品和无形劳务的有机结合，前厅服务质量则是有形产品质量和无形劳务质量的完美统一，有形产品质量是无形劳务质量的凭借和依托，无形劳务质量是有形产品质量的完善和延伸，两者相辅相成。

1. 有形产品质量

有形产品质量是指前厅提供的设施设备和实物产品以及服务环境的质量，主要满足客人物质上的需求。

（1）前厅服务设施设备的质量。服务设备是指酒店用来接待服务的设备设施。它直接反映酒店服务质量的物质技术水平。一般包括房屋建筑、机器设备、交通工具、冷暖空调、电器设备、卫生设备、通信设备、各类家具和室内装饰等。前厅是凭借其设施设备为客人提供服务的，所以，前厅的设施设备是前厅赖以运行的基础，也是前厅劳务服务的依托，反映出一家酒店的接待能力，同时，前厅设施设备质量也是服务质量的基础和重要组成部分，是前厅服务质量高低的决定性因素之一。

前厅设施设备包括客用设施设备和供应用设施设备。客用设施设备也称前台设施设备，是指直接提供给客人使用的那些设施设备，如大堂电梯、计算机设备、商务办公桌椅、沙发、茶几、干手器、擦鞋机等，要求做到设置科学，结构合理；配套齐全，舒适美观；操作简单，使用安全；完好无损，性能良好。供应用设施设备也称后台设施设备，是指酒店及前厅经营管理所需的不直接和客人见面的生产性设施设备，如锅炉设备、制冷供暖设备、电话总机设备、客房状况显示架、钥匙邮件架等，要求做到安全运行，保证供应。前厅只有保证设施设备的质量，讲究设施设备的配置，注重设施设备的维护与保养，才能为客人提供多方面的感觉舒适的服务，进而提高前厅及整个酒店的声誉和服务质量。

（2）服务环境质量。前厅服务环境质量是指前厅的服务气氛给客人带来的美感和心理上的满足感。它主要包括三个方面：独具特色、符合酒店等级的装饰风格；布局合理且便于使用的服务设施和服务场所；洁净无尘，温度、湿度适宜的大堂环境。通常，对前厅服务环境质量总体要求是：整洁、美观、安全、舒适、有秩序、效率高。在此基础上，还应充分体现出一种带有鲜明个性色彩的文化品位。

2. 无形产品质量

无形产品质量是指前厅提供的劳务服务的使用价值，即劳务服务质量。劳务服务的使用价值使用以后，其劳务形态便消失了，仅给客人留下了不同的心理感受和满足程度。劳务服务质量也是前厅服务质量的主要内容之一，它主要包括以下内容：

（1）服务态度。服务态度是指酒店前厅服务员在对客接待与服务中所体现出来的主观意向、心理状态和情绪反应。其好坏程度是由前厅服务员的责任感和综合素质决定的，并与服务员的主动性、积极性、创造性密切相关。微笑、主动、细致、快捷、讲礼貌、懂礼节构成前厅服务产品的主要内容，也是前厅服务员服务态度的一种外显形式和内在内容。它是全心全意为宾客服务的思想在语言、表情、行为等方面的具体表现。前厅服务员直接面对客人进行接待和服务的特点，使得服务态度在前厅服务质量管理中备受重视，它直接关系着客人满意度，是前厅提供优质服务的基本点，是前厅无形产品质量的关键所在，优质的服务是从优良的服务态度开始的，直接影响前厅乃至整个酒店的服务质量。优良的服务态度主要表现在以下几点：①主动热情；②尽职尽责；③耐心周到；④文明礼貌。

（2）服务技能与服务效率。前厅服务技能是指前厅服务人员在不同时间、不同状态对不同客人提供服务时，能适应具体情况且灵活恰当地运用其操作方法和作业技能以取得最佳的服务效果，从而所显现出来的技巧和能力。前厅服务技能的高低取决于前厅服务人员的专业知识和操作技术，要求其掌握丰富的专业知识，具备娴熟的操作技术，并能够根据具体情况灵活多变地运用，从而达到具有艺术性、给客人以美感的服务效果。

前厅服务效率是指前厅员工在其服务过程中对时间概念和工作节奏的把握。它应根据客人的实际需要灵活掌握，要求员工在客人最需要某项服务的前夕提供。因此，服务效率不仅指快速，而且强调适时服务。作为客人信息和接待服务信息集散地的酒店前厅，服务员的时间观念可以反映出整个前台接待系统中各部门、各岗位及各班次在协调合作上的一致性特点。在时间一致性方面，出现不协调的现象是在前厅服务过程中不允许的，它将使客人期待的相关服务得不到实现，很容易引起客人的不安定感，进而影响到客人对酒店及前厅的印象和对服务质量的评价。

（3）服务项目。酒店是一个向宾客提供食、宿、行、游、购、娱的综合性服务行业，这就决定了它的服务项目不能单一化，而应多样化。提供服务项目的多少是酒店的等级、规模、经营能力的体现。现代酒店的服务项目大体可以分为两类：一类是在服务过程中有明确、具体的规定，围绕主体业务所设立的服务项目，称之为基本服务项目，如住宿、用餐、购物、娱乐等；凡是由客人提出但并不是每个客人都有需求的服务项目，称之为附加服务项目。在某种程序上，具有个性化的附加服务项目比基本服务项目更能吸引宾客，给顾客留下深刻的印象。

（4）服务方式。服务方式是指酒店在热情、周到地为客人服务时所采用的形式和方法。其核心是如何给客人提供各种方便。服务的方式有许多，如微笑服务、个性化服务、细微化服务、定制化服务、无差距、零缺陷服务、情感化服务、无"NO"服务、超值服务，等等。每个酒店的设施设备不同、员工素质的差异、星级高低不等、接待对象不一样，所选择的服务方式是有差别的，但一些共性的服务则是每家酒店都应提供的，如微笑服务、礼貌服务等。

（5）服务程序。服务程序是构成酒店服务质量的重要内容之一。实践证明，娴熟的服务技能，加上科学的操作程序，是优质服务的基本保证。酒店的服务程序是根据客人的要求和习惯，经过科学地归纳，编制出来的规范化作业顺序。按程序工作就能保证服务质量；而随心所欲，不按照规程办事就会给工作造成被动局面，影响工作效率，招致客人投诉。

（6）专业化的员工。人们常常忽略服务质量的重要内容。没有专业化的前厅员工，其他服务设备、服务项目都谈不上完好，服务技能也不可能娴熟。因此，专业化的员工是服务质量的根本保证。

前厅服务质量内涵的构成除上述内容外，还包括前厅的安全氛围、员工的劳动纪律、服务的主动性、操作的规范化和程序化等内容，同样应为前厅管理者所关注。

（四）前厅服务质量的特点

前厅服务所呈现出的人与人、面对面、随时随地提供服务的特点以及前厅服务质量特殊的构成内容使其质量内涵与酒店其他部门和岗位有着较大的差异。为了更好地对前厅服务质量进行控制，管理者必须正确认识和掌握前厅服务质量的特点。

1. 构成的关联性和综合性

前厅服务质量的构成内容既包括有形的设施设备和服务环境质量，又包括无形的劳务服务质量等多种因素，且每一个因素又有许多具体内容和行为构成而贯穿于前厅服务的全过程。只要有一个环节出现质量问题，就会破坏客人对前厅乃至酒店的整体印象。所以，无论是诸如电脑显示器、打印机、钥匙、信函架，大厅光线、色彩、温度、湿度等有形产品，还是职业道德、礼节礼貌、客房预订、行李服务、问询留言、总机服务、商务接待等无形劳务服务，都要求前厅部服务人员利用安全有效的设施设备、洁净宜人的环境，以及友好礼貌的语言、热情周到的态度、连贯娴熟的技能、方便客人的手段，确保每项服务优质、高效，使客人获得物质上的满足和精神上的愉悦。

2. 评价的依赖性和主观性

前厅服务质量是在有形产品的基础上通过员工的劳务服务创造并表现出来的。而员工的表现又很容易受到多方面因素的影响，如员工个人的情绪和能力、设施设备的好坏和效能、客人的修养和素质、员工与客人之间的情感和关系等，具有很大的不稳定性。所以，通过员工的劳务服务创造并表现出来的前厅服务质量对诸多方面有较强的依赖性。尽管前厅自身的服务质量水平基本上是客观存在的，但由于前厅服务质量的评价是由客人在享受服务后根据其物质和心理满足程度进行的，因而带有很强的个人主观性。前厅管理者无法也无理由要求客人对前厅服务质量做出与酒店的标准相一致的评价，更不能指责客人对前厅服务质量的评价存在偏见。这就要求前厅员工在服务的过程中提供细致入微的观察和准确适时的判断，了解并掌握客人的物质和心理需要，注重每项服务细节要到位，提供有针对性的个性化服务，重视每次服务的效果。前厅管理者应积极采取妥当的措施，将出现的服务质量问题的后果对客人的影响降到最小，通过对下属和客人的真诚服务，避免矛盾扩大化，建立良好和谐的关系。

二、前厅服务质量控制的内容

(一) 前厅服务质量控制的原则

1. 员工第一，客人至上

客人是服务质量的裁判，而员工是服务质量的提供者和保证者，是前厅管理中最重要的因素。前厅服务设施设备和服务环境的安全、方便、洁净、舒适、高雅，以及服务人员的精神面貌、礼节礼貌、服务举止、服务感情、服务态度、服务效率、服务效果等氛围都是由员工表现出来的，并再传递或服务给客人的。上述服务产品的种种表现形式均需要前厅员工处于精神最饱满、心情最舒畅的状态下才能生产出一种让客人最为满意的优质服务产品。

2. 教育为先，预防为主

根据前厅不同岗位要求和前厅服务质量标准，按照酒店的人力资源管理计划，有步骤、主动、合理灵活地向员工灌输正确的政治思想、职业道德及酒店的各种理念和意识。教育员工热爱本职工作，保持和发扬良好的工作态度，破除各种旧观念，正确认识旅游业和酒店业，明确自己工作的目的和意义，明确前厅部工作的重要性，遵守劳动纪律，自洁自律，廉洁奉公，坚持集体主义。教育员工要有严格的组织纪律观念、团结协作的精神以及诚恳待客、知错就改、一视同仁等职业行为。同时，传授有关前厅工作、服务、管理的知识，训练员工适应前厅服务要求的各种技能，并积极开展旨在增强员工相应的管理能力的活动，以便较好地控制前厅服务质量，降低前厅损耗和劳动力成本，为员工提供发展机会。

由于前厅部业务具有全天候不间断服务、接待服务范围广、原则性和灵活性要求高等特点，加上前厅服务产品生产与消费具有同步性，这就要求前厅服务产品100%的一次成功率，也同时决定了前厅服务产品质量控制必须以预防为主。在前厅部质量控制中，所有员工都要全力以赴，把服务质量放在最重要的位置，同时认真对待每一项工作的每一个细节，并充分考虑可能遇到的各种困难，时刻准备应对每一种突发情况，做到事先预防，而不是事后补救。

（二）前厅服务质量控制的方法

1. 强化意识，明确标准

（1）树立质量时空意识。前厅是客人信息和接待服务信息集散地，服务人员的时间意识反映着前台接待系统中各部门、各岗位及各班次在协调合作上的一致性特点。在时间一致性方面，出现不协调的现象是在前厅服务中不允许的，否则将使客人期待的相关服务不能实现。例如，礼宾部在安排行李员运送已离店团队行李时记错了时间，延误了运送行李，结果将会非常严重，且无法弥补。空间的特点反映在前台接待服务过程中的空间观念突出表现为"服务链效应"，即各部门、各岗位及各项具体工作环节之间的关联性和协调性。例如，如果总台接待员将次日离店团队提前用早餐的安排疏漏了，其后果的严重性可想而知。

（2）坚持全面质量控制意识。要对前厅服务质量进行有效控制，保证和提高服务质量，就必须组织前厅全体员工共同参与，综合运用现代管理科学，建立一个能够控制影响服务质量的全过程和各种因素，全面满足客人需求的系统。从这种系统观念出发，有效地控制前厅服务质量，主要包含以下四个方面的意识：一是对前厅所有服务质量进行控制，即全方位的控制，而不是只关注局部的控制；二是对服务前的组织准备、服务中的对客服务、服务后的善后处理的服务过程进行全程控制；三是全体员工都参加质量管理与控制工作，并把每一位员工的工作有机地结合起来；四是管理者能够针对具体情况，灵活运用各种现代管理与控制方法。

（3）明确服务质量标准。树立了明确的质量意识，还需要让员工了解并掌握明确的质量标准，在广泛征求客人和一线员工意见的基础上进行的：按照信息搜集—需求预测—标准拟定—标准试行—信息反馈—标准确定的步骤，逐步制定针对性强、实施性高的服务质量标准。再通过结合对员工进行职业道德、业务技能的教育、培训和激励，使全体员工充分了解并掌握这一标准，严格按照标准中规定的劳动力调配、服务程序、设施设备维护保养、细节事项、服务态度等，利用规定的设施设备在标准服务时限内准确无误地加以落实，从而实现优质的对客服务。

2. 规范操作，完善制度

在前厅接待服务中，规范化、制度化的完善主要包括问询、接待、收银等岗位工种在接待服务过程中每一项具体的操作步骤、要求、操作质量原始记录、反馈意见、分析总结和修订实施等内容。将服务人员重复性操作行为予以规范，并进一步制度化，是前厅服务质量过程控制的关键。把规范化的服务标准上升为制度化，从很大程度上能够消除服务人员因个人主观臆断而造成的操作随意性，从而确保服务质量，也有利于服务人员在今后的工作实践中不断地进行自我完善和提高，更使得管理者有了检查和监控前厅服务质量的依据，以便促进酒店前厅服务工作达到规范化、程序化、标准化和制度化的要求。

3. 细分过程，严格控制

前厅服务过程中每一次"客我双方活动"，由于时间、环境、对象、心理、标准等多方面因素的影响，其服务的质量和结果是不尽相同的。所以，服务人员应从每一次服务的"准备斗开始斗进行斗结束"的固定模式中解放出来，不断创造新的、更好的服务，从而减少中间环节，缩短过程时间，更加耐心细致地为客人提供诸如反复查询、解决疑难问题、委托代办、联系协调等超常服务，以满足客人各种合理的消费需求，达到既定的服务标准，实现既定的服务质量目标。

4. 分析信息，科学评价

服务质量信息是酒店进行服务质量决策的基础和前提，是计划、组织服务质量活动的依据，更是质量控制的有效工具。对前厅服务质量评定，是在收集客人反馈信息的基础上，对前厅服务规范化、程序化、标准化和制度化执行状况做出的整体评价。从事酒店工作的人员不管是管理者还是员工，所做的事、所说的话都围绕着"方便、舒适、安全、友谊、好客、相助"12个字来展开，一个问题出来了，该如何解决，也是围绕着这12个字展开，因此，这12个字对酒店服务质量起着十分重要的作用。

方便——指酒店有形设施的实用价值及完整的服务项目，使客人感到酒店是他的家外之家。

舒适——指酒店有形设施的质量使客人感到下榻该酒店是一种享受。

安全——指酒店产品的安全性能，使客人感到轻松、愉快。

友谊——指酒店服务员的热情、友好、周到的服务。

好客——指酒店服务员的礼节礼貌、仪表仪容、礼仪举止等。

相助——指酒店服务员提供的高效率服务，视客人的需要为自己的工作目标。

评价服务质量的主要方法是检查，主要包括以下三个方面的内容：

（1）客人评价。"微笑、主动、细致、快捷、协调"等构成了前厅服务产品的主要内容，它们除了应该满足客人在店期间各种明确需求以外，同时还要满足客人在各种情况下隐含的潜在需求。前厅服务员利用设施设备、环境及自身行为向客人提供令其满意的产品，使客人在享受每一次服务后感到心理满足。前厅服务质量控制就是紧紧地围绕使客人满意这一中心所进行的一系列有效活动，因而，前厅质量评定必须以客人对服务的满意度为主要标准。

（2）外部质量检查机构评价。对酒店行业管理主管部门及质量认证机构所做出的重要的专业评价，特别是酒店星级评定和星级复查所进行的评价内容，管理者应对照检查结果，及时找出存在的质量问题，更应分析其产生的原因，进而提出有针对性的改进措施，以此不断提高前厅服务质量。

（3）内部质量检查机构评价。为了测试客人对服务效率和服务效果的满意程度，为了实现总台服务工作要达到的几个指标：①客房出租率；②双倍开房率；③客人回头率；④客房收入年递增率。前厅管理者要制定严格的服务质量及其服务效果鉴定检查单，以便确保客人的全面满意及实现总台服务的工作目标；酒店服务质量管理机构还可以在组织随机抽样调查、直接征求客人意见、定期分析统计等质量管理活动中，对前厅部服务质量做出重要的职能评价。

三、酒店服务质量管理的核查

在酒店实践中，核查整改是酒店服务质量内部控制和评价的有效保障。核查的方式多种多样，大体上可以归纳为：酒店统一检查；部门自查；外请专家进行技术诊断；每个管理者的每次有意或无意的"走动"。以下从酒店服务质量管理机构统一核查的角度介绍前厅内部质检的几个关键问题。

（一）前厅部主要服务项目的质量控制过程

1. 阶段控制

前厅内部主要服务项目包括电话总机服务、预订服务、大厅礼宾服务、入住接待、商务中心服务和前厅收银服务等。内部质量审核机构对这些项目的质量控制，主要从每一次服务过程的事前、事中、事后三个阶段进行。

（1）事前阶段。根据前厅服务质量管理标准，贯彻"教育为先，预防为主"的方针，做好有形产品和无形劳务两大方面的充分准备，以确保在客人到来之前准备充分。

（2）事中阶段。根据酒店服务质量管理体系的要求，通过各级管理者的现场巡视管理和每一位前厅一线服务员严格执行服务规程，确保客人满意程度的提高。

（3）事后阶段。根据酒店服务信息，即服务质量管理的结果，对照酒店服务质量标准，找出前厅服务质量差异及其产生的原因，及时、主动地与客人沟通，提出有效的改进措施，避免过错的再次出现，确保前厅服务质量的良性循环。

2. 内容控制

每一个阶段的服务质量，均可以从服务的设施设备与用品、服务程序与标准、服务态度与能力及服务效果与控制目标四个方面来进行控制：

（1）设施设备与用品。电脑、电话交换机、钥匙及信件架、客房钥匙、保险箱、信用卡刷卡机等所有前厅设备先进完好，无故障；保证充足的办公用品和各类表格文件的存量。

（2）服务程序与标准。准确地测定各岗位中服务员的工作效率，制定各服务程序和工作定额，通过有针对性的系统培训，确保服务员掌握过硬的业务技能和丰富的业务知识，具备良好的语言交际和沟通能力，能够熟练地使用和操作有关接待服务的设备设施。

（3）服务态度与能力。服务员具有良好的职业道德和职业素养，有为客人提供优质服务、情感服务的主观愿望。着标准制服，注重仪容仪表的整洁大方、言谈举止的规范得体，时刻保持饱满的精神情绪和良好的工作状态。普通话标准，掌握一门以上外语，善于与客人进行有效沟通；快速办理入住登记、开房、贵重物品保管等业务；按规程向客人提供电话接转、客房预订、问询留言、行李服务、传真复印等服务；及时办理换房、加床、续租、结账等手续，懂得报表制作、钥匙（磁卡）发放等操作；严格在操作时限内完成前厅各项对客服务。

（4）服务效果与控制目标。在事前、事中及事后阶段，前厅各岗位的对客服务均遵守酒店规定，能够在标准服务时限内完成各项服务；能够处处体现为客人需要和酒店业务服务，除了满足客人入住期间各种明确需求以外，同时还能满足客人在各种情况下隐含的潜在需求，使客人满意度提高。

（二）酒店内部对前厅质检关键点的控制

1. 时间与服务效率控制

服务效率与服务质量息息相关，效率的高低是衡量服务质量的重要参数。服务效率的高低主要取决于员工操作技能的熟练程度和被激励程度两个因素。为此，不少酒店都在积极采取措施，一方面加强培训来提高员工的操作熟练程度，另一方面尽量调动员工的积极性，并在此基础上对服务效率提出量化要求。其基本含义是：

（1）酒店工作人员应该掌握在限定时间内完成相关工作的技能技巧。

（2）酒店工作人员在具备基本技能后，必须在限定时间内完成操作。

（3）并不是所有的服务都是时间越短越好，应控制在合理的时间范围之内。

实际上，客人是不可能为酒店服务效率计时的。将效率做出量化要求，纯粹是酒店内部的一种管理方式，其主要作用在于督促员工在一个什么样的时间段内完成某项工作，或告诉员工完成某项工作大体应用多少时间。客人对服务质量的认可是非量化的、是模糊的，最终是一种感觉，是包括时间与效率在内的各种因素综合在一起而产生的"好"或"不好"、"满意"或"不满意"的直觉判断，并由此形成一个"好"或"不好"的思维定式，进而影响他在以后与酒店接触的各个阶段的感觉。为了保证前厅的高水平的服务，必须强调时间与效率管理。

但是，服务现场是变幻莫测的，前厅服务又具有服务过程较短、服务时间性很强、服务方式较灵活等特点；所以不能将前厅服务标准及程序固定量化和细化，而只能规定最基本的程序与步骤，留一定弹性供服务员取舍变化。服务员更不可以机械地执行任何量化的时间标准，而是应该根据现场的具体情况灵活运用。如果用"60+40理论"来形容标准化和个性化的关系，60分代表标准和基础，40分代表个性和补充，结合是100分，也就是说个性化是在规范化、标准化基础上的延伸。

2. 质量标准与现场执行控制

酒店的质量标准往往是用文字条例的形式规定员工在酒店里的行为规范和行为准则。质量标准制定的目的是为了酒店的服务规范，而要达到规范的目的，就必须确保酒店员工人人遵守规则、执行标准。

（三）前厅服务质量检查后的主要工作及要求

1. 撰写前厅服务质量检查报告

在前厅服务质量的每一次检查之后，将检查现场发生的实际情况记录下来，不掺杂任何主观看法和评论。以酒店管理模式和前厅服务操作规程为依据和前提条件，对前厅服务员在接待服务规程中任何细小的违章言行、表情反应及细小的操作失误都做详细的记录。之后，摒弃个人好恶来组织报告内容，避免对检查到的问题夸大或缩小，也应避免对检查过的内容随意取舍。同时记录好检查的时间、地点、场合、人物、事情经过等。

2. 分析前厅服务质量存在的问题，制定相应的解决措施

服务质量管理与控制的重要任务，就是根据现象，找出更深层次的原因，并开动脑筋，想方设法地去解决问题。在检查程序完成以后，应根据检查结果，分析问题产生的原因，并找出相应的对策。

第十章　前厅人员道德与礼仪

一、前厅服务员职业道德

（一）道德

道德一词，在汉语中可追溯到先秦思想家老子所著的《道德经》一书。老子说："道生之，德畜之，物形之，势成之。是以万物莫不尊道而贵德。道之尊，德之贵，夫莫之命而常自然。"其中，"道"是指自然运行与人世共通的真理；而"德"是指人世的德行、品行、王道。"道德"二字连用始于荀子《劝学》篇："故学至乎礼而止矣，夫是之谓道德之极"。意思是一个人学习了礼并按照它的要求去做，就具备了最高道德。在西方古代文化中，"道德"（Morality）一词起源于拉丁语的"Mores"，意为风俗和习惯。

马克思主义认为，道德是一种社会意识形态，它是人们共同生活及其行为的准则和规范。道德是调整人与人、人与社会、集体之间相互关系的行为准则。

（二）职业道德

1. 职业的含义

职业就是人们所从事的工作，是从业者获取生活来源、扩大社会关系和实现自身价值的重要途径。从社会角度看职业是劳动者获得的社会角色，劳动者为社会承担一定的义务和责任，并获得相应的报酬；从国民经济活动所需要的人力资源角度来看，职业是指不同性质、不同内容、不同形式、不同操作的专门劳动岗位。

2. 职业道德的含义

职业道德是指从事一定职业的人，在工作和劳动过程中，所应遵循的与其职业活动紧密联系的道德原则和规范的总和。职业道德是整个社会道德体系中的重要组成部分，在社会主义时期，它是社会主义道德准则在职业生活中的具体体现。

随着人类社会的进步与发展，社会分工越来越细，各种职业日益繁多，人与人的职业关系也越来越密切，同时也产生了不同行业的职业道德规范，调节着人们的利益关系。为什么各行各业都必须有自己的职业道德规范呢？这是因为，各行各业的职业活动都有自己的客观规律，为维护不同行业的正常运行、行业的生存和发展，就必须有体现不同行业内的职业道德规范。如教师的"为人师表"、医生的"救死扶伤"、公务员的"公正廉洁"、商人的"货真价实"、"公平交易"等职业道德。职业道德不仅调节本行业与其他社会行业之间的关系，也是调节行业内部人员相互之间的利益关系。在社会主义社会里，每一个行业都是为人民服务的行业，因此，都要共同遵循为人民服务的宗旨，要体现社会主义道德"五爱"的基本要求，发扬把国家利益、人民利益、集体利益和个人利益相结合的社会主义集体主义精神。同时要具有忠于职守和爱岗敬业的自我牺牲精神。

（三）社会主义职业道德

1. 社会主义职业道德的含义

社会主义职业道德是社会主义社会各行各业的劳动者在职业活动中必须共同遵守的基本行为准则。它是判断人们职业行为优劣的具体标准，也是社会主义道德在职业生活中的反应。《中共中央关于加强社会主义精神文明建设若干问题的决议》规定了我们今天各行各业都应共同遵守的职业道德的五项基本规范，即"爱岗敬业、诚实守信、办事公道、服务群众、奉献社会"。其中，为人民服务是社会主义职业道德的核心规范，它是贯穿于全社会共同的职业道德之中的基本精神。社会主义职业道德的基本原则是集体主义。因为集体主义贯穿于社会主义职业道德规范的始终，是正确处理国家、集体、个人关系的最根本的准则，也是衡量个人职业行为和职业品质的基本准则，是社会主义社会的客观要求，是社会主义职业活动获得成功的保证。

2. 社会主义职业道德基本规范

（1）爱岗敬业。爱岗敬业是社会主义职业道德最基本、最普通的要求。所谓爱岗，就是热爱自己的岗位，热爱本职工作。所谓敬业，就是专心致力于自己的本职工作，是社会对人们工作态度的一种道德要求。敬业的本质就是奉献的精神，是人们基于对一种职业或岗位的热爱而产生的一种全身心投入的精神。

（2）诚实守信。诚实守信是社会主义最基本的道德规范之一，它既是社会道德，也是职业道德的一个基本规范。诚实就是忠诚老实，不说谎，不作假，不欺瞒别人。守信就是信守承诺，言出必行，忠实履行自己承担的义务。诚实守信是内外相应，言行相称，是各行各业的行为准则，也是社会主义公民的基本准则。

（3）办事公道。办事公道是以国家法律、法规、社会道德准则为标准，秉公办事，不偏不倚，公开、公平、公正地处理问题，坚持法律和规章制度面前人人平等的原则。办事公道是一切行业、岗位必须遵守的职业道德。

（4）服务群众。服务群众就是为人民群众服务，是社会主义职业道德的核心规范。为人民服务是社会全体从业者一切从人民的利益出发，为人民的利益工作，通过互相服务、互相关心、互相帮助，促进社会发展、实现共同幸福。

（5）奉献社会。奉献社会是社会主义职业道德的本质特征。奉献社会和做好本职工作、维护个人利益是辩证统一的，因为一个工作岗位的存在，也是人类社会存在和发展的需要。在自己的工作中以及本职的岗位上认真做好每件事，就是对社会的奉献。另外，奉献社会自始至终体现在爱岗敬业、诚实守信、办事公道和服务群众的各种要求之中。

（四）前厅人员职业道德规范

1. 全心全意为宾客服务

（1）热心为宾客服务。主动、热心地为宾客服务，尽可能地满足他们的各种需求，是酒店员工热爱本职工作的具体表现。热心为宾客服务是酒店业的基本职业道德，也是优质服务之本。服务意识淡薄的员工，不仅会使客人失望，而且会给酒店形象带来不良影响。当然，热心为宾客服务也并不是无原则的迁就。

（2）加强职业责任心和道德义务感。要做到全心全意为宾客服务，还必须加强职业责任心和道德义务感。职业责任心是个人对自身职业应承担的职责和义务所持的态度；道德义务感是个人对自己所应承担的社会责任的认识及伴随的情感体验，二者都同责任、义务有关。当我们对工作充满强烈的责任感时，我们就会更主动地去学习其中的行业知识与技能，培养对这份职业的兴趣，同时也有了更加饱满的工作热情。

有人说，酒店无大事。酒店的工作许多都是细小、细微的琐碎事情。这些小事看似平凡，却又不平凡。如果我们从道德义务的高度看问题，就应该在工作中更好地对待自己的服务对象，全心全意地为每位宾客服务，将这些小事做好、做足、做到位，从客人的快乐中寻找自身的价值和人生的乐趣。

（3）努力改善服务态度，不断提高服务质量。服务态度，是指服务人员在服务过程中，在言行举止方面的一系列表现。通常包括心理状态、面部表情、形体动作、语言表达和仪容仪表等。总的来说，好的服务态度应该是主动热情、耐心周到、文明礼貌、尊重顾客。服务质量，是指为客人提供的服务在使用价值上能达到规定效果、满足客人需求的程度，这些可以从服务过程中的诸多细节体现出来。

2. 发扬集体主义精神

酒店工作涉及范围较广，接待服务随机性大且琐碎，各部门各岗位互相间的关系较密切，团结协作的要求越来越高。这就要求员工：

（1）有严格的组织纪律观念。一个集体要有严格的纪律，才能约束集体中的每个成员，使大家互相协调，使集体发挥出更大的作用。否则，就会像一盘散沙，无法进行集体活动。

（2）团结协作精神。团结协作是集体主义的另一个重要内容，其基本含义是：同事之间、部门之间、上下级之间，要相互理解、相互支持、顾全大局、积极合作，共同实现优质服务。"前厅服务无小事"，这是酒店业的一句行话。在对客人的服务过程中，哪怕一个细小环节出问题，都会影响到整个服务效果，即使你的服务 99 次都是好的。只要有一次服务不周到，就会前功尽弃，这就是著名的质量否定公式：$100 - 1 \leqslant 0$。所以，团结协作精神在酒店工作中至关重要，它是决定服务质量的好坏，影响服务效果评价的重要因素之一。

（3）酒店职业道德的基本要求。以全心全意为宾客服务为核心，以集体主义为基本原则的酒店职业道德，还要求酒店员工热爱酒店事业，在实践中发扬爱国主义精神。

热爱本职工作是一切职业道德中最基本的道德原则。它要求员工明确工作的目的和意义，热爱自己从事的工作，要"干一行，爱一行"，忠实地履行自己的职业职责，所以说"热爱是最好的老师"。

爱国主义所反映和调节的是人们对中华民族和国家利益的关系和行为，是集体主义对待中华民族和国家利益的准则，是旅游职业道德的基本要求之一。

（五）前厅人员职业道德要求

道德规范是道德基本原则的补充和具体化，是衡量人们道德行为的具体标准。酒店职业道德规范既是每个酒店从业人员在职业活动中必须遵循的行为准则，又是评价和判断他们得到人们予以肯定和赞扬的重要标准；凡是不符合这些规范的行为，就是不道德的，应当受到社会公众的批评和谴责。酒店职业道德规范除了包括一般职业道德要求的"遵纪守法"、"文明礼貌"外，还主要包括以下几点内容：

1. 真诚公道、信誉第一

"真诚公道、信誉第一"是酒店职业道德的重要规范。俗话说："人无信不立，店无信难开"，"诚招天下客，誉从信中来"。注重信誉，讲究信用，既是优良的商务传统，也是酒店行业起码的职业道德要求。酒店从业只有诚实守信，维护行业声誉，才能吸引广大宾客，保持生意兴隆，从而提高酒店的社会效益和经济效益。

在酒店职业活动中，真诚公道就是真心诚意，讲究信用，公平合理，买卖公道，遵守合同条款，在不损坏酒店利益的前提下，自觉维护酒店消费者的合法权益。信誉是酒店的生命，只有真诚公道地对待每一位消费者，向他们提供优质的服务，才能树立起良好的信誉和形象，才能稳定和扩大客源市场。

一个酒店进行组织管理时，如果不将信誉放在第一位，不维护顾客的利益，仅一味地强调经济效益，忽视社会效益，是不可能有强大的生命力的。在世界旅游业发达的国家，衡量一个酒店管理与服务水平高低的一个十分重要的因素即为宾客的"回头率"。能让客人回头，本身就证明了该酒店在宾客心目中具有良好的信誉，表明酒店以真诚、公道赢得了客人的信任。

真诚公道、信誉第一的具体要求。

（1）以满足宾客需要为中心，以维护顾客利益为前提。"真诚公道、信誉第一"这一道德规范在前厅服务工作中较为集中地体现在酒店从业人员能否在实际工作中做到以宾客的需要为中心，以维护顾客利益为前提，如在向客人介绍、宣传酒店产品时是否只顾及到酒店产品的推销和盈利，而忽略客人的具体需求。

（2）诚实可靠，拾金不昧。诚实可靠就是使宾客感到酒店和酒店的每位员工都是诚实可信的。而拾金不昧是建立酒店信誉、获得客人信任的重要方面。

2. 热情友好、宾客至上

"有朋自远方来，不亦乐乎！"是我国古人热情好客的充分体现。中国这个古老的东方民族一直就有着热情友好的优良传统。

热情友好、宾客至上，既是一种道德情感，又是一种道德行为。是酒店接待工作的精髓。它要求我们的酒店员工在对客服务工作中应当以客为尊，热情接待、礼节周到，服务人员与客人建立朋友、亲人般的关系。具体行动包括：主动热情，面带微笑，耐心、周到地为客人提供优质服务，记住客人的名字、嗜好、忌讳等。充分满足宾客需要，既是酒店部一切工作的出发点，也是工作的归宿点。

把宾客放在首位，一切为宾客着想，一切使宾客满意，尽力为宾客服务，是每一个酒店员工应尽的职业责任和道德义务。在酒店行业中，作为从业人员在对待宾客的行为指南中，有三条座右铭值得我们谨记：其一，顾客就是上帝。其二，客人永远都是对的。其三，永远不要对客人说"NO"。

（1）热情友好、宾客至上的重要性。

1）热情友好、宾客至上是酒店业在竞争中取胜的法宝。随着酒店行业的不断发展，在硬件设施档次、水平方面的差异化日益缩小的情况下，最终吸引客人的就要看服务了。一般性的服务只能满足客人的"物质"需求，然而，随着客人对于"物质"需求逐渐减少。他们真正的需求则是酒店个性化、情感化服务给予他们的惊喜、满足感和自豪感，使他们成为酒店的忠实客人。当客人与自己的亲朋好友以及社交圈里的熟人分享他们的消费体验时，酒店会惊喜地发现，酒店又有了一批慕名而来的客人。客人的宣传是一种渗透力极强的"软推销"。这种推销因为真实可信，所以更能吸引客人，成功率极高。因此热情友好是酒店业竞争取胜的法宝。

2）热情友好、宾客至上是酒店业取得良好声誉和经济效益的重要保证。只有酒店员工热情友好地接待客人，想方设法地满足客人提出的各种特殊要求，宾客对酒店的服务质量才会满意。宾客满意度越高，酒店的声誉、形象就会越好，经济效益当然也会提高。

好的酒店形象是一笔巨大的无形资产，它可以为酒店带来无尽的财富。所以，酒店应当用优质的服务来获取客人的接受和认可，并不断提高社会知名度和美誉度，通过社会效益来促进经济效益。

（2）热情友好、宾客至上的具体要求。

酒店员工在对客服务中，要始终饱含热忱，主动、热情、耐心、周到地为宾客服务。具体要求包括以下几点：

1）主动招呼客人、正确称呼客人。想客人所想，急客人所急，善于观察，及时预见客人的需求并予以满足，这是服务意识好、服务质量高的一种重要表现形式。

2）尽可能满足客人的特殊要求，不怕麻烦，不要对客人说不。要善于从客人的言谈举止中发现客人的需求。

3）待客服务，仪容仪表整洁，仪态得体。

4）与宾客交流，语言得当。

5）面带微笑，仔细倾听，耐心服务。

6）服务用语多用征询、商量式、不用祈使命令句。

7）实际操作力求标准化、规范化、个性化。

8）尽心尽责，细心周到。

3. 不卑不亢、一视同仁

在前厅服务工作中，从业人员应当正确地处理好与宾客的关系。不卑不亢、一视同仁正是处理这一关系的行为准则。

不卑不亢要求我们酒店员工在对客服务中，应始终保持自己的人格尊严与民族尊严，不低声下气、不自卑、不媚俗，在原则问题上，如涉及国家利益、民族感情、社会道德、人格尊严等问题上，应始终坚持原则，决不迁就、退让。不亢，就是不自夸、不骄傲、不骄傲自大。在接待客人的过程中，要尊重客人、热情友好、以诚相待，尽到自己的职业责任和道德义务。

一视同仁要求我们在对客服务中，将每一位客人都视为特殊的和重要的、需要给予特殊照顾的贵宾，决不能厚此薄彼。客人都是平等的，不根据穿着来定其档次。更不能对高消费者热情，对低消费者冷淡，甚至是歧视。

4. 钻研业务、提高技能

为了更好地做好本职工作，酒店从业者必须不断地完善、补充各种有关的业务知识，不断提高业务操作技能和发现问题、解决问题的能力，做到对知识技能刻苦钻研、精益求精。

作为酒店从业人员，只有具有丰富的理论知识、熟练的操作技能、良好的服务态度和服务意识，才能为宾客提供优质服务，才能尽到自己的职责，才能为酒店赢得声誉与效益。因此，自觉钻研业务，不断提高技能不仅是一项业务要求，更是一种道德规范要求。

钻研业务、提高技能，既是向客人提供优质服务，履行好岗位职责的前提，又是酒店员工求得自身发展、进步的重要基础之一。总之，钻研业务、提高技能作为酒店员工的职业道德规范之一，为酒店员工在职业素质的自我提高方面提出了要求。只有刻苦钻研业务知识与技能，不断提高业务技能及职业素养，才能适应未来酒店业发展对人才的需要，才能在优胜劣汰的竞争中站稳脚跟。

二、服务人员的仪容仪表

对于酒店业来说，注重仪容仪表应该是前厅服务人员的一项基本素质，它反映了前厅服务人员的精神面貌，更代表了酒店的整体形象。

（一）仪容仪表的概念

仪容通常是指人的外观、外貌。其中的重点，则是指人的容貌。在人际交往中，每个人的仪容都会引起交往对象的特别关注，并将影响到对方对自己的整体评价。在个人的仪表问题之中，仪容是重中之重。

仪表是人的综合外表，它包括人的形体、容貌、健康状况、姿态、举止、风度等方面，是人举止风度的外在体现。

（二）前厅服务人员仪容要求

1. 头发

头发梳理得体、整洁、干净，不仅反映了良好的个人面貌，也是对人的一种礼貌。前厅服务人员应保持头发的清洁，定期清洗，还需要有合适的发型。

男性前厅服务人员的发型要求：基本为平头、寸头、毛寸；前不过眉、鬓角不过耳、后不过领，不可染发、留长发或怪异发型；头发清洁、没有头皮屑；为防止头发脱落掉入菜肴中造成投诉，要求每日使用头发定型剂。

女性前厅服务人员的发型要求：短发女性服务人员须将头发上定型剂，遵循前不过眉、鬓不过耳、后不盖领的原则梳理成型；长发女性服务人员统一将头发向后梳理，不留刘海（以免遮挡视线或脱落），额前头发偏短的必须用发卡（发夹必须是黑色无装饰发夹）将头发固定；长发盘起后用皮筋扎好，用发网兜固定好，发网兜不能超过衣领；保持头发清洁、没有头皮屑，不可染发或梳怪异发型。

2. 面部

前厅服务人员应保持面部的清洁与干爽，做到无泪痕、无汗渍、无灰尘、无油光等，使自己容光焕发、清新自然；每日彻底清洁眼睛，眼中不可有污物或带有睡意；注意鼻腔卫生，防止鼻毛外漏；应保持容光焕发，充满活力，随时保持最佳精神状态；男性服务人员要经常修面，不得留胡须和大鬓角，女性服务人员上岗前须轻化淡妆，不能不化妆或浓妆艳抹。

3. 口腔

前厅服务人员应每日早晚清洁口腔，每餐餐后要漱口，确保口腔清洁；上班前不要吃有刺激性气味的食物（如大蒜、榴梿等），必要时可嚼口香糖或口含茶叶以消除口腔异味；定期清洁、护理牙齿，保持牙齿洁白光亮。

4. 手

前厅服务人员要经常洗手，不能留长指甲（指甲的长度与指尖齐平为最佳）；保证指甲内部无污垢，指甲两侧无死皮；不涂指甲油。

（三）前厅服务人员仪表要求

1. 服饰

前厅服务人员在岗时要着工作制服，工作制服是岗位和职责的标志，不得互相借换穿用。具体着装要求如下：

（1）工作期间必须着制服，选取时注意尺码是否合适，确保制服合身，下班后不可将制服穿出酒店。

（2）保持制服干净、整齐、无破损，确保制服无外露线头和破损；及时更换和清洗，并熨烫平整，避免身上有异味。

（3）员工不得因任何理由将制服袖口、裤腿卷起，衣扣拉链要扣紧；戴围裙的员工要确保围裙始终干净，绳结要整洁；不可露出内衣内裤，女性员工着裙装要注意裙摆不可歪斜，不可让长裤边从裙下露出来；确保制服的标签没有外露，不在制服口袋里乱放东西。

2. 鞋袜

（1）工作期间必须穿酒店要求或提供的鞋子，一般为黑色皮鞋或布鞋。皮鞋应经常擦拭，保持光亮；布鞋要保持清洁无污渍。

（2）确保鞋带系好，不光脚穿鞋。

（3）工作期间男性员工一般穿黑色或深色的棉质袜子，女性员工一般穿肉色丝袜。

（4）确保袜子无破洞，无拉丝；避免袜口露出；勤洗勤换，避免产生异味。

3. 佩戴

佩戴物品包括工号牌和饰品，前厅服务人员佩戴要求如下：

（1）上班期间必须佩戴工号牌；

（2）工号牌佩戴在正确的位置和方向（左胸口正上方10厘米处）；

（3）保持工号牌的干净、清洁，没有任何污损；

（4）一般不可佩戴项链、耳环、手链、脚链和除结婚戒指以外的饰品。

三、前厅服务人员的仪态

（一）仪态的概念

仪态是指人在行为中的姿态和风度，着重指举止方面。人在行为中的姿势通常是指身体在站立、就座、行走时的样子。前厅服务人员每天需要和很多客人打交道，在工作中应保持良好的仪态，站有站姿，坐有坐相，行走自然优美。

（二）站姿

站姿是人的一种本能，是一个人站立的姿势，它是人们平时所采用的一种静态的身体造型，同时又是其他动态的身体造型的基础和起点，最易表现出人的姿势特征。优美而典雅的站立姿势是体现前厅服务人员自身素养的一个方面，也是体现服务人员仪态美的起点和基础。

1. 站立要领

站立时从正面看，身体重心线应该在两腿中间，向上穿过脊柱到达头部，重心放在两个前脚掌。具体要领为：挺胸，收腹，目平视，环顾四周，面带笑容，双手自然下垂或体前交叉，以保持随时为顾客提供服务的最佳状态。

2. 正确站姿

（1）男性前厅服务人员站姿：左脚向左横迈一小步，两脚之间距离不超过肩宽，两脚尖向正前方，身体重心落于两脚之间，身体直立。双手放在腹部交叉或自然下垂，挺胸、收腹。

（2）女性前厅服务人员站姿：双脚呈"V"字形，双膝靠拢，脚跟靠紧。身体重心可落于双脚上，也可落于一脚上，通过变化身体重心来减轻站立长久后的疲劳。双手交叉于腹前。

3. 站姿禁忌

（1）双手不要叉在腰间、插进口袋或抱在胸前。

（2）身体不能东倒西歪。

（3）不要背靠他物，更不要单腿站立，将另一条腿蹬在其他物体上。

（4）不要趴在其他物体的台面上。

（5）不能有玩弄衣服、物品，咬手指甲等小动作。

（三）坐姿

所谓坐有坐相，是指坐姿要端正。优美的坐姿让人觉得安详舒适，而不是一副懒洋洋的模样。

1. 坐姿要领

人体重心垂直向下，腰部挺起，脊柱向上伸直，挺胸，双肩平松，颈、躯干、腿、脚正对着前方，手自然放在双膝上，双膝并拢，目平视。

2. 正确坐姿

（1）入座时要稳、要轻。就座时要不紧不慢，大大方方地从座椅的左后侧走到座位前，轻稳地坐下。若是裙装，应用手将裙稍稍拢一下，不要坐下来后再站起来整理衣服。

（2）面带笑容，双目平视，嘴唇微闭，微收下颌。

（3）双肩放松平正，两臂自然弯曲放于椅子或沙发扶手上。

（4）坐在椅子上，要立腰、挺胸，上体自然挺直。

（5）两脚自然平落地面，两膝之间的距离，男性以松开一拳为宜，女性则不分开为好。

（6）坐在椅子上，至少要坐满椅子的2/3，脊背轻靠椅背。

3. 坐姿禁忌

（1）脚搭在椅子、沙发的扶手或架在茶几上。

（2）女性跷二郎腿，双膝叉开，脚跟不自然靠齐。

（3）同两侧客人谈话时，不要只转头，应当侧坐，上体和腿同时转向一侧。

（四）走姿

走姿是人体所呈现出的一种动态，是站姿的延续，也是展现人的动态美的重要形式。前厅服务人员在工作时，经常处于行走的状态中，要能以标准的动态美展现酒店形象。

1. 走姿要领

头正、肩平、躯挺、步位直、步幅适度、步速平稳。

2. 正确走姿

（1）行走要大方得体、灵活稳重。行走时，身体重心向前倾3～5度，抬头，肩部放松，上身正直，挺胸收腹，目视前方，面带微笑。手臂伸直、放松，手指自然微曲，双臂自然前后摆动，摆动幅度为35厘米左右，双臂外开不要超过30度。

（2）行走时，重心落在双脚掌的前部，腹部和臀部要上提。女性行走时，双脚跟成一直线，不迈大步；男性行走时双脚跟成两条直线，但两线尽可能地靠近，步履可稍大。

（3）步速适中，男服务员应为110步/分钟为宜，女服务员以120步/分钟为宜。

（4）步幅不宜过大。因为步幅过大，人体前倾的角度必然加大，服务员经常手捧物品来往，容易发生意外。因此，男服务员的步幅应在40厘米左右，女服务员的步幅应在35厘米左右。

（5）行走时，一般靠右侧。与客人同行不能抢行（迎客除外），在通道行走时若有客人对面走来，要停下来靠边，让客人先通过，不可把背对着宾客。

（6）遇有急事或手提重物需超越走在前面的宾客时，应向客人表示歉意。

3. 走姿禁忌

（1）切忌摇头摆肩，扭身，踢腿。

（2）在公共场合与客人同行，不能抢行，更不要从客人中间穿行。

（3）两人以上行走时，不要成排，不要扒肩拉手、搭背搂腰。

（4）在通道行走，要靠一侧，不要走在中间。

（5）不准边走边说笑、哼唱、吹口哨、打响指、吃东西等。

四、服务人员的礼节、礼貌

（一）礼节、礼貌的含义

礼节是人们在日常生活中，特别是交际场合中互相问候、致意、祝愿、慰问以及给予必要的协助与照料的惯用形式，礼节是礼貌的具体体现，如点头、致意、握手等都属礼节的形式。礼貌是指人与人之间在接触交往中，相互表示敬重和友好的行为，它体现了时代的风尚与人们的道德品质，也体现了人们的文化层次和文明程度。礼貌是一个人待人接物的外在表现，这种表现是通过仪容、仪表、仪态及语言和动作来体现的。

（二）前厅服务人员礼节礼貌的实施原则

1. 尊重顾客习惯

在日常服务接待工作中，要以当地的礼貌礼节方式为主，同时，要尊重顾客的礼貌习惯。礼貌的表现形式不一样，每一种礼貌形式都有一种崇高的含义。前厅服务人员要接待不同国籍、不同民族的客人，服务时一定要尊重顾客的信仰和忌讳，否则会导致顾客不满，甚至发生矛盾。

2. 不卑不亢

不卑就是不显得低贱，不亢就是不显得高傲。服务人员在宾客面前要永远保持一种平和的心态，到本酒店来就餐，你就是客人，我就是服务员，为你提供服务是我的职责。服务员既不能在身份高、地位高、经济条件好的客人面前卑躬屈膝，也不能瞧不起身份低、地位低、经济条件差的客人。服务员与所有的进餐宾客之间，都仅仅是一种服务和被服务的关系。

3. 不与客人过于亲密

在服务工作中，出于礼貌与创造一种和谐的进餐气氛，可以和宾客有简单地交谈，特别是对一些远道而来的客人，可以借此机会向其介绍本酒店的风味特色，厨师的名肴绝技，以及一些地方特产、风土人情、名胜古迹等。但这些交谈，一不能影响工作，二不能离题太远。随时都要清楚内外有别，公私有别，服务员和客人不能过于亲密。

4. 不过分烦琐，不过分殷勤

对于顾客提出的要求、托办的事项，服务员只要轻轻说一句"好的"或"您稍等"即可，不要喋喋不休地重复，以免使顾客感到厌烦。在服务过程中，有些事情本来应该是服务员做的，若顾客执意要亲自体验一番，则应该满足其要求。

5. 一视同仁，区别对待

来店就餐的客人，身份、地位、年龄、健康状况虽不一样，但应当一视同仁地对待他们，均应给予热情的接待，不要有以貌取人的做法。但对某些客人又必须给予适当特殊照顾，比如老、弱、病、残等人群，进门都应有人搀扶。这样做才能切实体现前厅服务人员的礼貌修养。

（三）前厅服务中的常用礼节

1. 问候礼

问候礼是服务人员对客人进店时的一种接待礼节，以问候、祝贺语言为主。问候礼在日常使用中又分为初次见面的问候（例如"您好，欢迎光临"）、时间性问候（例如"早上好"）、节日性问候（例如"新年快乐"）、针对不同客人的问候（例如"生日快乐"、"新婚快乐"）等几种不同的问候礼。

2. 称呼礼

称呼礼是指日常服务中和客人打交道时所用的称谓。称呼要切合实际，如果称呼错了，职务不对、姓名不对，不但会使客人不悦，引起反感，甚至还会产生笑话和引起误会。在称呼客人时，一般称男子为"先生"，未婚女子称"小姐"，已婚女子称"女士"，对于不了解婚姻状况的女子称"小姐"，对戴结婚戒指和年龄稍大的可称"女士"。当知道客人职位时可以称呼其职位，如王局长、李主任等。

3. 应答礼

应答礼是指同客人交谈时的礼节。主要应遵循以下几点要求：

（1）解答客人问题时，必须保持良好的站立姿势，背不靠他物，讲话语气温和、耐心，双目注视对方，集中精神倾听，以示尊重。

（2）对宾客的赞扬、批评、指教、抱怨等也都必须用恰当的语言回答，不能置之不理，否则是一种不礼貌的行为。

（3）服务员在为客人处理服务上的问题时，语气要婉转，如客人提出的某些问题超越了自己的权限，应及时请示上级及有关部门，禁止说一些否定语，如"不行"、"不可以"、"不知道"、"没有办法"等，应回答："对不起，我没有权力做主，我去请示一下领导，您看行吗？"

4. 操作礼

操作礼指服务人员在日常工作中的礼节。服务员的操作在很多情况下是与客人在同一场合、同一时间进行的，服务员要想既做好服务工作又不失礼，就必须注意尽量避免对客人的打扰，如影响到客人，则应表示歉意，说："对不起，打扰一下"，或"对不起，请让一下好吗"等。

5. 迎送礼

迎送礼是指服务员迎送客人时的礼节。宾客来店时，服务员要主动向客人问好，笑脸相迎。在此过程中，要按先主宾后随员、先女宾后男宾的顺序进行，对老、弱、病残客人，要主动搀扶。客人用餐完毕，离开酒店，服务员应向客人逐一道别，使客人带着温馨、满意而归，迎送礼要求不温不火、热情得体。

6. 宴会礼

宴会的本意是以礼为主、以食为辅。不论何种宴席，前厅服务员都要懂得一般的礼貌礼节，还应该在为宴会提供服务的过程中，按一套规定的礼节去操作。例如，斟酒、上菜必须按一定顺序，菜的摆放要遵循一定规则，席间服务须依据酒宴主题，符合当地的风俗习惯等。

7. 握手礼

握手礼是指人们交往时最常用的一种礼节，它是大多数国家的人们见面或告别时的礼节。行握手礼时，应距受礼者一步远，上身稍向前倾，两足立正，伸出右手，四指并齐，拇指张开朝上，向受礼者握手，礼毕松开。前厅服务人员在行握手礼时应注意以下几点：

（1）同客人握手时，必须先由客人主动伸出手，服务人员才能伸出手与之相握，不能由于客人是老客户、熟人就不分地点、时间、场合主动与客人握手，这样会打扰客人，造成误会。在一般情况下，握手时长辈与晚辈之间长辈先伸手，上级与下级之间上级先伸手，男士与女士之间女士先伸手。

（2）一般情况下，行握手礼时，双方应脱下手套，男人还应摘下帽子，但尊贵的客人、身份高贵的女士可戴着手套与别人握手。

（3）握手时，握住对方四指轻握一下即可，不可用力猛抓住别人的手，也不要只轻轻握住别人的指尖。同性握手时，手适度稍握紧，异性握手时则需轻些。

（4）行握手礼时，双目要注视对方眼、鼻、口，微笑致意，同时说些问候及祝贺的话，握手时切忌看着第三者，显得心不在焉。

（5）在迎送客人时不要因客人是熟人就图省事，应握手道别。

（6）如因手上疾病、手上沾水或较脏等原因，不便握手可向对方声明，请对方谅解。

8. 鞠躬礼

鞠躬礼一般是指晚辈对长辈、下级对上级以及初次见面的朋友之间的礼节。鞠躬礼在前厅服务中较为常用，是服务人员迎送客人的主要礼节。行鞠躬礼时手下垂后，用立正姿势，两眼注视受礼者，身体上部前倾50度左右，而后恢复原来的姿势。

9. 致意礼

点头致意一般情况下是同级或平辈之间的礼节，在日常工作中，同一层次服务人员与客人多次见面时，在问候客人"您好"的同时，还须点头微笑致意。

（四）前厅服务人员礼貌用语

1. 礼貌用语的基本要求

前厅服务员工作在酒店的第一线，用礼貌语言接待宾客，介绍饭菜，解答询问，不仅有助于提高服务质量，而且有助于扩大用语的交际功能。所以服务员必须讲究礼貌用语，做到态度从容、言辞委婉、语气柔和。前厅服务人员礼貌用语的基本要求如下：

（1）说话要有尊称，声调要平稳。凡对就餐宾客说话，都应用"您"等尊称，言词上要加"请"字，如"您请坐"、"请等一下"。对来宾的要求无法满足时，应加"对不起"等抱歉语。说话声调要平稳、和蔼，使人感到热情。

（2）说话要文雅、简练、明确，不要含糊、啰唆。文雅就是彬彬有礼；简练就是要简洁、明了，一句话能说清楚，不用两句话；明确就是要交代清楚，使人能一听就懂。

（3）说话要委婉、热情，不要生硬、冰冷。尤其是解释语，态度更要热情。

（4）讲究语言艺术，说话力求语意完整，合乎语法。有时，服务员本出于好意，但因为讲话意思不完整、不合乎语法，反而会使宾客误解，如服务员看到宾客的米饭吃完了，想给宾客添点饭便问："您还要饭吗？"这样的话容易引起反感，如果稍加修改，说："我再给您添点米饭吧？"客人听了就会觉得舒服。

（5）与宾客讲话要注意举止表情。服务员的良好修养，不仅寓于优美的语言之中，而且寓于举止和神态中，如宾客到酒店用餐，服务员虽然说了声"您好！请坐"，可是脸上不带微笑，而且漫不经心，这样就会引起宾客的不满。由此可见，不仅要用语言，还要用表情、动作来配合。

2. 前厅服务中的常用礼貌用语

前厅服务人员常用礼貌用语有以下几种：

（1）欢迎用语。如"欢迎您"、"欢迎光临"、"欢迎您来这里进餐"、"请这边走"等。

（2）问候用语。前厅服务员常见的问候语有"您好"、"早上好"、"多日未见您身体好吗"等。

（3）告别用语。如"慢走"、"欢迎您再来"、"再见"、"欢迎下次光临"等。

（4）祝贺用语。对过生日的客人说"祝您生日快乐"，对新婚客人说"祝两位新婚愉快、白头偕老"，新年时对客人说"新年好"等。

（5）征询用语。如"我能为您做什么"、"请问还有什么需要吗"、"如果您不介意，我可以……吗"等。

（6）应答用语。如"好"、"好的"、"是的"、"不必客气"、"没关系"、"我马上就去做"等。

（7）道歉用语。如"对不起，打扰一下"、"麻烦您了"、"实在抱歉"、"请不要介意"等。

（8）推托用语。如"谢谢您的好意，但是"，"对不起，我不能离开，我用电话帮你联系一下，可以吗"等。

（9）称呼用语。如"先生"、"女士"、"小姐"等。

（10）酒店应用语。"请问您需要什么饮料"，"请各位慢用"，"请问想吃点什么，这是菜单，请挑选"等。

3. 使用礼貌用语时的体态语言

（1）目光。在沟通过程中用目光注视对方，是体态语言沟通方式中最有力的一种。当在交流过程中使用目光接触时，实际上在说："我对您感兴趣，我在关注您。"目光接触是对对方的尊重。反之当避免目光接触时，一般会被看作对自己没有把握、在说谎或者对对方毫不在意等，因此会产生负面影响。

（2）面部表情。表情是一种无声的语言，可向客人传递对他们的热情、尊重、宽容和理解，使客人感到亲切和温暖。服务人员在提供前厅服务时呆板的面部表情难以让客人接受。对前厅服务人员表情的基本要求是：温文尔雅、彬彬有礼，稳重端庄、不卑不亢，笑脸常开、和蔼可亲，真诚可信、毫不做作。

（3）身体姿态。弯腰驼背、无精打采，都在告诉客人你或是疲倦或是缺乏自信或是感到无聊，这些都将给客人留下不良印象，影响酒店的整体形象。服务员的姿态应该潇洒自信，要显得自我感觉良好，对工作充满信心。

（4）手势。手势是最有表现力的一种"体态语言"，它是前厅服务人员向宾客做介绍、谈话、引路、指示方向等常用的一种形体语言。前厅服务人员在为客人提供服务时可借助手势更好地表达，但应注意手势正规，和眼睛配合使用；手势不宜太多，幅度不宜太大。

五、前厅服务的应客技巧

前厅服务人员除了对处理酒店的工作事项有极高的工作能力要求之外，还必须具备和顾客进行良好沟通的能力，并及时了解顾客的需求，重视顾客的意见。服务行业必须遵循顾客是上帝的黄金准则。作为前厅服务人员，会遇到形形色色的顾客，具有成熟睿智的应客技巧十分重要。这不仅关系到个人能力问题，还直接关系到酒店的声誉，因此要十分注重培养并完善自己的应客技巧。

1. 顾客投诉处理技巧

接到顾客投诉必须重视和妥当处理，投诉意味着服务本身存在缺陷未能使顾客满意。要积极主动地和顾客沟通，听取顾客对酒店的意见。前厅服务的完善不仅来自内部的自我高要求，还取决于顾客的反馈。适应顾客，理解顾客，积极和顾客沟通，妥善处理好顾客的投诉，才能使酒店赢得顾客的好感。顾客有可能是通过写信、发邮件或是打电话的方式投诉，也可能当面投诉。比较难处理的是电话投诉和当面投诉。应对不同的投诉方法，要注意的事项也不相同。

（1）了解顾客投诉心理。想要处理好顾客的投诉，首先必须懂得顾客的投诉心理。不同的顾客投诉心态不同，从其言语表达和行为方式不难推测出来。以下是比较常见的顾客投诉时的心理：

1）希望被尊重的心理。顾客花钱消费来享受服务，因此在整个就餐过程中，顾客希望被酒店重视和尊重的心理十分明显。在投诉的过程中这种心理更加突出，顾客总认为自己的意见是正确的，希望酒店理解、重视，希望得到酒店的歉意，并立即采取行动恰当地处理投诉。

2）发泄心理。顾客可能因为酒店工作的疏漏和错误，导致心情受影响，产生抱怨心理也是人之常情。一般抱有此种心理投诉的顾客，在言语用词上可能会比较犀利或是情绪比较激动。

3）求赔偿心理。顾客遭受一定的损失而向酒店投诉时，是希望能够补偿他们的损失。如果顾客能够提出证据表明所受的损失是酒店的过错造成的，酒店方面应当接受顾客的索偿要求，如果酒店对顾客的损失不负有责任，应当向顾客解释清楚。

不同的投诉方式所需的解决方法不同，下面将从书面投诉和口头投诉两个方面来阐述。

（2）面对电话和当面投诉。

1）耐心倾听并了解事情原委。在倾听顾客投诉的过程中，要了解被投诉的具体原因是什么，是服务态度不好，食物质量或味道问题或其他原因。在倾听过程中要照顾到顾客的情绪，如果顾客情绪比较激动，应当先安抚顾客的情绪，避免事态扩大。一定要记住：顾客永远是上帝，上帝是永远没有错误的，因此对宾客的投诉一定要耐心倾听，倾听时要与顾客保持目光交流。在回答顾客问话以前，先让顾客说完，适当问一些问题以求了解详细情况。

2）及时做出处理决定并告知顾客。处理顾客投诉是个性化服务的具体体现，顾客性格不同，需求不同，对问题的看法亦不同，故处理投诉时应在前面所述的基础上区别情况，随机应变，迅速、果断地处理。如属于一般服务工作的失误或态度问题，应立即向顾客致歉。如属于饭菜质量有问题，应立即给予调换。如果是顾客的过分要求，超出自己的权限而上级又不在，也要耐心地向顾客解释，取得谅解，并请宾客留下联系方式，以便告诉顾客最终处理结果。确实问题已获解决时，应及时告知顾客，询问顾客是否满意，如顾客表示满意，说明其投诉的心理要求已获满足。此时，管理人员应再次向顾客致歉，借机与顾客交流，将坏事变好事。

3）与服务员进行沟通并做出处理决定。在处理好顾客的问题后，要及时找到提供服务的当事人，了解当时的情况，理清事情的原委后做出处理决定。例如对服务人员态度差、不熟悉工作流程等问题应该做出批评，可以做出减少其月奖金等决定，如果造成的影响很恶劣，甚至可以做出开除的决定，以儆效尤。这是处理顾客投诉的最后一个步骤，顾客投诉直指我们工作的薄弱环节，当管理人员妥善安抚好顾客后，应注意解决内部问题，立即提出整改措施，以防同样的问题反复发生。

（3）面对书面投诉。如果顾客采用信件或是发邮件的方式投诉，对顾客的信件和邮件要及时回复，表示已经收到投诉并告知顾客将在短时间内给予答复。解决步骤可以参考口头投诉的解决方法。

2. 顾客打碎餐具的处理

顾客在用餐的过程中由于各种原因打碎餐具的情况也很常见。易碎的餐具一般都是陶瓷材质或玻璃材质，餐具的价格也各不同，因此要具体情况具体对待。顾客在打碎餐具后往往会有尴尬的情绪，也会影响顾客的就餐心情，此时工作人员应该及时处理好这一问题。

（1）安抚顾客情绪并及时清理。顾客在用餐过程中出现打碎餐具这样的小插曲，必然会影响就餐的心情。因此，服务人员应当及时询问顾客，是否被食物烫到，衣物是否弄脏需要清理，并安排人员添加所需的餐具。对于打碎的餐具要及时安排服务人员进行清理，以免使顾客被残碎的餐具割伤。使顾客始终享受用餐的过程，这一点对酒店争取更多的客源来说很重要。

（2）考虑是否需要顾客赔偿。一般而言，打碎的价格比较低的餐具可以不需要顾客赔偿，以体现酒店对顾客的尊重和理解。但如果顾客打碎的是价位较高的餐具，就要考虑主要过错在于何方。如果是由于服务生摆放的位置不当，可以免除顾客的赔偿责任，并对相关的工作人员进行考评、记过。如果是顾客的原因，应该考虑顾客的赔偿能力和顾客跟前厅服务往来频次以及就餐的场合。特别需要注意的就是在大喜的场合，在这样的情况下不应要求赔偿。其他情况一般来说可以进行相应的赔偿或是全额赔偿。在需要顾客赔偿的情况下，应当在顾客结算时告知顾客，顾客有疑问的及时解答并要求顾客在餐具赔偿补充单上签字。不需要顾客赔偿的也应当在餐具赔偿单上写明原因并请顾客签字。

（3）及时登记受损餐具的情况。要求经手的服务员在餐具赔偿补充单上登记相关的餐具受损情况，写明是哪一桌出现的该问题、打碎餐具的种类和数量以及经手的服务人员的信息。具体餐具补充单一式五份，第一份存底作为成本核算的凭证，第二份交给顾客作为已经赔偿的证明，第三份交给财务部，第四份交给酒店仓储管理部门方便服务员领取所需的餐具，第五份交给采购部方便及时补充。

3. 服务员与顾客发生冲突的处理

很多酒店管理人员碰到服务员与顾客发生冲突时，往往会把责任一味地推到服务员的身上，以赢得顾客对前厅服务的好感，进而维护酒店的形象。这样的想法其实存在误区。因为作为服务员，他们是酒店的工作人员，其负责人应该维护员工的合法权益，酒店的工作人员本身也对酒店做出了很大的贡献。因此要视情况和具体事态的发展处理冲突，寻求双方利益的平衡点。

通常，发生冲突的缘由有两类，一类是顾客单方面的过错引起的。例如，顾客因心情不好，对服务员提出过分的要求，甚至辱骂服务员。另一类是服务员单方面的原因。例如，因服务员服务态度差，对顾客态度冷淡等原因，引起顾客的不满与其发生言语甚至肢体冲突。只有了解冲突发生的原因才又快又好地解决冲突。冲突的级别也有很多种，事态轻微，则是双方的语言冲突，严重的可能导致肢体冲突甚至人身伤害。当服务员与顾客发生冲突后可以依照以下几个步骤处理。

（1）控制事态并了解冲突的缘由。作为前厅人员要在事情发生的第一时间介入，首先对所发生的不愉快事件向顾客表示歉意以稳定顾客的情绪。接着要做的就是向顾客了解事情的经过，此时应当尽量避免在公共用餐或是活动的区域进行沟通，以保持酒店良好的运营环境。可以征求顾客的意见或是主动建议到一个适当的沟通场所，如办公室。

（2）做出处理决定并告知顾客。在和顾客和服务员双方沟通之后，要及时做出处理意见。如果是因为服务员的错误引发的冲突，可以陪同服务员向顾客表示歉意。必要时向顾客赠送水果或对其消费进行一定的优惠折扣，同时表明酒店的立场，适当对服务员做出一些惩处措施。如果是因为顾客的过错引起且事态轻微的，可以先向顾客表示歉意，事后对服务员进行必要的开导安慰。

（3）事态发展严重时交由警方处理。如果双方冲突过程中出现人员的严重的身体伤害，应该及时由警方处理，而不能私自解决，以免出现更严重的后果。

4. 菜品上错餐台的处理技巧

服务员上错菜的情况大概有两种，一种是上了重复的菜，另一种是上了没点的菜。不管是哪一种情况，尽量趁顾客没发现时及时撤回来。

（1）顾客已食用的情况。在菜已经食用的情况下，如果上的菜比所点的菜价格低，可以把差价补给顾客。并可以送果盘表示歉意。如果上错的菜价格高于所点的菜，不应该补回差价，并可以送果盘表示歉意。但是当顾客坚持要上所点的菜，应当及时上菜。如果是上了重复的菜并且已经被食用的，可以不需要顾客付款。

（2）及时采取补救措施。要及时交代值班的前厅主管交代厨房及时重做所需的菜，不能让顾客久等。这桌的菜送到了另一桌的情况下，要及时向所点的菜被送往别桌的顾客做出解释并道歉。询问顾客此时的意见，是否需要换一个菜。顾客表示可以接受换菜时，要及时出菜，并可以通过送一些酒水或饮料表示歉意。如果顾客表示坚持原来所点的菜时，可以先赠送其他特色小菜先行补救，随后补上遗漏的菜。

（3）对员工做出处理。因为服务员的疏漏导致上错菜的，要对出错的员工进行记过，对于因上错菜导致材料的损失，应当从服务员的薪水中扣除。

5. 防范顾客偷窃的措施

前厅人员杂多，管理难度大。酒店的特色餐具，例如特别订制的陶瓷餐具、贵重金属餐具或是具有特色的小装饰物往往会成为极少部分素质不高的顾客觊觎的目标。平常应当向员工灌输要保护酒店财物的思想，可以建立相应的惩罚奖赏机制。也可以不定期地对员工进行相关的技能培训，交流在该方面的处理经验。针对防范顾客偷窃的情况，可以从以下三个环节来解决：

（1）明确财物的保管职责。例如，餐桌的摆台餐具可以由酒店前台管理。菜盘、汤盆等可以由厨房负责，交接班时要清点并签字。坚持谁保管谁负责的原则，这样可以避免物品丢失时找不到责任人。

（2）有重点地监督管理。贵重餐具、装饰物、收银处的现金是服务人员重点监管保护的对象。厨房要防止非酒店的工作人员进入。服务员在为顾客提供服务的同时也要注意餐具的数量，对自己服务的客座的餐具数量、种类做到心中有数。当顾客需要添加餐具时，应该及时提供，装饰物可以标记酒店的特殊标志，打消顾客偷窃的念头。同时，对一些容易引起顾客喜爱或值得纪念的物品，可以对外出售。收款员应当具有辨别假币的能力，收款时要保持警惕，同时要不定期地核算金额是否正确。

（3）加强酒店的监控。在酒店内以及出入口、收发餐具和收银台等位置进行监控。监控是给顾客一种暗示，表明酒店对其行为有所关注。也可以在用餐区张贴醒目的提示语，例如"请保管好您的财物，爱护酒店的财物"。以上措施可以减少很多不必要的麻烦与冲突。当发现有明确的监控资料证明顾客有偷窃行为时，服务员可以以委婉的语气提示顾客。例如"先生，不好意思，能麻烦您配合一下吗？我们有些事想向您核实一下。"不能当众揭穿顾客，让其难堪，可以请顾客到安保部办公室单独详谈。如果情节严重、性质恶劣，可以选择报警，由警方处理。

6. 顾客醉酒失态的处理

顾客就餐过程中往往会点很多酒水，顾客醉酒的事件也很常见。顾客因为饮酒过量可能发生醉酒闹事的情况。前厅人员应当及时控制事态的发展，根据顾客的醉酒状况采取不同的措施。

（1）顾客轻微醉酒。如果顾客只是轻微醉酒、大声喧哗，可以送上一些解酒茶水，帮助顾客醒酒。并要及时清理顾客的呕吐物，并防止其打碎餐具。如果同行的人有清醒的，可以善意地提醒其照顾好同伴。如果顾客是独自一人喝醉，应当及时询问其是否需要帮助。与此同时，要保管好顾客的随身财物，想办法联系醉酒顾客的亲友。

（2）顾客中度醉酒。醉酒的顾客如果情绪和行为过于失控，要安排工作人员把顾客送回客房，或是安排临时的房间让其休息。避免失态的醉酒顾客在公共用餐场合干扰破坏其他顾客的用餐氛围。

（3）顾客严重醉酒。如果醉酒顾客做出攻击性的言行，做出侮辱或是危害他人人身安全的行为时，作为经理必须冷静，要有一定的胆识。同时及时和醉酒的顾客沟通，必要时通知保安协助，切记不可与顾客纠缠不休。如果顾客态度蛮横无理，破坏酒店财物或是出手打人，可以在保安人员的协助下予以制止。情况严重的必要时可以报警，以防止事态进一步恶化。

7. 顾客在酒店受伤的处理

顾客在酒店受伤可能是酒店的原因造成的，也可能是由于顾客自身的过错导致的。顾客受伤的几种典型的情况如下：情况一，地板有水渍而未及时清理，使得地面湿滑顾客摔伤。情况二，就餐过程中因服务员的过失，被烫伤的。情况三，顾客被破损的餐具或物品割伤。情况四，顾客在用餐中接触漏电的电源，触电受伤。有顾客在酒店受伤，作为前厅人员可以作以下处理：

（1）及时介入了解情况。要及时到达现场，了解顾客伤势和受伤原因。现场需要清理的，要安排工作人员立即处理。

（2）判断顾客是否要就医。根据顾客受伤的具体情况不同可以区别对待。顾客只是轻微的受伤，可以由酒店的医务人员进行简单处理。同时要向顾客道歉，顾客如果要求赔偿的，要进一步磋商。顾客受伤情况严重的，要建议顾客到医院进行检查，此时要安排酒店一名工作人员前往陪同。同时要和受伤顾客的亲友取得联系，通知其具体情况。前厅人员应当和前往陪同的人员随时保持联络，了解事情的发展进程。

（3）事后的处理。在顾客治疗期间，应当看望受伤的顾客，要求有关负责人填写报告，以便之后对于酒店是否需要承担责任进行分析和应对。如果顾客受伤是酒店的过失造成的，应当尽量和顾客对赔偿问题进行私底下的协商，对事情进行保密防止事态扩大。如果顾客受伤是由于自己不慎造成的，酒店不负医疗赔偿责任，但是可以向顾客做出解释说明。

减少该类事件发生很好的方法就是做好各种预防措施。地面有油渍、水渍或食物必须马上清理，酒店、卫生间等要张贴醒目的提示标语。老化的电路和用电设施要及时安排技术人员进行维修，平常也要定期检修。

第十一章　前厅员工的日常管理

一、员工日常管理概述

（一）员工管理的内容和目标

根据 Han Williams 在《员工管理》中的描述，员工管理应该包括以下几点内容：①布置任务和行动；②对正在做的事情进行检查；③激励员工，让他们做得更好；④对一些做事的方法进行批评；⑤了解无法完成工作的原因；⑥确定工资和奖金；⑦对职业生涯发展进行建议；⑧帮助员工度过个人生活中的危机。阿布雷在其所著的《管理的演进》（The Management Evolution）中提出了管理的十大要领，在这十大要领中有六项是关于员工管理的，可见在酒店中对人的管理的重要性，这六项要领也可以作为酒店部门进行员工管理的六大目标，它们分别是：①应使员工明白酒店制定的目标，以确保其实现；②应使酒店中的每一位成员都了解其职责、职权范围以及与他人的工作关系；③定期检查员工的工作绩效及个人潜力，使员工个人得到成长和发展；④协助并指导员工提高自身素质，以作为酒店发展的基础；⑤应恰当及时地鼓励和奖赏，以提高员工的工作效率；⑥使员工从工作中得到满足感。

（二）员工的需求及其实现

全球著名的管理咨询顾问酒店盖洛普酒店曾经进行过一次调查，研究人员采用问卷调查的方式，让员工回答一系列问题，这些问题都与员工的工作环境和对工作场所的要求有关。最后，它们对员工的回答做了分析和比较，并得出了员工的以下 12 个需求：

（1）在工作中我知道酒店对我有什么期望；

（2）我有把工作做好所必需的器具和设备；

（3）在工作中我有机会做我最擅长做的事；

（4）在过去的 7 天里，我出色的工作表现得到了认可和表扬；

（5）在工作中我的上司把我当一个有用的人来关心；

（6）在工作中有人常常鼓励我向前发展；

（7）在工作中我的意见一定有人听取；

（8）酒店的使命或目标使我感到工作的重要性；

（9）我的同事们也在致力于做好本职工作；

（10）我在工作中经常会有一个最好的朋友；

（11）在过去的 6 个月里，有人跟我谈过我的进步；

（12）去年，我在工作中有机会学习和成长。

以上需求集中体现了现代酒店管理中员工管理的新内容。从上述需求可以看出，在员工满足了生存需要之后，更加希望自己得到发展并有成就感。我们可以通过加强员工的规范化管理来实现上述目标。

1. 明确岗位职责和岗位目标

明确岗位职责和岗位目标可以让员工明白酒店对他的希望和要求。但在许多时候，岗位职责和岗位目标与员工的实际工作并不相符合，这种陈旧的职责和目标比没有这些东西更加可怕，它会给员工的工作带来误导，并且损害了酒店规章制度的严肃性，所以人力资源部门要及时地根据酒店的变化对岗位职责和目标进行调整，使其真正能够发挥作用。

管理的首要工作就是科学分工。只有每个员工都明确自己的岗位职责，才不会产生推诿、扯皮等不良现象。如果酒店像一个庞大的机器，那么每个员工就是一个个零件，只有他们爱岗敬业，酒店的机器才能得以良性运转。酒店是发展的，前厅领导应当根据实际动态情况对人员数量和分工及时做出相应调整。否则，队伍中就会出现"不拉马的士兵"。如果队伍中有人滥竽充数，给酒店带来的不仅是工资的损失，而且会导致其他人员的心理不平衡，最终导致酒店工作效率整体下降。

2. 加强管理沟通

让每个员工去做最擅长的事情，有助于发挥员工的最大绩效，达到管理的最高境界，但我们在很多时候并不能做到这些。因此，作为前厅领导必须了解员工，不但要观察员工的工作行为，还要注意多与员工进行沟通，特别是管理沟通，认真听取员工对酒店管理和部门管理的建议，了解员工的思想动态，并让员工自己对自己进行工作评价，以便统一员工与直接上级对工作的认识，更好地解决在员工管理中出现的问题。

3. 建立意见反馈机制

在具体工作中，员工难免会对酒店或部门的一些管理行为产生意见，从而影响工作情绪。而这些意见并非都适合直接告诉上级。从酒店的管理流程上讲，应该有这样一个"第三方"来收集员工的意见，并将这些意见整理、归类，然后直接反映给最高层或酒店管理部门，这也是对各级管理人员的一种监督方式。这种意见反馈应该是书面式的和正式的，并且要纳入到酒店的规章制度中，要明确进行意见反馈是一个正常的工作内容。

4. 进行书面工作评价

不少酒店都会对员工的工作绩效考评，但是在工作考评后不仅要有及时的考评沟通，还应该要有书面的工作评价。工作评价可以每半年进行一次，在工作评价中要诚恳地对员工的优缺点进行分析和总结。在员工拿到自己的工作评价时，对自身的情况不仅能有一个客观的了解，并且会感觉到酒店在时时刻刻地关心着自己的成长，从而使员工对酒店产生一种归属感和忠诚感。

5. 做好办公设施的管理

办公设施是在员工管理中常常被忽略的部分，事实上每个员工进行工作时都要有相应的设备和办公用品，之所以在这方面会出现问题，往往不是设备和办公用品的数量不足，而是管理的不完善，在需要的时候物品往往找不到，或者设备已经陈旧，不利于员工工作的正常运行。因此，对物品的管理应该由行政部门安排专人负责，借用和领用都应有相应的登记管理制度，并委任专人对办公设施进行维护和更新。

（三）员工安全保护

随着工业时代的不断发展，员工的安全保护方面取得了长足的进展。在知识经济时代，这些保护内容已经有了质的变化。它不仅局限于对人身体和生理的保护，还涉及对心理和工作目标的保护。根据员工对保护的需求，我们可以把保护分成四个方面：身体安全保护、心理健康保护、生活条件保护和工作目标保护。

1. 身体安全保护

这是对员工保护的基本内容，即便是一些现代办公环境，也应该注意装修时的有害气体污染、电磁污染和各种职业病的发生。

2. 心理健康保护

心理健康保护是目前员工保护中最容易忽视的一个环节。健康的心理环境有助于让员工保持良好的精神状态，也有助于员工提高工作效率。工作压力过大，工作环境不适应，人际关系紧张都容易影响心理的健康。对于一些大型酒店，酒店中应该有专门的心理医生负责解决员工的心理问题，并对心理健康做出有益的指导。

3. 生活条件保护

没有好的生活条件就没有好的工作。从日常工作来讲，员工有三个方面的需求，即工作需求、娱乐需求和学习需求。在工作之余，酒店应该提供相应的环境和设施，充分满足员工娱乐和学习的需求。一些著名的酒店都有自己的活动中心和娱乐中心，甚至有健身中心和教育基地。

4. 工作目标保护

从本质上讲，每个员工都有将本职工作做好的愿望。完成了既定目标，不仅对酒店有利，也会使员工本人有成就感。但在具体工作中，有这样或那样的障碍，影响了员工达成工作目标。这些障碍多半是管理中的障碍，如目标不明确、资源配置不合适、岗位职责不清、工作流程失效等。这些都需要前厅领导与员工经常沟通，及时解决这些问题，以保护员工顺利实现其工作目标。

（四）员工的价值体系管理

价值体系就是指一个人用什么样的态度去处理他身边发生的事情；也就是说，在他心目中哪些事情是次要的，哪些事情才是最重要的。

价值体系对一个人的影响是非常巨大的，它足以影响人的一生。价值体系是人进行思考和行为的尺度和准则，在每一个行为和决策中都有价值体系的体现，所以说价值体系的影响也是无处不在的。

虽然不是每个人都能清楚地认识到价值体系的存在，但却实实在在地影响着我们的工作。价值体系的形成源于从小所受的教育和成长的环境，并且会随着社会阅历的增加而发生变化。

1. 传统管理与现代管理的区别

在传统管理中，员工仅仅是"会说话和灵巧的机器"，员工是机械式的工作，老板所关注的是员工每天所完成的工作量，没有必要去关心员工在想什么和希望做什么。在传统管理中，老板与员工的关系如下：①我是老板；②我不信任任何人；③我命令你；④我知道一切，所以一切听我的；⑤我付你很少的工资。

然而，随着自动化程度的提高，员工的工作逐渐从机械式劳动转向创造性劳动，创造性劳动需要员工的知识资本和创造力，所以现代管理更强调员工的主动性和创造性；在现代管理中，老板与员工的关系有如下显著的新特征：①让我们共同创造；②我信任你；③我尊重你；④我听从你的建议；⑤我们共享成果。

2. 价值体系对现代管理的影响

现代管理更注重人自身的价值，因此在现代管理中人自身的价值体系也显得越来越重要，主要是对工作目标的影响。前厅领导可以告诉员工完成什么样的工作，员工也可以按前厅领导的要求按时完成工作。但质量的好坏却取决于该员工的价值体系对这项工作的认同程度，员工是否能够创造性地完成该项工作（高效率地完成），也取决于该员工价值体系对这项工作的认同程度。

对现代员工而言，工作的主要目的已不再仅仅是为了生存，更重要的是为了实现自身的价值，这个"价值"就是员工"价值体系"中所推崇的那部分价值。如果员工的价值体系并没有对这项工作产生认同，这项工作就是"要我工作"；如果他的价值体系对该项工作产生了认同，这项工作就会变成"我要工作"。正由于员工对工作目标认同的差异，在工作过程中其工作行为也会产生差异。比如，当工作出现问题时是推诿逃避，还是认真解决，都与员工的价值体系有着直接的关系。

3. 价值体系的识别

要对价值体系进行管理，首先要对员工的价值体系进行识别。由于每位员工的社会背景和教育背景不同，所以价值体系也不可能相同。

（1）沟通法。通过与员工的沟通交流可以基本了解员工的价值体系。比如在面试时，我们可以提出以下几个问题来识别应聘者的价值体系：①你为什么要选择原先那家酒店？②现在你为什么又要离开那里？③你为什么要选择我们酒店？

员工加入酒店和离开酒店总有自己的动机，了解他的真实动机，就能把握他的价值体系。通过应聘者对问题①、③回答的对比，你可以基本了解该员工是重视发展，还是重视待遇。问题②可以清晰地反映出应聘者来应聘的真实目的。另外，应注意应聘者的回答是否符合逻辑，并可以适当地提些细节问题，以了解应聘者回答的真实度。

（2）观察法。对在职员工使用观察法可以比较客观地了解其价值体系，主要是通过观察他对突发事件和对影响自己利益的事情的态度来进行判断。

4. 价值体系的管理

对员工价值体系的管理是对员工的高层次管理，其目的是让员工从价值体系上对所做的工作产生认同，从而增强工作的主动性和协同性。在管理中要考虑和尊重员工的现有价值体系，并用酒店文化对员工的价值体系进行引导。

（1）完善工作流程。完善的工作流程可以使员工养成良好的工作习惯，这些习惯有助于员工培养对工作的责任心。

（2）完善酒店文化。将酒店所追求的价值体系明确告诉你的员工，可以使他们更加明确工作的目标和方式，并能使员工认真地检查自己的价值体系与酒店倡导的价值体系的差别，从而促进员工价值体系的提升。

（五）如何提高员工的工作效率

提高员工工作效率除了要有明确的工作岗位和良好的激励政策之外，管理方法也很重要，下面就是六个非常实用的管理方法：

1. 选择合适的人进行工作决策

在对工作进行决策时，应该选择有相当技术能力或业务能力的员工进行决策。一些员工由于技术或经验的欠缺，在进行决策时，会对工作造成错误的指导。如果方向错了，做再多的工作也没有意义。

2. 充分发挥办公设备的作用

许多工作可能是因为电话、传真机等办公设备出现故障而耽误下来。有的酒店没有传真机，收发一份传真需要走很长时间的路，这样自然就无法提高工作效率。

3. 工作成果共享

有时我们会发现，自己做的工作可能是其他员工已经做过的。有时查找一些资料，辛辛苦苦查找到了，结果发现另一位员工以前已经查找过了，如果当初向他咨询，就不必费这么大的劲了。将员工的工作成果共享是一个很重要的问题。特别是对于员工较多的酒店，这一点显得尤其重要。前厅领导可以利用部门内部的办公例会让大家介绍各自的工作情况。另外，对一些工作成果资料要妥善地分类和保管，这些都能达到工作成果共享的目的。

4. 让员工了解工作的全部

让员工了解工作的全部有助于员工对工作的整体把握。员工可以更好地将自己的工作与同事的工作协调一致。如果在工作中出现意外情况，员工还可以根据全局情况，做一些机动处理，从而提高工作的效率。

5. 鼓励工作成果而不是工作过程

前厅领导在对员工进行鼓励时，应该鼓励其工作结果，而不是工作过程。有些员工工作很辛苦，前厅领导可以表扬他的这种精神，但并不能作为其他员工学习的榜样。否则，其他员工就可能会将原本简单的工作复杂化，甚至做一些表面文章来显示自己的辛苦，获取表扬。从酒店角度而言，酒店更需要那些在工作中肯动脑筋的员工。所以，酒店应该鼓励员工用最简单的方法来达到自己的工作目标。总之，工作结果对酒店才是真正有用的。

6. 给员工思考的时间

酒店在做一件事情之前，如果决策层没有认真地进行思考，这件事情就不会干得非常出色。员工工作也是如此，如果前厅领导不给员工一些思考的时间，也很难让他们做好自己的工作。前厅领导要鼓励员工在工作时多动脑子，勤于思考。用大脑工作的员工肯定要比用四肢工作的员工更有工作成绩。

二、前厅的人性化管理

作为酒店人力资源经理，你或许希望前厅员工更敬业、多奉献。然而，对于大多数员工来说，工作并非他们生命的全部。每个员工首先是一个追求自我发展和实现的个体，然后才是一个从事工作有着职业分工的职业人。他们更愿意在工作上展现自己的个性、体现自身价值，而不喜欢在事事被安排、时时被监督的环境中工作。当今，在前厅领导们不断探讨对员工采用何种管理方式最有效的话题时，人性化管理一词的被提及率越来越高。人性化管理作为游离于制度与人性之间的一种管理方式，正被越来越多的酒店和员工所推崇，一批懂管理、有人情味、有亲和力的前厅领导越来越受到更多员工的爱戴和追随。而来自酒店和员工的这种强烈需求，则汇成了酒店管理对人性化管理的强声呼唤，人性化管理已逐渐成为当今酒店管理发展的新趋势。给员工适当的空间，并尊重他们，用计划和目标来管理他们，已成了酒店员工对前厅领导的基本要求。而员工们的自我发展和自我实现的需求只有在得到了重视和满足后，他们才更愿意用心工作，更愿意接受前厅领导的加班要求，从而更加有效地完成前厅领导的指令。

有前厅领导深有体会地说：人性化的管理不是挂在嘴边漂亮的话语，也不是靠讲什么忠诚度的理论就可以说服人，它需要酒店平等、真诚地和员工交流，真正让员工感觉到被尊重。酒店也只有树立了以人为本的人性化管理理念，才能真正创造出吸引人才、留住人才的环境。

（一）什么是人性化管理

"人性化管理"是由现代行为科学演变出来的一种新的管理概念，对于这一概念的研究便也成为人性管理学。随着知识时代的来临，人作为知识、智慧的主体变得越来越重要，合理开发人的内在潜能已成为现代管理的重要课题。

要明白什么是人性化管理，就必须知道人性是什么。人性是指人的本性。管理学对人性的研究，侧重于人的本性、行为和管理方式、管理措施等的相关联系。各个时期的管理人员都以人性假设为依据（分别经历了"经济人"、"社会人"、"自我实现人"和"复杂人"四个人性假设阶段），然后用不同的方式来酒店领导、控制、激励员工。从管理理论的历史发展来看，人性假设（或认识）有一个由简单到复杂不断深化的过程，人性化管理在酒店管理中的作用越来越突出。

所谓酒店人性化管理，应该是在充分认识人性的各个方面的基础上，按照人性的原则去管理，利用和发扬人性中有利的东西为管理和发展服务；同时对于人性中不利的一方面进行抑制，弱化其反面作用。在酒店人性化管理的实施和手段上采取"人性"的方式、方法，尊重个人、个性，而不是主观地以酒店意志或前厅领导意志来约束和限制员工。在实现共同目标的前提下，给员工更多的"个人空间"，而不仅仅是靠理性的约束和制度的规定来进行管理。

（二）为什么要实施人性化管理

1. 瞬息万变的环境呼唤酒店前厅的"人性化"管理

环境是酒店生存和发展的土壤，而原来的管理制度已经越来越难以适应当前激烈的环境变化。过于陈旧的"硬"制度已经不能适应现代酒店的管理需求，越来越多的制度应逐渐"软"化，符合酒店的变革与创新，从而更好地适应新的环境。从外部环境来说，"人性化"管理的程度决定了一个酒店能否吸引和留住优秀人才，因为现在几乎所有的酒店都认识到人的因素在酒店的管理中起着至关重要的作用。所以，酒店之间的竞争在一定程度上变成了对人才的竞争。这就必然要求酒店在管理中融入更多的"人性化"。从内部环境来说，酒店战略的制定、计划的实施以及酒店文化的建设都离不开职工的参与。酒店前厅只有实施更为"人性化"的管理，才能提高酒店前厅适应环境变化的能力。

2. "人性化"管理是激发创新的有效机制

有人把在严格制度管理下的员工比喻成高速运转机器里的零部件，只能被动地跟着机器转动，而没有个人主观能动性的发挥。完善的规章制度是酒店健康运行的重要保证，但比制度约束更高明的是酒店实施的人性化管理。这种"人性化"管理使酒店与员工形成一种心理契约。制度约束对于员工而言是"要我做"，而形成心理契约对于员工而言却是"我要做"。把员工的主观能动性调动起来，是酒店进行制度创新和技术创新的前提条件。而"人性化"管理正是给员工提供了一种相对宽松的创新环境。

3. "人性化"管理制度有助于酒店前厅做出高质量的决策

面对激烈的市场竞争，酒店需要做出决策的速度越来越快，决策内容也越来越复杂。任何前厅领导都难以独立决策，必须转向决策的民主化，吸收员工参与决策，集思广益，改善决策的速度和质量。而酒店实施人性化管理能够让职工充分地参与到酒店前厅的决策当中，体验到主人翁的责任感和使命感。这样既有利于做出正确的决策，又便于决策的执行，充分提高了酒店前厅的工作效率。

（三）酒店前厅如何实施人性化管理

1. 树立以人为本的价值理念

人在不同的人力资源管理模式的影响下，会有不同的行为和心理表现。许多成功的酒店前厅，正是树立了"以人为本"这样一种价值理念，才得以不断地发展壮大。从现有成功酒店不难看出，任何酒店只有实施"以人为中心、理性化团队管理"，这个酒店的人性化管理才可能会迈上科学、有序的轨道，酒店前厅员工才会团结协作、积极主动、行为规范、不断创新，酒店前厅的发展前景也将是美好的。

2. 有合理的制度与先进的理念配套

健全合理的制度是酒店前厅运行的基础。再先进的理念如果没有制度做保障，也会变成无源之水、无本之木。以人为本的管理制度是以合理的管理制度，如规范的业务流程、合理的管理平台和科学的决策体制和监督体制等，来整合个人利益，协调各种冲突，从而实现酒店前厅管理的目标。

3. 建立起尊重员工的酒店文化

尊重员工是"人性化"管理的必然要求，只有前厅员工的私人身份受到了尊重，他们才会真正感到被重视、被激励，做事情才会真正发自内心，才愿意和管理人员打成一片，站在酒店的立场上，主动与管理人员沟通想法、探讨工作，完成酒店交办的任务，心甘情愿地为工作团队的荣誉付出努力。人性化的管理就要有人性化的观念和人性化的表现，最为简单和最为根本的就是尊重员工的私人身份，把员工当作一个社会人来看待和管理，让管理从尊重开始，让员工普遍感受到酒店的关怀和温暖，只有这样才能最大限度地发挥个人的主观能动性，这也是一个酒店前厅最希望收到的效果。

三、前厅员工压力管理

（一）员工压力概述

每个人在生活和工作中都会有压力——特别是在竞争日趋激烈的今天。当员工碰到不顺心的事情，或者对工作一筹莫展的时候，员工就会产生压力。适当的压力对个人来讲是有益的，但如果压力过大，就会使人产生消极的情绪。也就是说，压力就像一把双刃剑，既是好事也是坏事。

联合国国际劳工酒店发表的一份调查报告认为："心理压抑将成为21世纪最严重的健康问题之一。"酒店前厅领导已日益关注工作情景中的员工压力及其管理问题，因为工作中过大的压力会使员工个人和酒店都承担巨大的损失。过度、持续的压力会导致员工严重的身心疾病，而压力管理能预防压力对员工造成的这种损害。有效地维护、保持酒店的"第一资源"——人力资源。前厅员工压力管理有利于减轻员工过重的心理压力，保持适度的、最佳的压力，从而使员工提高工作效率，进而提高整个酒店的绩效、增加利润。酒店前厅关注员工的压力问题，能充分体现以人为本的理念，有利于构建良好的酒店文化，增强员工对酒店的忠诚度。

1. 常见员工压力的种类

酒店前厅的员工可能会面临着多方面的压力。从大的方面来讲，可以分为自我需求压力、工作压力、家庭压力和社会压力。

（1）自我需求压力。员工的压力是员工个体与环境相互作用或相互影响的结果。从本质上讲，压力来自于员工的需求，而需求是由环境所引起的。

员工的需求可分为生理需求和心理需求两大类，这些需求就是压力的来源，简称需求压力源。当员工感到自己的需求可能会超过自己的能力时，就会产生压力或潜在的压力。

在工作中，员工自我需求产生的压力，主要取决于四个方面：一是员工对环境的感受，感觉环境的调子较低时，容易产生压力；二是员工的个体差异，性格拘谨往往容易感受到压力；三是员工之间的相互影响，尤其压力信息的传递，也易产生压力；四是员工过去的经验，经验越少，往往压力越大。

（2）工作压力。工作压力是指员工在工作中产生的压力。比如，新员工刚上岗时就可能会出现不适应的情况。新的岗位面对着许多新变化，新员工可能会担心自己不能适应这份工作而产生压力。

另外，当打破了正常的工作流程和工作进程时，也会产生压力。比如，当员工接受紧急任务或重大任务时，可能会担心自己能否按时完成，或者担心自己的失误会对全局产生严重的影响，从而会产生压力。

工作环境中的人际关系压力也不容忽视。在工作中，每位员工都不可避免地要同自己的上级或客户打交道，如果这些沟通出现了障碍，或者被别人所误解，就会产生人际关系压力。如果该员工人际关系处理得较为融洽，这方面的压力就会小些；反之则会加重。

（3）家庭压力。每位员工都有一个家庭，家庭环境的和谐与否对员工有着很大的影响。家庭压力一般来自于配偶压力、父母压力、子女压力及亲戚压力等。比如夫妻感情不和、父母生病住院、子女学习成绩不好等事情都会对员工产生压力。

有时员工不得不为处理这些事情而请假。当员工因为这些压力而求助于酒店的人事部门或前厅领导时，酒店应该对员工进行力所能及的帮助，比如帮助调解纠纷等。

虽然这些事情可能与员工的工作无关，但是酒店只有协助解决员工的这些压力，才能够让员工全身心地投入工作。同时，员工也可以感受到酒店的关怀，从而加强酒店与员工之间的凝聚力。

（4）社会压力。每个员工都是社会中的一员，自然也要受到来自社会的压力。比如住房问题，能拥有一套自己的房子，是很多人的梦想。如果没有合适的住房，自然会影响到员工的心情。

另外，如果员工的社会地位处于较低的层次，也会产生压力。当员工将自己的职业、收入、开支等与社会中的其他成员进行比较之后，发现自己远不如人，就会产生因攀比而引起的社会压力。

了解员工容易产生压力的来源，有利于引导、帮助员工正确面对压力和处理压力。作为前厅领导，帮助员工正确处理压力将会使其在工作中取得更好的成绩。

2. 员工的压力来源

员工压力的来源也被称为压力的起因。其来源从内容和形式上分为：生理压力源、心理压力源、工作压力源和生活压力源四种。

（1）生理压力源。生理压力源是指由于身体状态的变化，对员工个体引起的压力。生理压力源包括疾病、疲倦、营养等。

（2）心理压力源。许多事物由于不同的个体产生不同的心理活动，因而产生的压力也会程度不一。几乎每种事物都有可能成为心理压力源。从大的方面讲，生气、后悔、自卑感、不胜任感及挫折感都是心理压力源。

（3）工作压力源。工作压力源的表现形式很多，因为工作中的每一件事都有可能成为压力源。

引起工作压力的因素主要有：工作特性，如工作超载、工作条件恶劣、时间压力等；员工在酒店中的角色，如角色冲突、角色模糊、个人职责、无法参与决策等；事业生涯开发，如晋升迟缓、缺乏工作安全感、抱负受挫等；人际关系，与上司、同事、下属关系紧张等，这都将引起很大的心理压力。

（4）生活压力源。按对压力影响程度主要有：配偶死亡、离婚、夫妻分居、家庭成员死亡、外伤或生病、结婚、解雇、复婚、退休等。可见，生活中的每一件事情都有可能会成为生活压力源。

（二）员工压力管理

1. 从酒店的角度来看

如何正确对待员工的压力，是考查酒店前厅落实"人本管理"理念的一个主要指标。只有开展有效的压力管理，才能在酒店里真正建立"以人为本"的管理机制。从酒店前厅的角度来看，有效的压力管理包括以下四个方面的内容：

（1）制定员工的职业生涯发展规划。人才在成长过程中，经常要面临成长瓶颈的困惑和压力，这就需要酒店制定员工的职业生涯发展规划，通过"职业发展阶梯"和"职业生涯通道"，在尊重人才意愿的基础上，帮助人才开发各种知识与技能，解决人才成长过程中面临的职业发展压力。

（2）开展职业咨询与压力辅导。随着社会的进步和酒店的发展，员工的身心健康将会得到越来越多的关注，职业咨询与心理压力辅导也将随之产生，这将帮助员工正确处理工作压力，提高其工作质量。

（3）建立公平的内部竞争机制。许多压力尤其是工作方面的心理压力，都是来源于酒店内部的不公平竞争机制。这种不公平的内部竞争机制，既不利于员工的身心健康，也不利于酒店的可持续发展。因此，酒店只有建立公平的内部竞争机制，包括薪酬激励分配机制、晋升筛选机制等，才能有助于减轻酒店前厅员工的心理压力。

（4）构建人性化管理机制。作为酒店，是集多方利益于一身的载体，不仅要满足投资者的利益，也要满足员工个人的利益。而员工的身心健康是员工利益的重要组成部分，酒店只有构建人性化的管理机制，才能真正实现其作为载体存在的意义。

2. 从员工的角度来看

站在员工的角度上来讲，如何处理好个人所面临的压力，对个体的身心健康起着至关重要的作用。所以，在市场竞争日益激烈的情况下，员工尤其有必要做好自身的压力管理。

（1）预见和评估压力。许多我们体验过的压力来源，事先是可以预期的。因此，员工在工作过程中，要做好个人职业生涯的规划，熟悉酒店文化或内在潜规则，对可能出现的压力做好评估和预测，增强工作积极性，保持乐观的生活态度。

（2）接受和释放压力。有许多人总是抓住过去的失望、挫折或与他人的不和，不愿正确面对和接受压力，这使他们陷入在过去而回不到现在。如果你愿意改变对某种情况的感觉和态度，你会发现比较容易接受它。在接受压力过程中，我们需要学会大声说"没什么"，永远记住"祸福之所倚、福祸之所伏"，知道"有所为、有所不为"，表现"难得糊涂"，保持"宽宏大量"，做到"退一步海阔天空"，等等。在释放压力过程中，可以采用请求协助、休息一下、处理愤怒等有效的方法。

（3）管理压力。管理压力包括管理时间（即利用 80/20 法则，做重要的事情）、管理生活方式。管理生活方式包括心理暗示（给自己鼓劲儿）、视觉化的心理图像（回忆过去美好的记忆）、适度运动、呼吸法（深呼吸）、营养均衡（饮食结构、饮食习惯合理）、充足的睡眠。

总而言之，有效的压力管理既有助于员工的身心健康，也有助于建立员工和酒店间的良好关系。

（三）积极的压力策略

有调查发现，越来越多的员工开始陷入工作压力的困惑。现实中职业压力与员工的缺勤率、离职率、事故率、工作满意度等息息相关，而且对酒店的影响是潜在的、长期的。

我们在这里倡议，压力管理策略的实施要有积极性。

1. 控制压力管理的"度"

国外一位著名的心理咨询师说过："压力就像一根小提琴琴弦，没有压力，就不会产生音乐。但是如果琴弦绷得太紧，就会断掉。你需要将压力控制在适当的水平——使压力的程度能够与你的生活相协调。"

对于酒店前厅而言，压力管理的核心就是减轻员工的压力和心理负担对其造成的不良影响。而酒店在熟知员工压力来自何方时要以管理的方式进行疏导，对于员工的内心压力源、意见等，要采取正确的态度来审视。无疑，这会对酒店的良好发展起到助推作用，实际上也是一个良性循环。重要的是，压力管理在相当大的程度上延长了酒店的生命周期。

建议酒店制定职业压力管理办法，它是针对酒店员工的身心健康和绩效而对内部职业进行预防和干预的系列措施，是酒店职业压力的管理体系和方法，通常这种管理体系以酒店为核心但又更注重酒店中的个体性。一个完整的职业压力管理办法包括压力评估、酒店改变、宣传推广、教育培训、压力咨询等内容。

同时还要做一些如压力测试等心理测试来辅助酒店的目标管理、考核，利用工作分析，制定合理可行的工作标准，在实践中逐步调整工作量，使员工的能力与工作内容成正比，同时让大家明白并非所有的压力都是负向的。有些人在压力大的情况下职业生涯更上了一层楼。

2. "苦情室"释放压力

日资酒店工作压力是很重的，为了缓解压力，一些酒店设立了"苦情室"、茶室等，供员工宣泄、释放紧张情绪。一些酒店在电脑中放置了一些发泄对上司不满的游戏，有一些排解压力的书籍、音乐以及心理咨询的热线电话等。

有的酒店设定了上下午各10分钟的休息、做操时间，工作时还播放一些调节心情的音乐。中午休息时可以到酒店阅览室看报、读书，也可以到酒店健身房锻炼身体，这些对释放压力均有效果。

有的酒店规章制度中用一个章节明确酒店员工的申诉制度，及时解决员工因工作压力造成的紧张情绪。以完善的培训计划、薪酬标准和保障制度增强员工的安全感和较为稳定的就业心理，减轻其压力。

当然，压力管理是多方面、多层次、多渠道的，这就要求酒店的各级酒店包括工会、党酒店、团酒店、行政部门等积极配合减少员工的压力。

3. 积极性压力管理的三个关键点

（1）增强信心，提高员工压力的承受能力。

（2）培养兴趣，充实员工的生活。

（3）职业生涯规划，压力管理的关键。

四、员工在职离职管理

（一）员工工作时间的管理

令前厅领导伤透脑筋的另一件事是有些员工"大错不犯，小错不断"，然而这样的事又偏偏经常在工作中会遇到。虽然像经常性早退和迟到、不遵守安全工序等违纪行为一般不会造成重大损失，但如果任其发展不仅会影响生产效率，还有可能导致重大事故发生，因此必须要妥善处理。

1. 如何预防习惯性迟到

口头警告只是处理员工习惯性地迟到的开始，一般酒店都设立经理可资遵循的处理程序来应对这类问题。经理首先给予正式的警告，接下来经理可以做的第一件事就是正式和员工谈这个问题。

在做出警告之后，经理还应该向迟到的员工说明准时上班的重要性，让他明白工作需要他必须按时上班。让他们知道他们的行为会影响到同事和酒店的生意。即使是最独立作业的员工，如果让他们随意进出酒店，也会影响到酒店的整体士气。有些员工甚至搞不清楚酒店的要求，那就应该明确他们的工作时间表，如果有所变动，一定要给他们正式通知。

如果在经过面谈后，员工继续迟到，可以加大惩戒力度，例如经理把书面警告列入员工的个人记录中。但不可以搞突然袭击，这些警告必须事先让员工知道。

如果书面警告也不能杜绝继续迟到的现象，那就要按照程序继续处理，例如对员工处以两三天的停职停薪。在收到这些处分之后，一般员工如果还想继续工作下去，那么会收敛一些。如果没有更特别的原因，那就有可能是他不在乎这份工作。如果这样，最后，开除这名员工也就是顺理成章的事情了。正式处分会给员工和经理留下不愉快的回忆，正因为如此，经理在处理时一定要遵循每一个步骤。如果不进行处分，那么就起不到惩戒作用，就没有人会遵守上班时间；如果不依照程序，就会引发员工们的不满。

有时候员工们不能准时上班、准时下班、午饭时间不超时未必是他们想这样做，而是因为前厅领导没有注意到一些这方面的细节。因此在处理员工们的这类问题的时候，前厅领导也应该反省一下自己是否在部门中就这一问题做了强调。例如：

是否已经以书面告知所有员工上下班时间；

是否在迟到状况一发生时，就立刻和员工讨论；

做表现考评时，是否已把迟到问题列入讨论；

自己是否有以身作则，准时到酒店；

有没有对留下来加班或午餐时间照常工作的员工表示谢意；

是否有意识地控制自己的午餐时间，或者你尽量减少不必要的应酬午餐；

是否了解员工的需求，或者是否了解他们迟到背后的真正原因。

2. 如何处理高缺席率

不论高缺席率是整个部门的问题，还是仅限于某一两名员工，前厅领导都必须强调高出席率的重要性。因为高缺席率是比迟到、早退与午饭过长更严重的违纪现象，自然也是身为经理所不可忽视的问题。因为缺席不仅违纪，还会严重伤害到部门的生产力。

据研究表明，如果工作环境令人愉快和满意，员工的出席率就高；反之，他们就会常旷职。因此，处理高缺席率的一个方法就是让工作环境更满意、舒适，合乎人性的需要。除此之外就是找经常旷职的员工好好谈一谈，因为不同的人对工作环境的要求是不同的。因此，前厅领导的职能是使工作环境做到整体上令人满意，但不可能令每个人都感到完全满意。

在跟经常旷职的员工谈话的时候，应重点向他们说明行为的后果。有些员工旷职是因为个人或工作的确有问题，另一些员工则是故意滥用制度。对此，经理应该明确向他们表明这种行为是无法容忍的。对于前者，应该给予协助帮他们改变行为。对于后者，则要让他们知道必须立刻停止这种行为。

同时，那些出席率良好的员工应该受到称赞，赞赏他们的行为给酒店和他人带来了方便。这种赞赏不仅是停留在口头上，还应该有实际行动。

总之，前厅部经理的底线是要员工一定要遵守时间表。然而，如果员工确实有其他重要的责任，不得已才违反这个规定，那么经理应采用一些弹性措施，但不能伤害到生产效率。经理要让部门内的所有员工确实理解上下班时间的规定，不能给任何人特许。如果某位员工利用了弹性时间却没有做出弥补，那么，会严重伤害其他员工的积极性。

3. 如何处理员工请假

张强正急得如热锅上的蚂蚁，偏偏这时他的得力助手李明找不到了。张强问李明的同事是否知道李明去了哪里。李明的同事回答说李明刚才打电话来说生病了，让他帮忙说一声。

这是经理们经常碰到的事，当你有要紧的工作需要找某个员工去做时，却发现他又"生病"了。生病固然很正常，但是一个平时看起来很健康的员工经常"生病"，不能不令人怀疑这位员工在滥用病假。

生病可以请假，而且一般不会扣薪水，这项规定本是很人道的。但有些员工却认为病假是多出来的假期，可以随时利用。甚至有的员工认为，即使请病假要扣薪水，但权衡一下，只要合算，一样可以请假，反正没什么损失。但这样的思维逻辑会给前厅领导带来麻烦。

虽然员工旷职在所难免，但如果前厅领导听之任之，那么旷职事件会越来越多，经常性的旷职也就成了家常便饭。因此管理层在碰到这种现象时，必须及时采取有效措施。美国管理协会的专家们建议，最好是在刚刚雇佣员工的时候，就对他讲明白病假、事假的规定。不要等到出现问题时才采取措施。在与员工讨论旷职问题时，应该解释以下几点：

酒店规定的病假的天数，并不代表不管有病没病，都有权利请假；

要请病假，必须是真正的生病；

只有在真正生病时，才可以请酒店规定天数以外的病假；

酒店病假天数的规定是根据酒店所能承受损失的程度；

员工要在病假天数以外请假，必须要有真正迫切的理由。

解释请假规定的最基本的目的是让员工明白每天来上班是很重要的，酒店期望他们每天都来上班。

前厅经理也常会碰到员工长期请假而不知道他会不会再回来上班的情况。为减少损失，在确定这位员工是否会再回来之前，应该先采取弥补性措施，重新分配工作或使用短期员工。但这不是说这位请假的员工已经被解雇了，酒店在一定期限内还是会为生病的员工保留机会的。

（二）员工在职情况管理

1. 如何预防突然的人手不足

不管执行政策有多成功，还是会碰到员工旷职的问题——而且有些员工还可能突然辞职不干。因此，除了设计一个良好的请假控制制度之外，你还应该想办法避免人手不足的状况。

（1）对员工实行交叉训练。如果可能的话，至少要让两名员工互相知道对方的工作如何进行。

（2）坚持要员工定期向你报告现状。确实掌握员工的现状，可以防止员工突然离职或不适任时所造成的麻烦。

（3）维持足额的员工数。流行性感冒通常会同时侵袭前厅部的多名员工。此外，员工的辞职通常也是集体性的，经常会有两到三名员工同时离开酒店。如果你的人手本来就不足，在这两种状况下，你的麻烦就更大了。

（4）让员工分担团队责任。这个方法不但可以在一名员工请假的时候提供缓冲，还可以使员工不敢随便请假。

（5）使用短期员工。当请假突然使办公室人手不足时，使用短期员工，对经理会很有很大帮助。

2. 员工标准设立规定

美国管理协会的专家们认为，避免太多违规事件的一个方法就是：不要有太多规定。听起来很容易，其实不然。规定确实是工作所需。一旦要建立酒店，就必须立下规定来确保工作场所的安全、使成本合理、工作顺畅而有生产力。如果规定对个人的工作管得过多，就会变成阻力而非助力。

由于前厅中的某些规定不合理所导致的违纪现象不是一两个员工的违纪，而是整个部门的大部分人违纪，因为不合理的规定令人们无法遵守。美国管理协会的专家们认为，如果想让规定有效而且能够执行，就必须达到以下几个标准。例如：

第一，必须有必要性。规定不可只是为了控制，就对员工加以限制。要定期检查现有的规定，看看是否有些已因为状况或目标的改变而变得不合时宜。

第二，必须有可行性。如果经常有人违反规定，那还不如改变或修改规定以符合现实。

第三，规定必须与酒店的政策一致。

第四，规定应该通知每个人。

第五，规定必须清楚而容易理解。模糊的规定没什么用处，每一个会受到规定影响的人都应该完全了解规定的内容。

第六，规定要合理。太过僵硬的规定——例如不允许亲人死亡或生病等特殊状况的规定，反而会发生反效果。虽然规定必须一致地适用于所有人，也得保持一些允许例外的弹性。

第七，规定必须能够执行。员工必须能够知道自己违反规定的程度。此外，规定也必须直接适用于员工的工作。

第八，处分与违规的程度要符合。要公平地处理违纪者，处分就必须与违规的严重性成正比。

（三）如何使用惩罚措施

1. 处罚的原则

惩罚又称惩处或处罚，通常包括行政纪律处分和经济手段处罚，其目的是为了限制、制止或纠正某些不正确的行为。奖惩是为了能达到是非分明，功过两清，调动积极性的目的。与奖励相比，惩罚是一种更难运用的领导艺术，掌握得好，会起到与表扬同等，甚至更大的作用；掌握得不好，也可能会伤害人的感情，进而影响下属的积极性。那么，前厅领导应怎样坚持原则进行惩罚呢？

（1）要准确无误。惩罚是一件非常严肃的事情，前厅领导在对一个下属做出惩罚决定之前，必须以负责任的态度，弄清被惩罚者的错误事实、原因、结果甚至每一个细节，然后再根据有无犯错误的动机、错误带来的后果、改正错误的态度等客观情况，决定惩罚的方式。前厅领导绝不能道听途说，捕风捉影；也不能偏听个别人的反映，或攻其一点，不及其余。

（2）要公正合理。所谓公正，就是要体现人人平等的原则，做出同等贡献的要受到同等的奖励，犯了同样错误的也应该受到同样的惩罚。也就是说，前厅领导对下属要一视同仁，纪律面前，人人平等，不能搞亲亲疏疏那一套。如果不分是非，因人而异，一味地庇护自己的人，前厅领导就会失去下属，威信扫地。所谓合理，就是要在惩之有据的前提下做到罚之有度。根据犯错误的情节和后果，该批评的批评，该处理的处理。一般来说，只要错误不太严重，就不宜给重处罚。特别对下属在独立探索中出现的失误或失败，能不惩罚的就不惩罚，更多的是要给予热情的鼓励和具体帮助。

（3）目的是教育。前厅领导不是为了惩罚而惩罚，惩罚的目的是为了教育人，帮助人。因此，一定要从关心爱护的愿望出发，力戒居高临下、盛气凌人的态势。应与人为善，晓之以理，动之以情，并多作一些"移情式理解"，即以心比心，设身处地地替受惩罚者想一想。只有这样，惩罚对象才能感到心服口服，受惩而无怨，惩罚的目的才能达到。

（4）要以少为宜。惩罚的人或事宜少些。只有在必须实行惩罚时才能进行惩罚。如果惩罚司空见惯，大家就会不以为然了。一个人受了几个处分，他就会索性豁出去了。在一个酒店中，当某种不良倾向已经成为一种普遍现象，惩罚尤其应当慎重，可先处理"重点人"，处分的人太多，大家的压力感就小了，有时还会使受处罚的人聚集在一起，不利于对他们的批评教育。因此，可处罚可不处罚的，一般就不给处罚，可轻可重的，一般的要从轻处罚。

（5）要及时。这就是说，一旦发现有违法乱纪者应当立即处罚，毫不含糊。这样，能起到立竿见影的效果，能使违法之人和未违法之人立刻看到，不遵纪守法的害处和损失，起到警戒的作用。否则，松松垮垮，时过境迁，就难以奏效。

（6）首罚要慎重。首次惩罚讲的是一个人在一个单位所受到的第一次批评、处分等。首次惩罚作为第一印象对人们今后的情绪、工作都会有较大影响。一般来说，首次惩罚要个别进行，不宜公开点名；只要错误不太严重，处分要轻不要重；语言要温和，不要尖刻。

2. 如何处理好惩罚中的几种关系

惩罚有多种方式，无论采用哪一种方式，实施中都要讲究方法和艺术。

（1）要罚前有规定。奖赏是以功绩为依据的，惩罚是以过失为依据的。规定是人们的行为界定的规则，是维护人们正常生活、工作等秩序的手段，也是判定人们过失大小的依据。因而，有规定尔后才有惩罚。没有规定惩罚就没有标准，也就没有真正的惩罚。所以，前厅领导在实施惩罚前，必须首先制定相关规定，让下属有明确的行动准则，以自觉维护正常的工作秩序。然后，方能对违犯者进行惩处。否则，就不足以儆众、服众，难以达到惩罚的目的。

（2）要情罚交融。前厅领导对有过失的部下，也要尊重、理解、关心，要关心他们的实际生活，为其排忧解难，让其充分体会到领导的温暖。但这不能以丧失原则为代价，也就是说既要讲人情味，又不能失去原则性。切不可把人情味庸俗化，人情味要讲，原则性更要讲。讲人情只有在坚持原则的前提下；只有坚持了原则性，人情味才能更有效，更具有教育性和感召力。

（3）要宽严适度。前厅领导对待犯错误的下属，要像医生对待病人一样宽严相济，根据病情，找出病因，说明其危害程度和严重性。作为一名前厅领导，要严格掌握惩罚的度。在实际工作中，对违纪者一定要具体分析其错误的性质和情节，区别是偶然还是一贯，考察其一贯表现及认错态度，全面地、历史地、具体地分析有关问题。根据错误的大小、性质及危害程度，区别对待，需经济惩罚的则经济惩罚，该纪律处分的要纪律处分，对确实做出了各种努力真心实意想把工作做好，但由于种种原因致使工作有些失误的，要从宽对待。

（4）要罚后明理。惩罚兑现之后，不论是纪律处分手段，还是经济处罚手段，都代替不了必要的工作。有的前厅领导对下属的不良行为，动不动就加以处分，以罚代教，结果造成不良影响，有些地方还造成了前厅领导同属下的对立情绪。必要的处罚做出以后，事情并没有完结，要具体指出他错在哪里，帮助其查找犯错误的思想根源，让其真正认识到自己的错误，使其增强改正错误的决心和信心，并为其改正错误创造条件。

（四）如何挽留员工

现代酒店的竞争是人才的竞争，这是很多前厅领导的共识。对一个酒店前厅来说，能否留住核心员工，能否辞退不合格的员工就变得极为重要。一个前厅经理如果不善于处理此类事务，那么肯定不是一个合格的经理。那么，如何来挽留员工呢？

1. 避免人才不辞而别

如果优秀人才不辞而别、另择高就，酒店上下事先却无人察觉或知情人并没有报告，则实际上是酒店经营管理不善的反映。一个优秀的前厅领导应该对自己部属的思想动态一清二楚，如果有人要跳槽应该在第一时间得知，并尽量使其回心转意。

前厅领导对下属的工作情况、思想状况、是非观念、人生大事等方面应及时掌握，要经常鼓励他们战胜困难，对他们的成绩要做充分肯定。员工们的工作或家庭遇到难题，情绪总会波动并表现出来，或许你的帮助并不能完全解决问题，但只要能得到这份关心，员工也就会心满意足。

为了避免员工的不辞而别，越来越多的酒店开始采取某些留才措施。以下是常用的几种方法：

（1）具有竞争性的福利；

（2）良好的沟通；

（3）良好的工作环境；

（4）激励专案；

（5）定期考核与咨询；

（6）晋升或调任其他部门，担任更佳的工作；

（7）非竞争性协议书；

（8）不恶性挖掘。

2. 重视年轻员工的培养

对于刚刚离开学校到酒店工作的大学生、研究生，若不加强管理、注重早期培养、压担子的话，在两三年内他们最容易跳槽。由于他们年轻有为，前程远大，正是酒店的希望所在，并且已熟悉了酒店业务，如果让他们流失，酒店定会有很大的损失。

假如一位胸怀抱负的能人在酒店里仍做低级职员的工作，其才干并没有得到充分肯定，此时此刻他要求离职另求发展是很平常的事。要避免这类不愉快的事情发生的办法有：一要把新来的员工看作是酒店的一项长期投资，精心地培养督促他们。二要安排酒店有能力的经理或员工指导他们，让他们承担一些力所能及或者是超过其能力的工作。

这一切就如一个长期项目，并不期待马上得到回报或收回投资。只要他们在酒店工作的时间越长，酒店得到的回报将越大。

3. 挽留员工的七种原则

不管有多少原因使得员工想辞职，但事实上，大部分的员工还是宁愿留在目前的岗位上，而不愿另寻高就。所以，如果他们待在这家酒店觉得很舒服且受重视，他们多半不会想要离开。

以下是许多重视人才的酒店常用的七种原则：

（1）让好人出头。当你发现员工表现卓越时，立刻奖赏他们，方式有：晋升、给予激励、额外报酬、红利、更高头衔等。不要忘记，成就感强且努力工作的员工并不多。更不要忽略，表彰工作杰出的最佳方法就是赞赏。

（2）内部晋升。许多流动率较低的酒店，在有升职机会时，通常都优先考虑酒店内部员工，而不是派遣空降部队。忽略内部员工而聘用外人担任经理职位，常会打击士气。

（3）保持沟通管道畅通。所有员工的抱怨你都该重视，并有所回应。当你回复员工时，要表明你所采取或将要采取的措施。另外，要找出时间与表现优良的员工做非正式、一对一的沟通，这样的讨论方式会让他们有参与感，并受到激励。

（4）运用头衔。头衔让人有归属感，能提高自尊与自重感。

（5）不要忽略细节。维持最基本的礼貌，不要在众人面前严厉批评任何一位员工。这也意味着对员工笑一笑，道一声早安，说声谢谢，或在适当的时候写封感谢函是很有必要的。

（6）态度公允。只要基本的法令规章适用于全酒店每一个人，且惩戒时带有同情心，大部分的员工就不会太介意比较严格的要求。对待员工应该恩威并济。即使你要开除一个员工，也要确实有正当理由，并确信这是最妥当的决策。

（7）排除不良分子。具有破坏性的员工即使能力再强，最好还是将其调离。如果调离不可能，你也只好忍痛损失一名大将。如果留住他们，会使全体员工士气低落。

4. 让员工参与管理

在许多成功的酒店里，管理阶层都设法让员工参与酒店决策。

以下的建议，可以作为建立与维持一个健全参与管理体系的参考：

（1）运用团队方式；

（2）博采众议；

（3）印行酒店刊物；

（4）使会议有意义；

（5）不妨自夸。员工喜欢那种为"胜利者"工作的感觉。所以酒店有任何成就都应当让全体员工知晓。

参与管理会带给员工一种满足感和受重视的感觉，这不需要你花一分钱，而员工无疑更倾向于留在这样的酒店里。

5. 竞争式的报酬制度

（1）多付一点点。可考虑给付稍高于一般水准的薪资。就长期而言，如此做反而能够省钱。因为较高的薪水可以鼓励员工多为工作尽力，也可避免能干的员工因为其他酒店的薪资较高而跳槽。

（2）有弹性。不要被单一的薪资政策所局限，尤其是牵涉到重要部属时。

（3）制定一套公平的晋升办法。在大部分管理良好的酒店里，员工们都了解，自己在工作上的表现与所投入的心血在什么样情况下会得到赏识与回报。

（4）委婉地说"不"。有些时候，你必须拒绝员工加薪的要求，即使是面对顶尖的人物。在这时，你应该审慎地解释你如此做的原因。

6. 加薪留人的效果

更高的薪水当然是一般人换工作的最大原因，对此并没有什么解决之道，尤其是如果你觉得他们的薪水已经足够了。

你也可以试着加薪挽留，但通常这不见得对酒店或员工有什么好处。一家专门代寻人才的国际酒店调查了450位经理另谋高就的情形。在40个酒店中以加薪挽留的情况下，有27人接受了，留在原来的酒店。但半年内，这27人中有25个人不是自动求去，就是被解雇了。这样看来，他们的问题并不是单单用钱就可以解决的。

（五）员工矛盾冲突

人们常说："和为贵。"而中国也有句古老的格言："天时不如地利，地利不如人和。"这就是说，调解人际矛盾，实现人与人之间的和谐，具有多么重要的意义。一个酒店系统的工作成效如何，往往取决于这个系统中的成员是否相"和"。所谓的"和"就是协调，就是团结，而团结就是力量，有力量才会有成效。所以，任何前厅的领导，要想成就一番事业，就必须重视人和，善于调解各种人际矛盾，同舟共济，齐心协力地实现酒店目标。

在现代酒店中，出现矛盾并不可怕，可怕的是不解决矛盾，任其存在和发展，成为工作中的障碍，产生无休止的内耗。现代经理的重要职责之一，就是调解各种人际矛盾。只有调解了矛盾，酒店才得以发展。酒店发展要求人们同心协力、互助合作，因而必须人和。人际矛盾造就人的感情上的抗争和沟通中的疑难，阻碍了隔阂，只有化解矛盾才能引导大家上下同心，左右同心，和衷共济，搞好工作，才能有效地实现酒店的目标；只有调解矛盾，化干戈为玉帛，才能使员工心情舒畅，工作热忱高涨，工作积极性、主动性、创造性得到激发。因此，每一个酒店前厅领导都应把化解矛盾作为一项重要的工作来做。

1. 化解矛盾的原则

（1）塑造融洽的人际环境。人人都希望在和谐、友好、安定的环境中工作和生活，不愿意在互相争吵的气氛里过日子。尤其是在酒店中，人际矛盾严重地影响着酒店的发展。所以，为了保证酒店的协调发展，就必须调解好员工的人际关系。但是，冲突的发生与否并不以人的主观意志为转移。凡是有人群的地方都有可能发生冲突。

在矛盾、冲突过程中，前厅领导有时扮演的是重要当事人的角色，有时则是仲裁者。无论扮演什么角色，重要的是前厅领导必须具有判断冲突情况及科学处理这些冲突使之为酒店的目标服务的知识和技能；必须有能力在所有当事人都满意的前提下，分析和解决冲突并保证他们都心悦诚服，且不影响今后的关系，从而为员工的工作创造一个融洽的人际环境。

（2）化解矛盾，从前厅领导自身做起。酒店的每个成员都有自己的思想和嗜好，都拥有自我意识。社会聚集了各种各样的人，当然就会发生很多对立的情况。人类社会就像许多问题的集合体。作为酒店前厅领导，如果将对峙的情况置之不理的话，酒店内部的人际关系就会恶化，不但会妨碍正常的工作秩序，也会给酒店的经营带来不良的影响。因此，一旦出现了对立的情况，前厅领导应尽快了解具体的原因，对症下药，消除对立的状况。主要应做到以下几点内容：

1）不要误会员工。其实员工对上司并没有恶意，而前厅领导却以为员工在故意跟自己作对。事情所呈现出的一面可能是掩盖了很多细节的结果。即使在看一个人的时候，也常会因所看到的某一部分而发生误解。如果是这样的话，前厅领导可以重新整理自己的视角，问题就能解决了。

2）不要妄加揣测。有时候下属无心的一句话，在听者看来却变得过于严重。前厅领导怎么对别人，别人就怎么对前厅领导。可能因为前厅领导的态度不好，而使得对方也不得不与前厅领导对立了。

当然，如果是会影响酒店利益或规章制度上不允许的重要事情的话，就必须划一道界线。前厅领导不能视人际关系为轻易妥协的产物，但是前厅领导必须了解到，为了微不足道的事情而对立，是件多么愚蠢的事情。

"大人不记小人过"，说起来容易做起来难。为了消除上下级之间的对立情绪，前厅领导有时需要委屈一下自己，设身处地了解对方的心理和观念，以"君子之心"度"小人之腹"从自身做起，以大度及宽容来化解矛盾。

（3）让矛盾消失在萌芽状态中，最大限度地减少其影响程度。在员工日常管理中有效防止和解决冲突矛盾，最根本的是要抓准苗头。无论个人之间还是群体之间，当矛盾处于萌发之时，某一问题或为双方关注、争执、互不相让的焦点，矛盾就会初露端倪，如切实利益的具体项目、道德方面的某一行为倾向、情感方面的隔阂等，如果对方继续在某个焦点上积累矛盾，发展到一定程度，就会围绕这一点形成冲突。社会学家认为，一个群体间的矛盾就像是一个大气球，必然是越积累越多。因此，必须在达到爆破的极限之前，先释放一些气，避免矛盾继续激化，也就不至于造成冲突。

当人们普遍就所关心的问题做了较偏激的反应时，就会形成一种时尚心理，这种心理的突出特点就是情绪色彩浓厚。这些情绪色彩显现在外的就是对酒店前厅领导产生较强烈的对立情绪，特别是当一部分人的要求得不到满足时，这一特点就更加明显。酒店前厅领导如不及时加以疏导，这种对立情绪就会恶化并引起冲突，对此酒店前厅领导必须从理顺情绪入手，疏通宣泄渠道。

从现实生活中的许多具体冲突事例可以看出，矛盾不断激化的一个重要原因，是员工不满意的地方太多，又压着不能讲，问题长期得不到解决，就像高压锅一样，持续高温又没有出气的地方，到一定程度非爆炸不可。

当然，矛盾和冲突发生后酒店前厅领导要果断处置，迅速控制事态，最大限度地减少冲突导致的消极影响和破坏。对那些性质比较严重、事态可能扩大的冲突，要快刀斩乱麻。在情况不明，是非不清而又矛盾激化在即的时刻，先暂时"冷却"、"降温"，避免事态扩大，然后通过细致的工作和有效的策略适时予以解决。只要把握了解决矛盾的主动权，任何矛盾和困难都是可以解决的。

酒店员工生活在社会上，不可避免地会存在家庭矛盾、邻里矛盾、社会矛盾，人们遇到此类矛盾或受到委屈，有时处于依赖心情，会向酒店前厅领导吐露一点情况，纯属私人事务的问题。作为酒店前厅领导，应真诚地帮助其化解矛盾，提出建议，切不可到处张扬，也不可在管理层其他成员之间散布。散布会伤害成员之间的感情和形象，隔阻反而利于工作和团结。

2. 调解员工矛盾要讲究方法艺术

作为酒店前厅领导，面对酒店内部存在的种种矛盾，必须对员工的意见要做到及时处理、有效地调解纠纷，矛盾处理不慎，就会惹火烧身，造成矛盾各方关系不和，生产率下降。如果听之任之，就会导致酒店"健康"出现问题，分散员工的精力、时间及酒店资源，使之不能全部用到正当而重要的个人及酒店目标上。

不过，处理得好，酒店会受益无穷，因为得到妥善处理的矛盾有如安全阀，能让人发泄怨气，并帮助找出办法解决棘手问题。

作家 James Baldwin（鲍德温）曾经说过："唯有直接面对，才能有所改变。"回避矛盾，就不能解决矛盾，因为大部分矛盾不会自行了结。而如何化解矛盾冲突，融洽人际关系，则必须讲究方法艺术。结合酒店实际，前厅领导在处理矛盾问题上应注意以下几点：

（1）态度真诚，公正处理。调解矛盾时应注意，和事佬态度、欺软怕硬的方法都不利于问题的解决，应当以真诚、负责的态度来公正处理。这样不仅能有效地帮助别人解决纠纷，亦会增加别人对你的信任和尊重。具体操作上可以采用协商法，这是一种常见的解决冲突的方法，也是最好的解决方法。当冲突双方势均力敌，并且理由合理时，前厅领导适合采取此种方法。具体做法是：前厅领导分别了解矛盾冲突双方的意见、观点和理由，然后酒店进行一次三方会谈，让冲突双方充分地了解对方的想法，通过有效的沟通最终达成一致。

（2）弄清情况，有的放矢。调解员工纠纷时应先弄清事情的基本情况，做到心中有数。

1）弄清矛盾当事人，有时甲、乙之间的矛盾只是表面现象，而丙、丁之间的纠纷才是实质，或是主要问题。主次关系或多重关系都需要理清，调解时才能"对症下药"。对纠纷各方当事人的思想状况及在矛盾中所处的地位要基本掌握，从而可以根据不同的当事人确定不同的调解办法。

2）弄清冲突的要点。不弄清楚冲突的焦点是什么，争执的对象是什么，只根据表面现象或一时的表现急于着手调解是不妥当的。

3）弄清产生冲突的背景。有时矛盾是由于误会而产生的，有的矛盾的起因是一些不实之言。因此，弄清真正的原因，矛盾也就容易平息了。

（3）认真听取当事人的陈述。在调解矛盾的过程中，要认真听取当事人的陈述。要明白矛盾双方都可能感情用事，因而在耐心倾听的过程中要思考一些问题：他的陈述有没有夸大不利于对方的成分，掩盖或缩小与己不利的地方？他是否保持了冷静，不受当事人情绪的影响？他的陈述有没有前后不一致的地方？

适当的时候，你可以向当事人提出有关的问题，以便搞清事实。必要时，也可侧面向知情者了解情况。

（4）冷处理。调解要先经过一个"冷处理"阶段，即让矛盾双方冷静下来。

当事人正在气头上，让当事人暂时分开，或让其中一方先回避，在整个过程中，要有足够的耐心。必要时，可以在双方冷静后借助其他方面的力量。比如，有的矛盾双方互不相让，矛盾尖锐的可考虑通过其他有威信的人，如父母、前辈来协助调解，使冲突缓和下来，直到最后解决。

（5）劝解的几种方法。对员工进行劝解，通常可采用以下几种办法：

1）当面劝解。有的矛盾已争执清楚，当事人也有解决问题的思想基础，客观条件具备。这时，可以把双方当事人叫到一起，彼此把问题说清楚、致歉、握手言和。

2）引导劝解。对于火气大，缺乏解决问题的思想基础的人，应耐心引导他站在对方立场上考虑一下问题，同时看到自己的不足之处，然后再来解决纠纷。

3）迂回劝解。有时当事人背后还有支持人，可先做支持者的工作，通过支持者迂回地做当事人的工作。

（六）解雇与遣散的管理

在职业生活中，有时员工会面临与酒店劳动关系的解除，这种劳动关系的解除有多种类型，如根据是否符合员工的主观意志分为员工自愿的和非自愿的，前者又称为员工主导的离职，后者则称为酒店领导的离职；根据离职的原因可以分为员工个人方面的原因导致的离职和酒店原因导致的离职。从酒店职业管理的角度来看，主要有解雇和遣散两种管理活动。

1. 解雇管理

（1）解雇概述。解雇是指员工与酒店的雇佣关系的非自愿性终止。在我国国有酒店和集体酒店中，也被称为开除。为了有效地进行竞争，酒店必须采取措施确保高绩效员工有动力留在酒店中，同时还应当允许、鼓励甚至在必要的情况下迫使低绩效的员工离开酒店。成功酒店的一个特征是有能力留住核心员工，而另一个特征则是有能力并且愿意解雇那些表现出对酒店的生产率造成不利影响的员工。事实上，保留高生产率员工的关键是，确保这些人不会因那些从事没有生产价值的、具有破坏性和带有危险性行为的上级经理或同事而心情郁闷。

解雇的原因往往是工作绩效不合要求、行为不当、违反规定、业务水平不合格、工作要求改变、不服从等员工个人方面的原因。工作绩效不合要求可以界定为：一直没有完成指定任务或一直不符合规定的工作标准。具体的原因包括旷工、行动迟缓、经常完不成额定工作任务，或者对酒店、经理或同事持不良态度。行为不当界定为：蓄意、有目的地违反酒店的规定，可能包括盗窃、打架斗殴、不服从管教等。业务水平不合格界定为：员工虽然很勤奋但没有能力从事指定的工作。工作要求改变可界定为：在工作性质改变后，员工没有能力从事指定的工作。在后两种情况下，如果可能的话，酒店应尽可能留住这个员工并将他调动到合适的岗位上。

不服从是指故意蔑视或不服从上级的权威或正当的指挥、当众批评上级等。不服从通常是解雇的原因，虽然它比其他解雇的原因更难证明。盗窃、打架斗殴以及工作绩效差等都是清晰可见的解雇原因，而不服从则往往难以讲清楚。因此，需要记住一些不服从或应被视为不服从的举动：

1）直接蔑视上级的权威。

2）完全不符从或拒绝遵照上级的命令，尤其是当着其他人的面。

3）故意蔑视明确规定的酒店政策、规章和程序。

4）当众批评上级。与上级对抗或争执也是消极和不适当的。

5）公开无视上级的正当指令。

6）不尊重的蔑视态度，例如，提出蛮横无理的批评，更重要的是在工作时蔑视。

7）通过绕过直接上级的方式提出申诉、建议或政治策略来表示对指挥链的蔑视。

8）领导或参与暗中削弱和取消上级权力的活动。

当然，也不能简单地把这些行为作为解雇的原因，酒店职业管理的目的是为了达到激励和改善绩效的目的，在适当的时候可以采取一些宽大的处理，但这种决定权应当掌握在员工的直接上级手中。

（2）解雇的注意事项。解雇是指酒店对员工可采取的最严厉的纪律处分，强制性地解雇会损害被解雇者的尊严，使他们感到精神上的痛苦和愤怒，甚至可能采取极端行为。因此，必须慎重处理，如果处理不当，不仅会引起纠纷，而且可能伤害留下来的员工对酒店的承诺。具体来说，解雇应当是正当的、有充分理由的，并且是循序渐进的。只有在采取了绩效辅导与改善的适当步骤均告无效的情况下才可以采取解雇。但毫无疑问，在需要解雇的时候应当立即解雇。

在解雇时需要注意做到公平。首先是结果公平，在一个人丢掉了自己的工作而别人却没有丢掉工作的情况下，被解雇的员工很容易产生结果不公平的感受。然而这种潜在的不公平感在多大程度上会转化为某种形式的恼怒甚至暴力攻击行为或诉讼行为等报复形式，则取决于被解雇者对程序公平以及人际公平的感受。即使将一个被解雇的人所面临的所有负面效应都考虑在内，只要做出解雇决定的程序是具有一致性的、没有偏见的、准确的、可修正的、有代表性的以及符合道德规范要求的，那么被解雇的人也很可能会以一种心平气和的心态来接受这一决策。同样，如果酒店对解雇决策进行了充分的解释，并且在实际执行决策的过程中以一种微妙的、细心周到的、充满人情味的方式来行事，那么被解雇员工因为失去工作而引发的怨愤就很有可能会得到释放。

解雇前的谈话是使员工知道自己已被解雇这个事实的谈话。一旦做出解雇决定，酒店应当保护管理人员不受攻击报复。为了降低导致暴力后果的可能性，解雇前的谈话应该掌握以下原则：

1）解雇面谈前的准备。在进行解雇面谈前，应当对被解雇员工的危险程度做出一个判断，以确认这位员工是否会铤而走险。例如，此人自我感觉对酒店的重要程度如何？这个人过去是否威胁过自己的同事或上级管理人员？这个人有无犯罪经历？解雇对这个人的生活的影响程度有多大？同时，处理这一事情的人还要了解被解雇者的精神稳定性，如是否曾经因为精神紊乱而接受过治疗？

2）精心设计谈话。尤其是谈话的时间、地点。资料表明，大多数酒店喜欢在星期五的下午进行解雇面谈。事实上，在星期一上午进行解雇面谈所引起的暴力反应反而更慢一些。解雇面谈的场所最好是在工作现场中的公共场所，面谈的基调应当尽可能表示出对员工的尊重并且让他感到对未来还有希望。在谈话前，应该准备好各种协议、档案等，以备迅速解决。

3）抓住要点。不要寒暄或谈其他无关紧要的事情来旁敲侧击，应当在员工进来有过片刻的放松后，直接将决定告诉他。

4）说明情况。简要地说明解雇的原因，使员工知道这个过程是客观公正的，说明是经过各部门最后的决定。这里要注意的是不要攻击员工个人，仅说明客观事实即可。谈话时间也不要超过 10~15 分钟。

5）倾听。重要的是持续谈话直到员工能够放松地谈话，看起来能够接受自己被解雇的事实和原因。不要陷入争执，尽量保持倾听，以表现出对员工的尊重。

6）讨论解雇费。接下来，要仔细检查解雇费的所有项目，说明解雇的补贴、福利以及其他问题的解决渠道。不要给员工暗示还有留下来的机会，或者承诺要进一步"调查"情况。在员工离开办公室时，解雇过程就应当完成。

7）确定下一步。被解雇员工可能会迷失方向，不清楚下一步要做什么。在面谈的最后应该告诉他下一步到哪里去，与酒店的什么人联系。

其实，面谈结束后并不能代表以后就不会再发生问题了。即使面谈本身进展很顺利，也仍要保持警惕并对事态进行监控，尤其是在事情发生后的某个"周年纪念日"的时候。员工援助计划案件管理协会主席约翰·霍布金斯说："否认此类事情发生的可能性以及不做好充分准备是导致暴力事件发生的那些酒店所具有的一个共同特征。"

在实际工作中，除了在一些极端情况下，一般不应当在员工第一次出现过失的时候就予以辞退。相反，解雇应当发生在系统的惩戒计划执行完之后。有效的惩戒计划有两个核心的构成要素：文件（包括具体的书面工作规则和工作描述，这些文件应当在实行惩戒之前准备好）和逐级惩罚措施。如表 11 - 1 所示，惩戒措施应当以逐渐加大力度的方式来执行，并且这些惩戒措施必须事先详细阐明并有明文记载。惩戒的第一步可以从对第一次违反政策的或犯错误的员工提出非正式警告开始，如果再犯则予以书面警告。有些时候，员工再次犯错误有可能会导致临时停职，我国又称之为待岗。同时给予员工一份"最后通牒"，以表明如果下次再犯错误，就会被解雇。

表 11 - 1　逐级惩戒计划举例

犯错的频率	酒店的反应	文件记载
第一次犯错	非正式口头警告	证人作证
第二次犯错	正式书面警告	文件存档
第三次犯错	第二次正式警告，并发出可能会被临时停职的威胁	文件存档
第四次犯错	临时停职并发出"最后通牒"	文件存档
第五次犯错	解雇（保留申请仲裁的权力）	文件存档

2. 遣散

非惩罚性遣散是酒店生活的现实。它既可以由酒店发起，由于销售和利润降低可能要求解雇员工，也可以由员工发起，如员工可能为了退休或寻找更好的工作而终止劳动关系。对酒店来说，为了保持竞争能力、降低劳动成本，在必要的时候会选择一些适当的方法使员工离开酒店或暂时离开酒店。

对酒店来说，酒店发起的遣散有两种具体的方式：

（1）临时解雇。临时解雇是指工作暂时短缺，因而告诉员工，没有工作可提供给他们，但在有可能得到工作时，会重新召回他们。临时解雇不等同于解雇，解雇是雇佣关系的永久解除，临时解雇关键要取得员工的谅解，使员工不会因为被临时解雇而对酒店产生不良印象，从而在召回后能保持同样的酒店承诺。这需要做好临时解雇的程序，即根据什么标准确定在没有工作的情况下如何、让谁解雇。一般允许员工利用他们的资历保留工作。临时解雇程序大多有以下共同特点：资历通常是确定谁将留下来工作的根本决定因素；年资可以让位给业绩与能力，但那些有着深厚资历的人除外；资历是根据该员工加入本酒店的日期来算，而不是从其接受某种特定工作算起；在那些资历较深的员工不需要进一步培训就能胜任拟议中的工作时，可以让他去替换或顶替另一岗位的员工，以使其继续留下来工作。

对临时解雇来说，也有替代性的形式，比如员工主动降薪、制定季节性薪酬方案等。这些方案实施的前提是使员工能够理解酒店，与酒店建立共同的愿景。

（2）裁员。裁员又称精简，是指为了强化酒店的有效性而实行的计划之中的大规模人事削减。当酒店面临倒闭、停业、降低规模、效益下滑或者战略性经营转移时，酒店要减少劳动力的数量或者更换劳动力的类型导致的劳动关系的终止，而不是由于员工个人的原因引起的酒店解聘决定。

在精简过程中，可以分两个阶段：第一个阶段是确定精减人员的阶段，这个时候需要公平地对待每一个员工，让被精减员工理解酒店现状以及做出精简决策的程序。对于战略性裁员来说，往往因为裁员与绩效没有关系而让员工很难接受，对酒店的社会声誉影响更大。所以尤其需要做好裁员的后续工作。例如，有些员工如果因为被强制解雇而失业，可能导致精神上和经济上的压力，甚至激化家庭矛盾。酒店应该利用各种方式来帮助那些因为被解雇而暂时失业的人。但精简结束工作并没有完成，还有更重要的第二阶段的工作，因为裁员也会影响留任者的预期，酒店应该设法使他们保持对酒店的信任和忠诚，保持工作团队的团结、士气和生产效率。酒店必须注意那些留下来的人，通过建立精简之后的计划，使留下来的员工迅速步入正轨、高效地工作。首先是实施一系列的通告活动，包括举行全体员工大会，向员工说明酒店的现状，紧接着向每个员工个别通报其在酒店中的状况。其次在通告活动后的几天里采取跟踪行动。在这个阶段，让留下来的员工与酒店的管理人员一起进行小组讨论，鼓励员工表达对这次解雇的感想，说出他们对自己在酒店的未来以及对酒店的未来的关心和期望。同时，该计划中应包括长期的计划，例如，鼓励关键性管理人员经常与留下的员工举行非正式会见，不断地给这些人以酒店的支持。经过大约两个月后，与留下来的人员举行讨论会，以确定他们把所有的顾虑都消除了。

当然，对于酒店的精简目标，在实践过程中，可以有很多形式，例如，酒店为了降低劳动力成本，设计有诱惑力的退休金方案或提供求职援助来诱使员工提前退休，温和地解决精简问题。

我国在国有酒店改革进程中，也逐步探索出了一些有效的遣散形式。例如，减员增效计划，其含义是通过减少酒店劳动力的数量来降低酒店的成本，提高酒店的盈利能力和生存能力。减员的标准有两个：一个是资历原则，即将员工按照年龄大小排序，选择那些最年轻的员工解聘，直到把员工的规模降到目标水平。这种方法强调员工对酒店的奉献，相对来说是比较公平的。另一个是绩效原则，即将员工按照绩效高低排序，选择那些绩效水平比较低的员工解聘，直到达到目标。这种方法强调效率，但对一些老职工可能是不公平的。在实际操作中，大多数酒店采取了折中的策略，即"去两头，留中间"，让年龄在50岁以上的接近正常退休年龄的员工和30岁以下的还有能力学习新的工作技能的员工下岗，而保留三四十岁的员工。这是一种兼顾资历和绩效原则的方法。在具体应用的时候，酒店往往使用多种方法，如买断工龄、提前退休、停薪留职、整体分流等方式。买断工龄是指通过根据员工的工作年限对员工过去对酒店贡献的一次性补偿让员工主动解除劳动关系的方法。提前退休建立在承诺给他们部分工资的前提下，让不到退休年龄的员工提前退休。停薪留职，顾名思义就是保留工作，停发工资，让员工暂时离开酒店的方法。这些在新形势下的探索为我国的人力资源管理提供了宝贵的经验。

（七）员工辞职管理

辞职是指员工要求脱离现任职位，与酒店解除劳动契约，退出酒店工作的人事调整活动。辞职是员工的权利，酒店应予以尊重。

1. 辞职对酒店的影响

（1）员工因能力或健康状况不能胜任工作，要求辞职时，可以减少酒店负担；

（2）辞职人数保持在正常范围内，可以促进酒店吸收新生力量，保持员工队伍正常的新陈代谢；

（3）辞职人数超过正常范围。特别是骨干工人、专业技术人员、管理人员提出辞职，会严重影响到酒店正常的生产运营，对酒店的发展极为不利。

2. 员工辞职的原因

（1）个人原因：因个人的能力、健康状况或无法解决的生活困难等辞职，属于正常辞职。酒店对此可不做详细的分析。如果可能的话，酒店应酌情帮助；

（2）报酬原因：其他单位用高薪、优厚待遇吸引人才，从而促使员工辞职；

（3）管理原因：由于酒店管理不善导致员工的不满情绪，从而引起员工辞职。对于这种原因引起的辞职，酒店应予以高度重视，针对不同原因采取相应措施，尽量加以避免。

3. 辞职的程序

辞职管理是一项程序化工作。一般按如下程序办理：

（1）拟辞职员工向所在酒店人事部门提出书面申请，书面申请须写明辞职理由；

（2）所在单位按有关规定对申请进行审查，同意辞职的，应发给辞职者《辞职申请表》；

（3）所在单位在接到辞职者已填好交回的《辞职申请表》后，在国家或地区、行业有关规定期限内进行审批或转报；

（4）属转报审批的，审批机关在接到转报函件及《辞职申请表》后，在国家或地区、行业有关规定期限内审批；

（5）对审批同意其辞职的，应通过所在部门办理工作移交、结清账务、归还公物、资料等有关手续；

（6）申请辞职人员履行上述第 5 项程序后，凭所在单位证明向有关人事部门领取《辞职证明书》。

五、员工科学管理规范

（一）科学管理规范概述

1. 科学管理的基本原理

管理的主要目的应该是使酒店领导实现最大限度的利益，同时也使每个员工实现最大限度的利益。

"最大限度的利益"这个词，从它广义的意义上来讲，不仅意味着为公司或老板取得巨额红利，而且还意味着把各行各业的经营引向最佳状态，这样才能使利益永存。

同样的道理，最大限度的利益对每个员工来说，不仅意味着他能比其他同级别的人取得更高的工资，更重要的是，还意味着能使每个人充分发挥他的最佳能力。一般说来，这样他就能以他的天赋和聪明才智干出最佳等级的活来。

科学管理的基础在于相信两者的利益是一致的：只有员工也一样富裕起来，酒店老板的富裕才会长久，反之亦然；给工人以他最需要的高工资和给酒店领导以他所需要的产品的低劳工费用，也是完全可能的。

2. 科学管理与以人为本

所谓"以人为本"的管理，强调的是尊重人、理解人、信任人，尊重人的首创精神，调动人的积极性，降低监督成本。需要特别强调的是，"以人为本"的管理并没有替代传统的科学管理，而是在传统的科学管理所强调的精确、严格的基础上，通过对员工抽象人格的肯定，以协调酒店内部不同要素之间的关系，增进酒店的运行效率。传统的科学管理是严酷的，但它毕竟练就了员工严格、守时、守则的职业精神。

"以人为本"的管理是以传统的科学管理为基础的，不可脱离这一基础而奢谈尊重人、理解人、信任人。

（二）科学管理规范方法

1. 由谁来设计管理规范

当前许多酒店缺乏系统的酒店管理规范设计方案，普遍的做法是东拼西凑，或抄袭一些其他酒店的一鳞半爪，或是凭想象设计一个机构图，再者就是因人设事、因人设机构、因人设关系。更普遍的是采取补窟窿的办法，这种业务划分是有问题的，下次划分成那样，这种解决问题的方式不好，再试另一种。不考虑系统中各要素对酒店整体的系统性、一致性、适应性和实用性，改来改去还是难以达到目标。抄袭、主观臆造或消极地学习所得到的酒店条文，往往会早早地失去弄清每个酒店及其环境的特殊方面的机会，也就肯定难以设计出好的改革方案。

有效的管理规范设计是一个系统地探索的研究过程。因此，管理规范设计首先要考虑各种影响和制约的因素，包括酒店目标、竞争环境、法律政策约束、内部经营条件、内部传统经验、业务流程、生产类型、产品和市场、人力资源的情况、技术系统条件等。管理规范设计就是要在这种令人眼花缭乱的内外环境中进行。

因此，我们的建议是由专业咨询公司牵头，通过对酒店深入的了解，进行管理诊断后再由咨询公司和酒店同仁共同设计管理规范。为什么要请专业的咨询公司来设计管理规范呢？原因有以下三种：

第一，咨询公司能保持独立性，容易突破酒店中的既得利益，而不计情面、现状及部门的推动管理规范。

第二，咨询公司作为专业的管理顾问，更清楚应该如何做才能更好。

第三，咨询公司看到的是整个经营系统，而不囿于单个环节或部门。

但是咨询公司不太了解酒店的缺点，所以咨询公司成功的服务有赖于深入地了解酒店，与酒店员工共同工作。

2. 管理规范应有何特点

酒店管理规范作为酒店员工的行为准则，应具有以下特点：

（1）规范性。管理规范选取具有概括和代表同类事物基本特征的其中某个典型，以重复性的、经过实践检验被证明是合理、可靠、有效的管理活动为对象，比较详细地规定了"做什么"以及"怎样做"；并进一步明确"做到什么程度"，应"由谁去做"、"由谁协助"、"工作程序如何"，等等。管理规范是酒店员工在管理工作方面的准则，可用来规范员工的管理活动，保证行为的一致和统一。

（2）权威性。管理规范作为酒店法规，对全体员工具有严格的约束力，任何人不得违反。为此，酒店管理规范要有公开性和权威性，要有一定的制定程序和形式。一般是由酒店的专业机构根据酒店的目标和要求来拟定，有关员工进行讨论，最后经老板批准后向酒店全体员工公开发布，让全体员工都了解和掌握，以便遵照执行。

（3）科学性。管理规范要成为人们的行为准则，它本身必须符合酒店生产和管理的客观规律，正确反映事物的内在联系，总结员工的丰富经验。这样制定出来的规范才具有先进性和可行性。规范的条文要力求准确、齐全、统一，不能模棱两可，更不能相互矛盾。

（4）可衡量性。管理规范必须是可以度量的，它反映的是事物在一定条件下的质和量的规定性，以及时间和空间上的规定性，从而便于进行考核和检查。

（5）相对稳定性。管理规范一经批准实施，在一定时间内要保持稳定，不能朝令夕改。使人无所适从。当环境与条件没有很大变化时，规范应保持稳定，以便大家熟悉和掌握，在工作中相互协作配合，发挥规范的应有效能。当情况发生较大变化，确实需要修改时，也要经过一定的工作程序和批准手续，并且要先立后破，避免出现大的失误。

（6）群众性。制定管理规范，是为了让酒店广大员工遵守执行，因此要注意简明扼要，通俗易懂，便于员工掌握和执行。酒店的管理规范应当以激发效果为目的，注意以鼓励取代禁止，以事前防范取代事后责备，以积极奖赏取代消极处罚。

3. 如何行动

（1）方案设计。方案设计的思路按职能分析、酒店结构设计、管理标准设计的顺序进行。即按做什么、谁来做、怎样做、做的标准、做错做对谁来管这样的顺序进行。

（2）酒店机构。酒店机构是职能的承担者，而酒店的正常运转要靠一系列的运行机制加以保证。管理标准是运行机制的主要内容。改革的重点是在流程设计和接口分析的基础上制定各类管理标准。

（3）管理标准。管理标准是一个统称，它的实质含义是将经常和反复出现的管理工作标准化。管理标准主要包括业务标准、工作标准和作业标准。其主要内容是：职能（工作）范围、职责权限、业务流程和业务接口、工作承担者、工作完成好坏的标准与考核条件，业务进行的条件以及业务中发生纠纷的仲裁等。一句话，就是本单位应当做什么、如何做与如何做好。以往的各种制度相当一部分是给别人看的，应付了事的多于真正要使用的。现在制定的管理标准，则是100%的给自己看，让自己用的。因此，标准制定的是否合格，要看以下几点内容：

1）是否所有的接口（业务衔接点）都反映在标准中了？

2）以往工作中出现的矛盾、扯皮等问题是否都将解决的办法纳入了标准？

3）每个部门和岗位做什么和怎样做的问题是否都在标准中明确了？

管理标准的制定按以下三个原则进行：

1）由使用标准的人（标准对象）来制定，报上一级批准，即"专家"制定原则。

2）标准中涉及的部门和岗位要对标准的内容加以确认，即协商一致原则。谁的标准由谁制定，制定了就照着做。

3）若有专业咨询公司介入，由咨询公司来酒店设计。

（4）改革方案。改革方案的制定应由各部门负责人直接成立专门小组进行。草拟后的方案应在尽可能大的范围内充分讨论并加以完善。

改革就是要树立新观念，不破不立。参加改革的同志应首先努力摆脱传统思想的束缚。对任何一个问题，都应按下述顺序进行分析：应不应该改、能不能改和怎样改。

将立足点放在"应该"两字上，立足改革而不是立足现状，不是从现有的条件、现有的工作、现有的员工和水平出发，而是从应该做什么、应该怎样做、应该由什么样的人做出发。"应该"与"现状"的差距正是我们这次改革与管理规范设计的内容。

（三）科学管理规范内容

1. 管理制度

这类管理规范主要规定各个管理层、管理部门、管理岗位以及各项专业管理业务的职能范围、应负的责任、拥有的职权，以及管理业务的工作程序和工作方法，即规定应该"做什么"和"怎样做"的问题。

这类管理规范有基本管理制度，这是酒店中带有根本性、全局性、综合性的管理制度，是酒店管理的基本方式的集中反映，如酒店领导制度、民主管理制度、经济责任制等。还有专业管理制度，它是在基本管理制度的指导下，对酒店各项专业管理工作的范围、内容、程序、方法等所做的规定。这一类规范在酒店中是大量的，它是酒店机构正常运行的基本条件。酒店内各管理层次、各部门要依据它来开展工作，使酒店结构顺利运转。同时，它也是制定管理岗位责任制度，以及对管理部门进行考核奖惩的重要依据。专业管理制度的种类繁多，不同规模、不同类型的酒店又各有不同之处。

各类专业管理制度的内容，一般包括以下几个部分：

（1）该项专业管理工作在酒店生产经营活动中的地位、作用和意义。

（2）该项管理工作应遵循的基本指导思想和原则。

（3）进行该项管理工作的依据、资料和信启的来源。

（4）管理业务活动的范围和工作内容。

（5）管理业务的工作步骤、工作方法和工作手段。

（6）该项管理业务涉及的岗位和部门。

（7）该项专业管理与其他专业管理之间的关系及联系方式。

这些方面的内容就是要回答清楚：该项专业管理应当"做什么"、"依据什么去做"、"怎样做"以及"做到什么程度"。各项专业管理制度通常采用条例的形式来阐述，个别也有采用表格式、图解式和问答式的。

2. 岗位责任制度

控制要做到"事事有人管，人人有专责"，这就是岗位责任制，它具体规定酒店内部各个部门、各类员工的工作范围、应负责任及相应权力的制度。建立责任制的目的是在对酒店职工进行合理分工的基础之上，明确每个部门与岗位的任务与要求，把酒店中千头万绪的工作与成千上万的人对应地联系起来，使酒店生产和管理活动有条不紊、像钟表一样准确地运行。它也是进行绩效考核的条件和基础。

岗位是根据酒店目标需要设置的具有一个人工作量的单元，是职权与责任的统一体。酒店应从现实及发展目标出发，经过调查、论证、分类、评价、归级等程序设置岗位并加以科学管理，使岗位以最优的工作效益融入酒店目标之中，产生出理想的酒店效益。

岗位包含下列几个方面的内涵：其一，岗位是根据酒店目标确定的，是酒店设计的一部分，先有酒店机构设计、职务设计，而后才有岗位设置；其二，岗位是酒店中的一个单元或细胞，它仅具有一个人的工作量；其三，岗位具有相应的职权、责任与工作范围，体现客观性。

（1）岗位独立存在的条件。

1）应有一定的工作范围和职责要求，凡是界限模糊、范围不清、职责不明的工作不能构成岗位。

2）应有充分的工作量，这有两层含义：其一是岗位工作量应符合制度工时要求；其二是对工作量的判断以先进效率为依据，不能鼓励落后、效率低下现象。

3）应具有相对稳定性，岗位的存在必然具有时间性和空间性的特点，如果岗位变化频次过高、变幅过大，管理效益会很差。

4）应一岗一人，事实上，任何一个部门员工的工作都有相对独立性，如果多人从事同一个岗位，就违反了集合元素不能重复的原则，肯定职责不清，往往是能干的多干，不能干的少干，不想干的不干。

酒店的任何岗位均是酒店工作流程的一个节点，不会游离于工作流程之外。岗位的活力就在于，它一方面自身产生工作价值，同时又同其他岗位进行信息交换和成果传递，从而使酒店具有生命力。一旦酒店或工作流程发生变化，岗位也就会产生变化。

（2）岗位设置原则。岗位工作性质具有专业性特点，因而要求上岗员工必须进行相应的专业训练，具备上岗必备的专业知识。酒店各岗位的任职条件、工作难易、责任大小不同，所创造工作成果的水平层次亦不同，造成岗位之间存在能级层次差异。

上述的程序性是岗位设置的基础，专业性是岗位分类的依据，层次性是岗位评价的对象。

1）因事设岗原则。设置岗位既要注重于酒店现实，又要着眼于酒店发展。按照酒店各部门职责范围划定岗位，而不应因人设岗，岗位和人应是设置与配置的关系，而不能颠倒。

2）规范化原则。岗位名称及职责范围均应规范。对酒店脑力劳动岗位规范不宜过细，应强调创新。

3）整分合原则。在酒店整体规划下应实现岗位的明确分工，又在分工基础上有效地综合，使各岗位职责明确又能上下左右之间同步协调，达到合作制胜的目的。

4）最少岗位数原则。既考虑到最大限度的节约人力成本，又尽可能地缩短岗位之间信息传递时间，减少"滤波"效应，提高酒店的战斗力和竞争力。

5）最低岗位层级原则。一般酒店设计比较注意机构的能级层次，实际上岗位也是有能级层次的。实践证明，对任何岗位都应在满足岗位员工要求的前提下将岗位任职条件置于低水平。这一方面可以降低岗位成本。同时又能人才适用，防止大材小用，高才低用，使岗位与员工实现优化配置。

（3）岗位规范。岗位规范（岗位说明书）是岗位性质类型、工作环境、资格能力、责任权限及工作标准的综合描述，用以表达岗位在酒店内部的地位及对工作员工的要求，简单地说就是"做什么"和"怎么做"。它体现了以"事"为中心的岗位管理，是考核、培训、录用及指导岗位工作员工的基本文件，也是岗位评价的重要依据。

岗位规范一般应包括 12 项内容：即工作内容、所需学历、所需知识、所需能力、任职资格、任务来源与实施步骤、工作依据、权限、责任、所受领导与指导、考核方式和其他部门的联系等。制定岗位规范首先要选择典型岗位进行试点，可先选数个不同层次的典型岗位。由现岗位员工对该岗位进行定性描述，再由业务条线上的专家审核、修改，最后由主管领导审批定稿。典型岗位的岗位规范制定后，可作为样本供其他岗位编写时参考。编写岗位规范要遵循下列原则：

1）准确性原则。描述要准确。语言要精练，一岗一书，不能雷同，不应"千岗一面"、"一书概全"。

2）实用性原则。应体现：任务明确好上岗，职责明确易考核，资格明确好培训，层次清楚能评价。

3）完整性原则。一般由现岗员工自我描述，主管领导审定，从程序上保证文件的全面性和完整性。

4）统一性原则。文件格式统一，按典型岗位编写样本。

典型的岗位样本要包括：

1）岗位工作内容描述。

2）岗位任职要求描述，包括岗位所需学历、所需知识和操作能力。

3）岗位性质描述，包括岗位任务的来源与实施步骤，与岗位解决专业问题所需参考借鉴资料文献及他人经验的程度要求。

4）岗位权限与责任，赋予本岗位履行职责的权力大小和责任轻重及适用范围。

5）岗位纵向关系，包括岗位所受领导与指导和岗位工作的考核方式。

6）岗位横向关系，即岗位与其他部门的联系。

3. 业务标准化

业务标准以管理业务为对象，是以业务流程为主要线索而制定的，一般涉及多个部门或岗位。业务标准以流程为对象，所以它是以动态的观点规定了部门与部门、岗位与岗位之间在业务处理过程中的联系。重视部门或岗位间在业务进行中的"接口"，业务流程图中的方向线便反映出这一点，这符合部门或岗位之间在实际业务中保持协调一致的要求，也正是制定业务标准的目的所在。

我们在前面提到的岗位工作标准更注重部门内、岗位上的一件件具体工作，是以相对静态的观点对某一部门或某一岗位的工作提出质量上的要求。虽然工作标准也规定了部门或岗位工作间的协调与衔接，但这是从本部门、本岗位的角度出发，规定了与邻近部门或岗位的关系，并且这种关系可能分属于不同的业务过程，在同一工作标准中不能从业务上联系起来。而业务标准考察的是业务的全过程，各有关部门或岗位都要有所反映，关系密切，一环紧扣一环，既要有头有尾，又不能从中间断裂。

酒店中的管理业务流程按照其涉及的范围大小，可以划分为不同的层级。最低层级的业务流程发生在一个工作员工内部，是由一个人来完成该流程中所有步骤的工作。这样的业务流程实际上表现为一种业务处理的逻辑过程。

比单独某个人执行的业务流程更高一个层级的是，发生在一个部门内部若干个岗位之间，甚至一个系统内部各部门之间的业务流程。这类业务流程图的绘制，不仅需要指明各项目之间的逻辑关系，而且往往需要同时指明各工作项目之间在时间和空间上的联系，因此这种流程图绘制起来就相对比较复杂，需要采用标准的图例并按照一定的步骤来绘制。

4. 管理方法标准化

酒店还应选择管理领域中经常使用、功效显著，而且有普遍推广价值的一些管理方法，将它们制定为标准，并通令在酒店中全面推行，这样就形成了管理方法标准。例如，在全面质量管理中运用的七种统计工具，不仅适用于质量管理，而且还适用于其他各项管理业务，因此就可以将它们规定为酒店的管理方法标准。制定管理方法标准，也有利于现代化管理方法的推广和巩固，有利于提高管理员工的业务素质，有利于形成全厂统一的管理风格和作风。

酒店管理方法标准的建立，应由简到繁、由易至难。从一些先进酒店的实践来看，在专业管理领域中较为广泛推行的有：

（1）PDCA 工作方法。PDCA 工作方法是计划（Plan）、实施（Do）、检查（Check）、处理（Action）的英文字头。PDCA 循环是改进和提高各项管理业务都应遵循的步骤和程序。

（2）全面质量管理七种工具。即排列图、因果图、分层法、检查表、直方图、散点图和控制图。这是一些很有实用价值的统计方法，它们用图表代替文字叙述，简明直观，形象突出。这些统计工具起初是在全面质量管理中发展运用起来的，酒店的实践已经说明它们普遍适用于各项专业管理业务。它们是在管理工作中发现问题、寻找原因和改进措施的辅助统计工具。

（3）5W1H 分析法。5W1H 分析法亦称六何分析法，即何物（What）、何时（When）、何地（Where）、何人（Who）、何原因（Why）、如何干（HOW）。它最初产生于生产管理领域，但实际上是一种调查研究和思考问题的方法。因此，适用于各个管理层次和各个管理业务领域的工作方法。

（4）ABC 管理法。又称重点管理法。其实质是要在管理工作中区分轻重缓急，突出重点，用主要精力抓好重点管理事项，从而取得事半功倍、提高管理效率的效果。它也普遍适用于各项专业管理业务。

（四）程序化行为规范

在管理控制中，员工的行为分为程序化行为和非程序化行为。所谓程序化行为是反复出现的、有一定结构、可以通过一定的程序予以解决的活动。每当这种活动和问题重复出现时，可以照此办理，不必再做新的决策。也就是说，这种行为可以程序化、定型化。所谓非程序化行为是针对非重复出现的、没有结构化的、新的，而且又属于特别重要的问题而做的活动。这类决策不能程序化，必须每次都做新的决策。

程序化行为可以通过建立规章制度和一定的职责分工，以及建立数学分析模型、利用计算机而予以解决。许多酒店对程序化行为的控制不力，或将程序化问题当成非程序化问题处理，这必然是兵来将挡，水来土掩，事倍功半。

1. 从传统到现代

中国酒店的基础管理最薄弱，程序化工作法要做的就是对基础管理的强化。与我国过去的基础管理相比较，程序化工作法有几个明显的特点：

（1）工作程序标准化。做任何一件事情都有一定的程序，但执行这些程序带有很强的自发性，不同的执行者会有不同的理解和行为。程序化工作法的特点，并不在于有没有程序，而是通过人们事先编制的程序，使工作过程和工程项目的进行程序具有了科学化、标准化、规范化的特征，克服了过去工作因人而异，随意性强的缺陷。

（2）工作标准科学化。管理活动的实践证明，工作标准越具体越有利于操作和控制，由于酒店设备逐渐老化、工艺条件变化频繁、员工队伍素质变化等客观原因，在计划经济条件下形成的控制方式由于通用性强、针对性差，存在一定的局限性，已经不能很好地适应现代酒店生产和发展的需要。程序化工作法在探索工作标准具体方面有着积极的作用，把岗位的具体工作、具体标准做出明确的规定，使技能素质不同的员工都能够依照工作程序、工作标准进行工作、减轻了工作质量对人为因素的依赖程度。

（3）变结果控制为过程控制。传统的控制方法是以控制工作结果为手段来保证工作的质量。管理员工通过对某项工作的结果进行评定，奖优惩劣，而对工作过程的检查、评定较少。这一传统控制方法的突出问题是一旦发现结果不符合要求，往往难以补救，造成损失，或是一旦发现结果不符合要求只好马虎了事，使问题越积累越多。而过程控制能及时解决这一问题。

（4）作业员工责任充分。程序化工作法强调作业员工的责任，在一个确定了的工作流程、工作岗位的基础上，在一个确定了的工作时段、工作环节和工作空间内，每一个人的责任都必须是不推诿、不回避、尽职尽责地认真工作，同时需对员工的招聘、录用、培训、职业操守、分配激励机制有相应的程序要求和规定。

2. 程序化工作法的两种类型

（1）时序型。把一个工作日划分为若干个工作单元，并将每日的工作内容划分到各个工作单元，对每个工作单元的工作内容制定具体要求。作业员工以时间为序，每个工作单元（一般为1小时）都要完成该工作单元的各项工作任务。作业员工上岗后，即像计算机程序一样，到某个时间完成某个工作单元的任务。什么时间干什么？怎么干？干到什么程度？什么时间干完？非常明确，从而可以实现工作过程"自动控制"。

（2）工序型。以完成某项工作的实际进程为序，按工作步骤确定关键的控制点，划分工作段，每段工作确定相应的操作内容、操作方法、质量标准，并制定严格的验收程序，发现偏差，在进入下一工作段前就应及时纠正。

3. 基本内容

程序化工作法是规范作业员工岗位工作的方法，一个岗位一套制度，一类（项）工作一套程序。

在纵向方面。程序化工作要对作业员工岗位工作流程中的操作提出规范要求，强调对岗位的全过程进行科学的分段，对工作内容进行科学的定义，对作业员工的基本素质提出要求，对执行和控制、验收与调整的内容进行界定。

（1）程序编制阶段。这是程序工作法的核心和基础部分。这个阶段包括以下五个步骤：

1）科学地确定工作内容。

2）合理地制定工作标准。

3）运用"ABC法"管理分类。

4）划分工作单元，要按不同岗位的特点，确定某一岗位是以"时序型"为主，还是以"工序型"为主。在类型确定后，要根据工作需要，确定合理的单元数量。

5）把已确定了相应标准的工作内容编制到每个工作单元中去。

（2）培训阶段。通过培训也可以进一步发现和纠正一些不合理、不科学的要求和标准，从而使程序更加可行。

（3）执行和控制阶段。作业员工要严格按标准执行"程序"，按具体标准的要求完成每个工作单元中的各项工作内容是应用这一方法的前提；管理员工按此标准对作业员工完成"程序"的情况，如工作任务的数量、质量和进度通过检查、评定、纠偏来进行控制，这两者必须同时进行。

（4）程序调整阶段。一套完整的工作程序在执行一段时间后，管理员工和技术员工要按既定程序及时对"程序"本身的科学性进行分析，对存在的问题进行研究解决，及时地对"程序"进行调整和修正。

4. 编制流程的原则

（1）科学性原则。

（2）合理性原则。

（3）实践性原则。

（4）可靠性原则。

5. 人重于流程

程序化工作法创立的用意之一是为了减少工作质量对各种人为因素的依赖。但任何一种管理方式毕竟还要人来执行，因此必须研究人的因素并采取相应的措施，做好人的工作，进而提高自我管理的意识。

（1）应用规章制度来规范作业员工的操作行为。

（2）通过严格和科学的考核来保证程序化工作法的正确执行。

（3）利用工资与奖金的激励作用来调动作业员工的积极性。

（4）贯彻以人为本的思想。

（5）通过岗位培训，提高员工的技术素质和劳动技能。

（五）非程序化行为规范

程序化决策可以通过一定的程序予以解决。每当这种活动和问题重复出现时，可以照此办理，不必再做新的决策。而非程序化决策是针对非重复出现的、没有结构化的、新的，而且又属于特别重要的问题而做出的决策。这类决策不能程序化，必须每次都做出新的决策。对非程序化决策的控制要通过规范决策权限来实现，还要依靠决策者的经验与创造精神，培养与挑选合格的主管。要做出正确的决策必须弄清问题的类型与矛盾所在。问题的类型和主要矛盾搞错了，必然会做出错误的决策。如果把非程序化问题当成程序化问题来解决，必然是无视已经变化的情况和新的矛盾，沿用旧方法来处理，也是不可能正确的。

酒店的决策大大小小数量很多，每一项决策的权力授予哪一个部门和主管，这需要运用决策分析的方法，做出科学、合理的规定。决策权限的规范要遵循下列问题：

一是为实现酒店目标所开展的各项业务活动，需要做出一些什么决策？

二是它们各属于何种类型的决策？

三是这些决策应该分别在酒店的哪一个层次做出？

四是对处理某一问题所做的决策会影响到哪些业务活动？

五是哪些员工必须参加这项决策？

六是应该事先征求哪些业务部门的意见或在决策后要予以通知？

如果对该项决策的性质与特点认知得不够正确，决策事项及相应的决策权配置就会不够合理，以致把对酒店有全局性影响的决策安排在过低的层次，使必要的集权被削弱；或者相反，把许多决策归属到比实际需要高得多的管理层次上，结果阻碍了必要的分权。

酒店各项决策都不是孤立的，总会或多或少地影响到其他管理工作。不过，有些决策的影响面较小，例如只影响其他一个或少数几个部门；有的影响面则很大，涉及多项工作乃至整个酒店管理。根据决策影响面的大小来配置决策活动与决策权的原则是：决策的影响面越小，越属于较低层次的决策；反之，就应该由较高的层次来承担。这样做的目的是为了保证决策者全面考虑所有受其影响的各种职能或部门的要求，避免本位主义，片面追求局部工作最优化。

在进行决策权分配时还要考虑决策的代价，即决策失误可能造成的损失大小。代价可用资金数额来计算，有时还需要从公司信誉、品牌、竞争地位、士气等这样一些无形项目去估计。一般来说，决策代价越高，责任就越大，按照责权一致的原则，拥有决策权的管理层次也应该越高。

对于那些直接与费用支出相联系的决策，应划分不同档次的费用标准，从而明确规定不同层次的管理部门，各在多少费用支出范围内拥有决策权。

最后还要考虑决策的时效性。决策对酒店的影响，在时间上有长有短。某些决策将在较长时期内对酒店生产经营起指导和约束作用，有些决策则会很快失去效用。

有些决策的时效性不很明显，容易被忽略而造成错误的职权设计。如物资采购工作，在品种、数量、价格、时间和货源等方面均有决策问题。

根据以上分析以及任何决策都应从实际出发的基本要求，决策权的具体配置所遵循的基本原则是：

（1）一项决策最低应该下放到什么管理层次。每一项决策应尽量由最低可能层次和最接近行动现场的部门及员工去制定，以便使决策者能真正掌握第一手资料与经验，从实际出发，并使上级主管尽可能摆脱那些有标准可依的高频率的事务性工作。

（2）一项决策最低可能下放到什么管理层次。每一项决策有权对其做出决策的层次，应该是能够全面考虑受该决策影响的所有业务活动及管理目标的层次，以保证局部优化和整体优化的统一。

因为，第一线管理员工的职务是最基本的管理职务，他们承担的责任和应该做出的工作成绩——提供产品和服务、向顾客推销以获得收入，等等，是从最高前厅领导的责任与目标分解下来的，并对完成高层管理任务起保证作用。所以，按照上述原则，在具体步骤上，决策权的配置应自下而上地进行，即从基层第一线管理员工开始，逐级向上直至酒店最高前厅领导。

从这个意义上来说，较高层次的管理职务其实是派生的，是为了指导和帮助第一线管理员工执行其职务，负责解决他们不能解决的问题，为他们提供最大限度的支援。

因此，首先，酒店基层从最低一级开始，逐级根据自己的职责范围，各自提出所应享有的下列几种决策权：

（1）不用请示报告，即可采取行动的权力是什么。

（2）允许相机处置，但事后必须报告的权力是什么。

（3）不准自作主张，必须事前请示报告的工作是什么。

其次，在基层范围内，上一级主管对下级部门提出的初步方案进行协调平衡与调整，确认下级部门的决策权。这里可能出现以下两种调整情况：

（1）下级提出的决策事项不足，上级予以补充，向其授权。

（2）下级部门提出的决策事项超限，上级予以削减。

其次，酒店中层各职能部门按照职责范围，提出应享有的决策权。酒店高层领导对所辖部门提出的方案进行协调平衡与调整，确认下级的决策权。这里同样包括补充或削减下级决策两种情况。酒店负责酒店设计的部门汇总以上基层、中层和各子系统领导员工提出的初步方案，进行协调平衡与调整，最终拟订出整个酒店的决策权配置草案。

最后，酒店高层领导研究审定和批准草案，正式颁布并执行。

以上步骤只是规范决策权限的逻辑步骤，在实际工作中，有赖于上下级之间反复协商、研究，通过民意调查、头脑风暴等方式才可能讨论出较为满意的方案。

第十二章　前厅人力资源与管理

一、前厅人员的素质要求

（一）前厅主要管理人员的素质要求

前厅主要担负着服务管理的任务，它是酒店管理体系中的重要组成部分。一个服务企业在有形服务方面，要为顾客提供精良、美味的食品，舒适优美的环境，在无形的服务方面则应做到微笑、细致、周到、热情、友好，反应迅速。服务工作看似简单，其实它包含着大量的知识、技巧以及烦琐的劳动。经营和效益主要靠前厅的服务去完成。因此前厅部工作人员必须具备良好的工作素质、仪容与礼貌。同时对于前厅部人员的培养也有很高的要求。

1. 前厅经理的素质要求

前厅经理是前厅营业与管理的最高指挥，是前厅全体员工甚至是整个酒店的形象代表。其主要工作是通过对前厅经营的计划、组织、人员配备、指挥与控制，创造出前厅高效工作的气氛，从而保证酒店的经济效益。

（1）前厅经理的素质要求。

1）知识要求。

①掌握酒店经营、销售知识，熟悉旅游经济、旅游地理、公共关系、经济合同等知识。

②掌握前厅各项业务标准化操作程序、客房知识、了解宾客心理和推销技巧。

③掌握酒店财务管理知识，懂得经营统计分析。

④熟悉涉外法律，了解国家重要旅游法规。

⑤具有一定的计算机管理知识。

⑥熟练运用一门外语阅读、翻译专业文献，并能流利、准确地与外宾对话。

⑦了解宗教常识和国内外民族习惯和礼仪要求，了解国际时事知识。

2）能力要求。

①能够根据客源市场信息和历史资料预测用房情况、决定客房价格，果断接

受订房协议。

②能够合理安排前厅人员有条不紊地工作，能处理好与有关部门的横向联系。

③善于在各种场合与各阶层人士打交道，并能够积极与外界建立业务联系。

④能独立起草前厅工作报告和发展规划，能撰写与酒店管理相关的研究报告。

⑤遇事冷静、感情成熟，有自我控制能力。

⑥善于听取他人意见，能正确地评估他人的能力，能妥善处理客人的投诉。

3）经验要求。

一般要求前厅经理具有3年以上的前厅服务和管理经验。

（2）前厅经理的岗位职责。

1）主管前厅业务运转，协调前厅各部门的工作，负责制定前厅的各项业务指标和规划。

2）每天检查有关的报表，掌握客房预订销售情况，并负责安排前厅员工班次及工作量。

3）掌握每天旅客的抵离数量及类别；负责迎送、安排重要客人的住宿。

4）严格按照前厅各项工作程序，检查接待员、收银员、行李员等工作情况。

5）配合培训部对前厅员工进行业务培训，提高员工素质，并具体指导员工各项工作。

6）与财务部密切合作，确保住店客人入账、结账无误。

7）协调销售、公关、客房、餐饮以及工程维修部门，共同提高服务质量。

8）负责监督营业报表，并进行营业统计分析。

9）负责处理和反映跑账、漏账等特殊问题。

10）收集客人对客房、前厅以及其他部门的意见，处理客人投诉。

11）与安全部联系，确保住店客人安全，维持大堂的正常秩序。

12）组织和主持前厅部务会议和全体员工会议。

为了确保前厅经营的顺利进行，前厅还设有值班经理。这样，前厅每时每刻都有经理主管，任何重要问题都能及时得到解决或反馈。值班经理具有前厅经理的职责与权力，前厅经理缺席时，他可以代理主持前厅工作。

2. 前厅主管的素质要求

在规模较大的酒店里，前厅的管理人员除前厅经理之外，还设有主管人员，如前厅业务主管以及下属的各位领班人员。前厅主管接受前厅经理领导，负责前厅营销的日常工作。

（1）前厅主管的素质要求。

1）熟知"服务"的多重结构、销售组合概念、商品广告艺术和效果、产品定价策略知识。

2）了解中外旅游市场的需求层次。

3）能够在前厅经理授权下，协调与各旅行社、酒店以及涉外企事业单位的工作关系，努力为酒店开辟新客源渠道。

4）能熟练撰写客源市场分析、酒店经营分析报告等业务文件，有较强的口语表达能力。

5）协调前厅各项工作关系和人际关系的能力。

6）监督、检查和指导前厅员工的各项业务工作的能力。

7）能妥善处理客人投诉和前厅客人闹事等情况，维持良好的客人关系与前厅秩序。

（2）前厅主管的岗位职责。

1）掌握前厅营业的基本情况，如客人到离人数、客房出租率、客房状况、订房情况等，发现问题及时向前厅经理汇报。

2）协调前厅与客房、餐饮以及工程维修部门的关系，共同搞好服务工作。

3）严格按照酒店规定对前厅询问、接待、行李、结账等环节的服务态度、服务方式、服务质量等方面进行督导。

4）了解员工的思想、学习、工作、生活情况，协助前厅经理做好员工的技术培训与业务考核工作。

（二）前厅部人员的基本素养要求

在酒店各部门中，前厅部对员工素质要求是比较高的。前厅部的任务能否完成，主要取决于前厅员工的素质能否达到工作要求。前厅部员工素养的高低是一家酒店经营成败的一个重要因素，前厅部一线工作人员的素养要求如下：

1. 品行

前厅部员工首先必须品行端正、诚实且具有较高的修养水平。因为前厅部的工作会涉及价格、金钱及酒店的商业机密，如果前厅部员工品行不正，就很容易利用酒店管理中的漏洞，为个人牟取私利。而如果员工修养不好，就很难提供高水平的能力。

2. 服务意识

前厅部员工应具有良好的服务意识，随时为客人服务，并通过自己的细心观察，及时发现客人尚未提出的服务要求，并予以满足，以达到优质服务的水准。

3. 基本素质

（1）良好的语言基础。前厅部人员应该有良好的语言基础。首先，必须具有良好的汉语表达能力及理解能力，他们的普通话发音应准确，音质要好，语音应圆润动听；其次，必须熟练地掌握两门以上的外语，并在听、说、读、写几个方面，特别是口语方面，都达到相当高的水平；最后，前厅部人员还应掌握一些常用的方言，如广州话、闽南话等，以便于更好地接待港、澳、台同胞。

（2）认真的工作态度。

（3）较广的知识面。前厅部员工必须对历史、地理、气候、本地风景名胜、交通、外国风俗、宗教等方面的知识，有较全面的了解。

（4）微笑。微笑是礼貌的表现，前厅部员工的微笑服务，一方面能向客人展示出酒店对客人真诚的欢迎；另一方面也能使员工精力集中，精神饱满地为客人服务。

（5）站立服务。按酒店的规范，前厅部员工应具有连续 8 小时为客人提供站立服务的能力。

（6）幽默感。前厅部员工应具有幽默感，必要时应能够用幽默的语言活跃气氛，打破僵局。

（7）勤奋好学，事业心强。前厅部工作涉及的知识面广，对员工的素质要求高，这就要求每位前厅部员工勤奋好学，不断学习新知识，迎接工作的挑战。

（8）仪表仪容、礼貌礼节。前厅部员工要有得体的举止，因为其一言一行，都关系到客人对员工本身及酒店的印象。

二、前厅员工招聘与录用

（一）员工招聘的含义

现代酒店管理中的招聘是指为了实现组织的战略目标，由酒店管理部门和其他部门按照科学的方法，运用先进的手段，选拔岗位所需要的人力资源的一个过程。

如果一个酒店前厅只在"缺人"时才想到招聘，说明它还没有形成酒店管理理念，也没有深刻体会到招聘的意义。随着市场经济的发展，"以人为本"的观念正在各组织中逐步树立，人才的吸收和培养也越来越受到组织的重视。

（二）招聘原则

1. 效率优先原则

人力资源部门在招聘时首先应考虑的是组织的效率，可招可不招时尽量不招；可少招可多招时尽量少招。一个岗位宁可暂时空缺，也不要让不合适的人占据，对于招聘来的员工一定要充分发挥他们的潜能，做到人尽其才。

2. 双向选择原则

在计划分配成为历史，劳动力市场日渐完善的条件下，双向选择成为招聘者和求职者的最佳选择。招聘者在劳动力市场上搜寻令他满意的劳动者，而求职者也在劳动力市场上寻找适合的用人单位，双方处于平等地位。

3. 符合国家法律政策和社会整体利益的原则

在招聘中应坚持平等就业、相互选择、公平竞争、禁止未成年人就业、照顾特殊群众、先培训后就业，不得歧视妇女等具体原则。由于用人单位的原因而订立了无效劳动合同或违反了劳动法规，用人单位应承担相应的责任。

4. 公开、公平原则

组织在招聘时应把招聘的部门，招聘职位的种类、数量、要求以及考试方法向社会公开。这样做不仅可以扩大筛选范围，而且有助于形成公平竞争的氛围，使招聘单位确实招到德才兼备的优秀人才。

与公开原则相适应，招聘单位对应聘者应该一视同仁，努力地为人才提供公平竞争的机会，不得人为地制造不平等条件。如上文提到的性别歧视、年龄歧视、地区歧视等，这些不平等条件和歧视政策常常把许多优秀的求职者排斥在外。

5. 竞争、择优、全面原则

竞争和择优是公平、公正的必然选择。人员招聘必须制定科学的考核程序、录用标准，选择合适的测试方法来考核和鉴别人才，只有根据测试结果的优劣来选拔人才，才能真正选到良才。

在强调择优的同时不能忽略全面的原则，在考核时应兼顾德、智、体多方面的因素。因为一个人的素质不仅取决于他的智力水平、专业技能，还与他的人格、思想等密切相关。当然，在坚持全面原则的同时，对人也不能求全责备，任何人才都不可能十全十美。

6. 确保用人质量和结构合理原则

一般说来，选聘人员时应尽量选择素质高的人才，但也不能一味地强调高水平，应坚持群体相容的原则。简单地说，就是要根据组织机构中各个职务岗位的性质选聘相应人员，而且要求在工作群体内部保持较高的相容度，形成群体成员间心理素质差异的互补，使整个组织的人员结构合理。招聘到最优的人才只是手段，最终的目的是每一岗位上都是最合适、成本最低的人，从而使组织的整体效益达到最优。

7. 降低招聘成本，提高招聘效率

我们这里所指的招聘成本包括：招聘时的各项费用；因招聘不慎、重新再招聘所花费的费用，即重置费用；因人员离职给组织带来的损失，即机会成本。目前，招聘单位对招聘成本和招聘效率往往不够重视。我们必须看到人力资源招聘工作的投入资金是有限的，在以效益为中心的组织中，招聘同样要讲究效率，应该以最低的代价获得合适的人才。

（三）招聘规划

1. 招聘规划的主要内容

招聘规划工作简单地说就是把空缺职位的工作说明书和工作规范变成一系列目标，并根据这些目标确定需招聘员工的具体数量和类型。

（1）招聘人数。计划招聘人数往往要多于实际录用人数。这是由于一些应聘者可能资格不够，一些应聘者可能对申请的职位没有兴趣而退出，一些应聘者可能是脚踏两只船，认为其他组织更好。

那么，究竟应该吸引多少应聘者才是合适的呢？招聘计划要在人数确定方面达到尽善尽美是不可能的，但是可以运用一定的技术使计划尽可能准确。在这里招聘收益金字塔是一个比较有用的工具。招聘收益是指在招聘过程中经过各个环节筛选后留下的应聘者的数量。使用这种方法，可以帮助酒店管理部门确定最终获得一定数量的雇员，在招聘之初必须吸引多少应聘者。

如图 12－1 所示，假设根据过去的经验，组织每成功地录用到 1 名员工，需要对 5 个候选人进行试用，而要挑选到 5 个理想的候选人又需要有 15 人来参加招聘测试和面谈筛选，而挑选出 15 名合格的测试和筛选对象又需要有 20 人提出求职申请。那么，如果组织现在想最终能够招聘到 10 名合格的员工，就需要至少 200 人递交求职信和个人简历，因此至少应有 200 人收到组织发出的招聘信息。

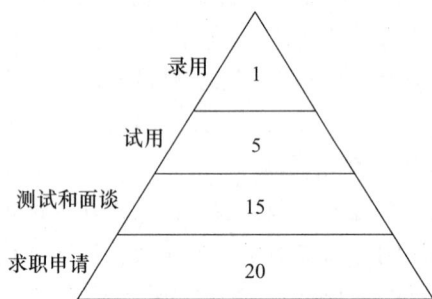

图 12－1　招聘收益金字塔

不同的岗位、不同的地区、不同的时期，每一个步骤的收益率都会有所不同。这些比例的不同与劳动力市场的供给有直接关系，劳动力供给越充足，收益率就越小，反之亦然。需要的劳动力素质越高，收益率也会越小。这些比率的确定需要依靠丰富的招聘经验。当然每一个步骤的收益率都是可以调整的。比如，在招聘广告中如果雇用要求非常详细，那么就可以提高申请阶段的收益率，因为详细地说明会使一些不合格的潜在的申请者进行自我淘汰。

（2）招聘标准。招聘标准就是前厅决定录用什么样的人才。这些标准包括年龄、性别、学历、工作经验、工作能力、个性特征等。招聘标准的确定是建立在职务分析的基础之上的。

确定招聘标准最合理的办法是将任职要求分为两大类：必备条件和择优条件。必备条件就是对候选人最低限度的资格要求，这些任职资格或条件不能依靠其他力量，比如学习新的技艺或从其他途径获得帮助来加以弥补。

（3）招聘经费预算。除了参与招聘工作的有关人员的工资外，招聘工作还要支付广告费、考核费、差旅费、电话费、通信费、文具费等，所以人力资源部门应尽量压缩招聘的单位成本。

2. 招聘程序

在招聘的主要内容确定以后，下一步工作就是拟定可以具体操作的行动计划，这是整个前期工作的关键。招聘人员往往需要花很大的精力充分估计招聘活动的具体细节。如果没有特殊的要求，招聘活动往往就会按以下程序进行：

（1）根据组织的人力资源规划，确定人员净需求量，制定人员选拔、录用政策，在酒店的中期经营规划和年度经营计划的指导下，制定出不同时期前厅人员的补充规划、调配计划以及晋升计划。

（2）得到职务分析报告之后，确定空缺职位的任职资格以及招聘测试的内容和标准。再据此确定招聘甄选技术。

（3）拟定具体招聘计划，上报组织领导批准。

（4）人力资源部门发布招聘宣传广告并做好其他准备工作。

（5）审查求职申请表，进行初次筛选。

（6）组织面试和笔试。

（7）甄选。

（8）对录用人员进行体检和背景调查。

（9）试用。

（10）正式录用，签订劳动合同。

（11）对招聘工作进行评估。

（四）员工的外部招聘

外部招聘是根据一定的标准和程序，从酒店外部的众多候选人中选拔符合空缺职位要求的人员。

1. 外部招聘的优缺点

（1）外部招聘的优点。

1）缓和内部竞争者之间的紧张关系。每个内部竞争者都希望得到晋升的机会，但空缺职位却总是那么少。当员工发现自己的同事，特别是原来与自己处于同一层次、具有同等能力的同事被提升而自己竞争失败时，就可能产生不满情绪，懈怠工作，不服管理。外部选聘则可能使这些竞争者得到某种心理上的平衡，有利于缓和他们之间的紧张关系。

2）为组织带来新鲜空气。来自外部的应聘者可以为酒店带来新的管理方法和经验。他们不受既定思维的束缚，工作时可以放开手脚，给酒店带来更多的创新机会。此外，由于他们新近加入酒店，与上级或下属没有历史上的个人恩怨，从而在工作中可以不必顾忌复杂的人情网络。

3）帮助酒店树立良好形象。外部招聘是组织与外部交流的一个机会，借此机会酒店可以在潜在雇员、客户以及其他外界人士中树立良好的形象。

（2）外部招聘的缺点。

1）外聘人员不熟悉组织内部情况。由于外聘人员不熟悉组织的内部情况，所以需要经过较长的适应期才能有效进行工作。

2）酒店对应聘者缺乏深入了解。虽然酒店在进行选拔的时候可以借助一定的测试、评估方法去了解应聘者，但一个人的能力不是通过几次短暂的面谈和书面测试就能得到正确反映的。被录用人员的实际工作能力与选聘时的评估结果可能存在很大差距，酒店可能因此聘用一些不符合要求的员工。

3）挫伤内部员工的积极性。这也是外部招聘最大的缺点。多数员工都希望在酒店中有不断发展的机会，都希望能够担任重要的职务。如果酒店经常从外部招聘员工，而且形成制度和习惯，就会堵死内部员工的升迁之路，从而挫伤他们的工作积极性，由此影响他们的士气。

2. 外部招聘的渠道

外部招聘的渠道可谓多种多样，组织应根据实际情况做出灵活的选择。比较重要的外部招聘渠道包括：被推荐者和随机求职者、招聘广告、就业机构、校园招聘、网络招聘等。

（1）被推荐者和随机求职者。酒店的关系单位、上级部门、所在社区或者同行业协会都可作为推荐人，从外部向酒店推荐人才。这种方式的优点在于推荐人与酒店相互之间比较了解，但是同行业之间的推荐容易使酒店内部形成小团体，所以仅适用于大型酒店的一些高层职位招聘。

随机求职者对酒店来说，是一个重要的工作候选人来源。酒店必须礼貌对待，妥善处理，因为这不仅是尊重求职者的问题，更关系到酒店在社会上的声誉。

（2）广告。招聘广告适用于各种工作岗位的招聘，比其他招聘方式更能吸引应聘者，因而成为应用最广的一种招聘方式。酒店可以通过广播、报纸、电视和行业出版物等媒介向公众传达公司的人员需求信息。在设计广告时，酒店必须要注意树立组织形象。公司应该给应聘者提供一份详细的工作说明书，尽力吸引那些注重自身发展的员工，强调工作和组织的独特吸引力。广告必须为求职者提供充分的信息，包括对工作的简要说明、对学历和能力的要求以及求职者提出申请的形式等。

广告招聘具有传播范围广、接受人群多、可以同时进行组织宣传等众多优点。并且，广告可以激发潜在的求职者对组织的兴趣，并进一步寻求有关公司的更多的信息。但广告的作用时效较短，提供给求职者的信息量往往不足。

招聘广告的传播媒体可以是报纸、杂志、广播电视、互联网、宣传单等。不同的媒体各有其优缺点，招聘者应对这些优缺点有充分的了解，根据实际需要和预算选择适合的媒体。

1）报纸。

通过报纸进行招聘的优点是：标题短小精炼、广告大小可以灵活选择；发行集中于某一特定的地域；各种栏目分类编排，便于求职者查找。报纸招聘也有其不足之处：容易被潜在的求职者忽视；集中的招聘广告容易导致招聘竞争；发行对象没有针对性，企业不得不为大量无效的读者付费；报纸广告的印刷质量相对较差。

如果酒店想把申请者局限在一个特殊的地理范围内，或者可能的求职者大量集中于某一地区并且这些求职者习惯于通过报纸广告求职，那么报纸广告是最合适的选择。另外，报纸是那些高流动率行业招聘员工的最好方法。对于某些行业来说，如零售业、饮食业，高流动率是不可避免的，这些行业通过报纸广告进行招聘是比较好的选择。

2）杂志。

在杂志上发行招聘广告的优点在于：专业性杂志能够使广告信息送达很小的职业群体；广告大小也具有灵活性；广告的印刷质量一般比较高；有较高的编辑声誉；时限长，求职者可能会将杂志保存起来再次翻看。

杂志招聘广告的缺点在于：发行的地域太广，如果希望将招聘限定在某一特定区域内则不宜使用；每期杂志的发行时间间隔较长，需要较长的广告预约期。

杂志招聘广告的优缺点决定了这种方式特别适合于专业技术人才的招聘，当时间和地区限制不太重要的时候，也可以选择在杂志上发布招聘广告。

3）广播电视。

广播电视的优点是：只要观众收听或者收看了节目，广告信息一般都不会被忽略；能更好地让那些不是很积极的求职者了解到招聘信息；可以将求职者的来源限定在某一特定地域；比印刷广告更有效地传递招聘信息；不易引起招聘竞争；适合有多种职位空缺，而且在某一特定地区又有足够求职者的情况；有利于组织集中、迅速地扩大影响。

广播电视的缺点是：只能传递简短的信息；缺乏持久性，需要不断重播才能给人留下印象；商业设计和制作不仅耗时而且成本很高；缺乏特定的兴趣选择，为无效的广告接收者付费。

4）其他印刷品。

海报、公告、招贴、传单、宣传旗帜、小册子、直接邮寄、随信附寄等都是适用于特殊的场合、有特殊效果的广告方法。这些方法可以在求职者可能采取某些立即行动时使用，引起他们对组织的兴趣，而且极富灵活性。但是这些方式自身的作用非常有限，必须与其他招聘方法相结合才能产生良好的效果。

在一些特殊场合，比如在就业交流会、公开招聘会、定期举行的就业服务会上，可以布置海报、标语、旗帜、视听设备等，或者在求职者访问组织的某一工作地时，向他们散发招聘宣传资料。

（3）就业服务机构。随着劳动力市场的完善，我国的就业服务机构也就出现了分化，目前我国的就业服务机构可以分为两类：一类是私人就业服务机构，另一类是公共就业服务机构。而公共就业服务机构又可以分为劳动力市场和人才市场。

（4）校园招聘。校园招聘是组织获得潜在管理人员以及专业技术人员的重要途径。许多有晋升潜力的工作候选人最初就是通过校园招聘进入组织的。通过校园招聘，组织可以发现潜在的专业人员、技术人员和管理人员。公司一般都派招聘人员去学校进行招聘宣传和筛选工作。由于校园招聘对组织和大学双方都有益，所以双方都会采取一定的措施来发展和保持这种联系。对很多酒店来说，大学是发掘人才的最佳途径，他们通过各种方式来吸引优秀的毕业生加入他们的酒店。

（5）海外招聘。在招聘酒店高级管理人才时，酒店有可能需要在全球范围内进行选择。而且当酒店在跨出国门向海外扩大经营时，海外招聘就成为组织补充人员的重要方式。

海外招聘的好处有很多，比如可以在世界范围内进行人才的选择；与国内招聘相比，候选人的数量更充足，质量也相对较高。但是在海外进行招聘也会遇到许多的困难，比如要想证明和核查外国人的各种证书是很困难的，应聘者的背景调查也是一项很难进行的工作，而且雇用外国人的手续也比较烦琐。当然这些问题在一定程度上可以通过选择合理的招聘渠道和筛选手段得到解决。

（6）其他招聘渠道。

1）竞争对手或其他公司。对于一个要求具有近期工作经验的职位来说，竞争对手和同一行业中的其他公司可能是一个较好的招聘渠道。随着人员流动性的日益加大，这个渠道越来越显示出其重要性。对于那些没有能力提供专业培训的小公司来说，他们更加倾向于录用那些受过大公司良好培训的员工。

2）失业者和下岗人员。失业者和下岗人员也是重要的招聘渠道，有许多合格的求职者由于不同的原因加入到失业队伍中。例如，公司破产、削减业务或被其他公司兼并，都会使许多合格的员工失去工作。这些员工往往薪酬要求不高，有利于组织节约人力资本。

3）退伍、转业军人。退伍、转业军人往往具有明确的工作目标，有高度责任感和纪律性并具备优秀的身体素质和道德品质。对那些强调全面质量管理和组织忠诚度的组织来说，这是一个很好的员工来源。

（五）员工的网络招聘

1. 网络招聘的方式

互联网的飞速发展和计算机的普及为网络招聘提供了良好的基础。网络招聘的方式有两种：一种是加入商业性的职业招聘网站；另一种是在自己公司的主页上发布招聘信息。

（1）加入商业性的职业招聘网站。盈利性的职业招聘网站不仅建有职业数据库，而且存储了丰富的人才数据，能为酒店提供方便、快捷的服务。如果将招聘或求职信息存入商业招聘网站的数据库，公司需要缴纳相应的费用。

（2）利用自己公司的主页。如今许多公司都拥有自己的主页，并将本公司的空缺职位在自己的主页上公布。求职者如希望到某个公司去工作，就可以直接访问该公司的主页。公司也应该在网页上提供一份公司简历，这份文件应该言简意赅、通俗易懂，包含所有求职者希望了解的情况，比如公司的所在地、曾经取得的成就和未来的发展潜力等。与求职者简历不同的是，公司简历还应该包括营业额、利润、具体办公环境、公司的技术能力以及相对于同行业其他公司的付酬标准。

2. 网络招聘的步骤

网络招聘过程可以被分解为以下四个步骤：

（1）吸引求职者。周详的招聘计划和全面的市场战略，是确保网络招聘成功的至关重要的因素。比如酒店可以在招聘广告中以类似的结构、颜色和式样发布产品广告，用产品品牌塑造人力资源品牌。公司主页是求职者比较关注的地方，也常常被求职者作为公司的基本评估因素。因此，在网络招聘的设计中要体现出公司的潜在招聘意识。

（2）人才分类。网络招聘使求职者提交求职材料变得更轻松，由此导致的一个问题是酒店招聘网站上个人简历的泛滥，其中有相当一部分是不符合要求的。对求职者迅速分类而不漏掉优秀人才，成为网络招聘的一项关键技术。目前许多公司开发出不同的筛选程序，为网络招聘提供了一定的技术支持。

（3）与应聘者迅速取得联系。一旦选中了优秀的应聘者，迅速取得联系是非常有必要的。在许多公司同时争取优秀人才的情况下，第一个与求职者取得联系的公司往往拥有更大的优势。这就要求招聘者具备较高的办事效率、较大的灵活性和市场创造力。

（4）达成一致。在这一阶段，招聘者不能过多地依赖网络技术，面对面地交流是一个关键的步骤。网络招聘最大的缺陷是招聘者往往花费过多的时间去寻找合适的人选，但缺乏足够的沟通时间去说服对方接受这个职位。这种错误的招聘方式导致大批优秀人才与公司擦肩而过。因此，有些公司的招聘者会接受销售技巧培训，学习如何增强沟通能力，以便说服应聘者加入公司。

（六）员工甄选录用

在吸引来大批应聘者之后，酒店面临的问题就是如何从众多应聘者中筛选出符合酒店需要的应聘者。筛选是整个招聘过程的一个关键环节，而且筛选费用在全部招聘费用中占绝大多数。因此，酒店应慎重对待筛选，如果不慎录用了不合格员工，就会给酒店带来时间和财富的巨大浪费，影响酒店的生产率，降低酒店的士气。酒店应该借助多种多样筛选手段来公平、客观地做出录用决策。

1. 筛选方法

常用的筛选方法主要有简历、申请表、推荐检测、笔迹学法、笔试、试用、心理测试、面试、评估中心等。

（1）简历。简历是求职者的第一份材料，因此，求职者最愿意在简历上下功夫。这也导致了简历制作的一些问题，比如求职者在简历中隐瞒自己不好的方面，夸大自己的成绩。用简历进行筛选还有一个明显的问题，就是招聘者对简历的内容和风格缺少控制，求职者的简历中可能并没有招聘者想要知道的信息。

当然，用简历方式进行筛选也有其优点。简历可以提供一些与应聘者相关的额外信息。比如酒店要招聘一位前厅设计人员，可以要求求职者按自己的想法提供一份简历，通过这份简历考察他的表达能力。

（2）笔试。笔试是一种既古老又基本的测试法。它是让求职者在试卷上笔答事先拟好的试题，然后由主考人根据求职者解答的正确程度评定成绩的一种测试方法。通过笔试，可以测量求职者的基本知识、专业知识、管理知识、综合分析能力和文字表达能力。

笔试的长处是一张考卷可以包括十几道乃至上百道试题。考试的"取样"较多，对知识、技能和能力的考查信度和效度较高。酒店可以大规模地对应聘者进行评价，测试耗时短、效率高、比较经济。同时，受测者的心理压力较小，容易发挥正常水平。测试成绩的评定比较客观，而且可以保存受测者的真实答题材料。笔试的上述优点决定了笔试至今仍是各大酒店常用的一种选拔方法。

（3）试用。酒店拟录用一名新员工后，一般都有 1～3 月的试用期，经过试用再最终确定是否正式录用。

酒店通过试用，把求职者放在实际工作岗位上进行考察，根据他们在实际工作中的表现来做出录用决策，因此可以比较全面地观测求职者。求职者也可以在试用期内，更深入地了解酒店，再进行一次自我筛选。

但是这个方式也有一些不足，比如耗费时间很长，花费的人力、物力也不少。在试用期间，求职者的归属感和忠诚度都比较低，可能不安于现状，因此影响了实际工作绩效。因此，这一种方式一般只有在求职者通过了其他一切筛选之后再进行。

（4）心理测试。所谓心理测试就是通过一系列心理学方法来测量被试者的能力和个性差异的一种人才筛选方法。心理测试在西方国家的招聘录用活动中应用得十分广泛，许多酒店不但用心理测试来挑选员工，还用来确定哪些员工具有晋升潜力。

心理测试有许多类型，能力测验和人格测验是其两个主要组成部分。能力测验是根据个人会做什么事来对他们进行分类，而人格测验则是根据个人具有什么样的性格来对他们进行归类。常见的能力测试包括一般能力测验、特殊能力测验、创造力测试和职业适应性测试等。目前经常使用的人格测验方法有数百种，由于它们依据的人格理论不同，所以采用的测试方法也不同，主要的方法有自陈量表法、投射法、情境法、评定量表法。

（5）面试。面试是通过考官与考生直接交谈或将考生置于某种特定情境中进行观察，了解考生的知识状况、能力特征以及求职应聘动机，从而预测考生适应职位的可能性和发展潜力的一种测评技术。筛选面试是用专门设计的面试题目对应聘者提问，并且从他们的回答中获得信息的过程，从这些获得的信息中，招聘者可以预测应聘者未来的工作表现。面试是全部筛选技术中使用得最广泛的筛选技术。面试的优点在于：它比笔试或简历资料更直观、灵活、深入；缺点在于：评价的主观性大，考官容易产生偏见，难以防范和识别考生的社会赞许倾向和表演行为。

面试的考察内容可根据需要的不同进行调整。一般来说，面试分为两部分：第一部分，考察应试者的综合能力；第二部分，考察应试者的专业知识和技术能力。在面试中，考官还应该根据对考生的具体情况，有针对性地提出需考察的个别问题，判定考生的特殊能力。

由于应聘者应聘的职务、职位不同，在对他们的综合能力进行考察时，考察的内容和侧重点也不同。在制定面试方案前，考官需要分析各种职位的任职资格条件有哪些，这些条件的重要性如何。一般来说，面试需要考察以下几个方面的内容：

1）举止仪表，包括应试者的体格外貌、穿着举止和精神状态。

2）言语表达，包括应试者言语表达的流畅性、清晰性、酒店性、逻辑性和说服性。

3）综合分析能力，比如面试者能否抓住问题的本质、要点，并且充分、全面、透彻而有条理地加以分析。

4）动机与岗位的匹配性，比如面试者对职位的选择是否源于对事业的追求，是否有奋斗目标，积极努力，兢兢业业，尽职尽责。

5）人际协调能力，比如应聘者在人际交往方面的倾向与技巧、处理复杂人际关系的能力、协调各种利益冲突的能力。

6）计划、协调能力，比如面试者是否清楚完成工作所需的步骤，能否合理安排整个工作流程，争取各方面的支持。

7）应变能力，比如面试者在实际情景中，是否具有解决突发性事件的能力，能否迅速、妥当地解决棘手问题。

8）情绪的稳定性，包括面试者的自我控制能力，语调、语速的控制能力，遣词造句的能力，面试者的耐心、韧性以及对压力、挫折、批评的承受能力。

专业知识和技术能力考察主要是根据不同职务的任职要求，对应聘者的专业知识、技术和能力进行考察。主考官可根据具体需要考察应试者的专业知识，考察形式一般有以下几种：

1）提出专业性问题，让应试者回答。

2）给考生一个具体的任务让应试者现场完成。

3）假定一个工作情境，让考生设想自己在假定条件下的行为表现。

有时主考官还需要考核应试者一般技术能力，如计算机水平、英语熟练程度等。对于这些能力的考核，主考官只需根据具体需要选择让应试者进行实际操作或回答问题即可。

（6）心理测试法。心理测试是一种非常重要的人才筛选技术，可用于测试应聘者的能力、个性、工作动机、价值取向、工作态度等。心理测试不同于一般的人才筛选技术，它们是经过心理学家的长期研究，精心设计出来的。心理测验具有以下特点：

1）客观性。心理测试往往有客观的评分系统，只要有标准答案，任何人就都能给测验打分，从而排除测试者个人主观因素的影响。

2）标准化。对于所有应试者来说，心理测试有一致的测验时限条件，每个被测者都在相同的情况下接受测验。每个测验都有自己的标准程序，每次测验都必须严格按照标准程序进行，这意味着接受测验的人都听到相同的测试指示，拥有相同的测验时间，在相似的情况下作答，所以能防止任何非标准化因素的干扰。

3）有稳定的常模。心理测验的直接结果是对被测验者的一个原始评分。原始评分不具备充分的可比性，不能依此而判定其心理素质处于何种水平。要想解释一个心理测验的结果，必须有一个参照系，这个参照系就是测验常模。每项心理测验都有自己稳定的常模，将应试者的测验结果与这个参照系进行比较，就可以判定应试者的心理素质水平。

4）测验信度。信度也称可靠性，是指测验分数的一致性和稳定性。心理测验中将测验成绩的稳定性程度、多次测验所得成绩的一致性作为衡量测验信度高低的重要指标。

5）测验效度。测验效度指实际所测的内容与预期测验对象的符合程度，即一个测验确实测试了它预期想要测试的东西。心理测验效度就是指一个心理测验能够实际反映某项心理特征的程度。效度越高表明所获结果越能反映欲测心理的真正特征。

心理测验主要具有两个方面的功能：

第一，判断个体具有什么样的优势，即诊断功能；

第二，预测应聘者在将来所从事的工作中成功和适应的可能性，即预测功能。

（7）行为模拟法。行为模拟法又称情境模拟法，就是在情境模拟状态下考察求职者是否表现出与酒店目标相关的行为，然后，招聘者根据有关评价"维度"来评价这些行为。

常用的行为模拟法有以下两种：

1）完成工作任务。完成工作任务是一种常见的行为模拟法，测量对象是应聘者完成各种工作任务的能力。这类测试大多数都可以得到客观的测试结果，而其他的行为模拟测试是让观察人员根据严格的测试提纲进行比较主观的评价。与所有的行为模拟法一样；工作任务完成测试也是根据某一目标岗位的专门要求而仔细设计的，力求真实地反映工作的内容。

2）角色扮演。许多工作要求员工在面对压力或突发情况时能及时协调好各方面的人际关系，与顾客、同事或下属和善相处。这些情境可以被模拟：由求职者扮演一个角色，考察人员扮演一个与之相对的角色。考察人员通过观察求职者在模拟状态下的各种行为，评价求职者的规划能力、酒店能力、领导能力、敏感性、倾听技能、行为的灵活性、口头交流能力、坚韧性、分析能力、控制能力、记忆力以及承受压力的能力。

2. 评估中心

评估中心并不是一个地理概念，而是一种人事测评的综合方法；它综合使用了多种测评技术，如个性测验、认知能力测验、情景模拟等。评估中心是近几十年来西方酒店中常用的一种人员测评方法。评估中心主要用于选拔和评估管理人员，尤其是中高级管理人员。评测小组一般由酒店人力资源部的高级管理人员和酒店外聘的心理专家共同组成。

"评估中心"是一种情境模拟测验，把应试者置于模拟的工作情景中，让他们完成某些规定的工作或活动，考官对他们的行为表现进行观察并且做出评价，以此作为鉴定、选拔管理人员的依据。评估中心具有较高的信度、效度和预测价值。

（七）招聘评估审核

招聘过程结束以后，酒店管理部门应该对招聘活动进行评估和审核，这是被许多酒店忽视的一个环节。

招聘工作的评估方法很多。归根结底，所有的评价方法都要求在招聘费用既定的条件下，对已被录用员工的适用性进行比较。这种适用性可以用全部申请人中合格人员的比率、合格申请人与空缺职位的比率、实际录用人员的数量与计划招聘数量的比率、录用后新员工的绩效水平、新员工的辞职率等指标来衡量。不管使用什么方法，酒店都应仔细考虑招聘活动的投入和产出，不仅要计算出整个招聘工作的成本和各种招聘方式应分摊的成本，还要考察各种招聘方式招聘到的每位新员工的工作绩效水平。

在评价过程结束以后，招聘活动的负责人还应撰写招聘总结，并作为重要资料存档。通过这样一个评估与审核的过程，酒店可以发现招聘工作中的不足，在下次招聘活动中选择适用的招聘手段，努力提高今后招聘工作的效率。

1. 成本评估

招聘成本评估是对招聘过程中的费用进行调查、核实，并对照预算进行评价的过程。招聘成本是鉴定招聘效率的一个重要指标，如果招聘成本低，而被录用人员的质量高，就意味着招聘效率高；反之，则意味着招聘效率低。从另一个角度来看，成本低，录用人数多，就意味着招聘效率高；反之，则意味着招聘效率低。

在招聘工作开始之前，酒店每年在制定全年人力资源开发与管理的总预算时，必须要认真考虑招聘工作的预算。

招聘预算主要包括：招聘广告预算、招聘测试预算、体格检查预算以及其他预算，其中的招聘广告预算占相当大的比例。每个酒店可以根据自己的实际情况来制定招聘预算。

招聘工作结束之后，酒店应对招聘工作进行核算。招聘核算就是对招聘经费的使用情况进行度量、审计、计算、记录。通过核算酒店可以了解招聘经费的精确使用情况，检查招聘活动的各项开支是否符合预算，主要差异出现在哪些环节上。在招聘过程中发生的各种费用，我们称为招聘成本。招聘核算过程实际上就是对招聘成本进行核算的过程。

（1）招聘成本。招聘成本就是在招募和录取职工的过程中支出的招募、选拔、录用、安置费用。

（2）重置成本与离职成本。以上讨论的招聘成本是招聘过程中实际发生的各种费用。但招聘工作只是整个酒店管理工作的起点，招聘工作效率的高低直接影响着员工的质量。

因此，对招聘工作的效率进行评价不能仅限于招聘这一独立的阶段。招聘的成本还包括因招聘不慎和员工离职给酒店带来的损失（离职成本）以及重新进行招聘花费的费用（重置成本）。

2. 录用人员的评估

录用人员的评估是指根据招聘计划对录用人员的质量和数量进行评价的过程。在大型酒店的招聘活动中，对录用人员进行评估是十分重要的。如果录用的员工不合格，那么招聘过程中花费的时间、精力和金钱都浪费了；只有录用真正合格的员工才算是全面完成了招聘任务。

评估招聘数量的一个简单的方法就是看空缺职位是否减少，雇用率是否真正达到招聘计划的标准。招聘质量应按照酒店的长、短期经营指标分别评估。在短期计划中，酒店可根据求职人员的数量与实际雇用人数的比例来评估招聘质量。在长期计划中，酒店可根据录用员工的转换率来评估招聘质量。由于存在很多影响转换率和工作绩效的因素，所以招聘工作质量的评估是十分不易的。

录用人员的数量可用以下几个指标来衡量：

（1）录用比。

录用比 = 录用人数/应聘人数 × 100%

（2）招聘完成比。

招聘完成比 = 录用人数/计划招聘人数 × 100%

（3）应聘比。

应聘比 = 应聘人数/计划招聘人数

录用比越小，录用者的素质相对来说就越高；反之，录用者的素质可能就比较低。

如果招聘完成比等于或大于100%，说明酒店在数量上已经或者超额完成了招聘计划。

如果应聘比比较高，则说明酒店招聘信息的发布效果较好，录用人员的素质比较高。除了用录用比和应聘比这两个数据来反映录用人员的质量，还可以根据招聘计划的要求和工作分析的要求对录用人员进行分级排列来确定其质量。

3. 招聘总结

评估工作完成之后，最后一项工作就是对招聘工作进行总结，对招聘的实施过程进行回顾分析、总结招聘工作中的经验和教训，撰写招聘总结，并把招聘总结作为一项重要的资料存档，为以后的招聘工作提供参考依据。

招聘总结的主要内容包括以下几点：

（1）招聘计划；

（2）招聘进程；

（3）招聘结果；

（4）招聘经费；

（5）招聘评定。

三、前厅员工培训与开发

（一）人员培训与开发概述

1. 人员培训与开发的概念

人员培训与开发是酒店前厅管理的重要内容，是指酒店根据酒店目标，采用各种方式对前厅员工实施的有目的、有计划的系统培养和训练的学习行为，使员工不断更新知识、开拓技能、改进态度、提高工作绩效，确保员工能够按照预期的标准或水平完成本职工作或更高级别的工作，从而提高酒店效率，实现酒店目标。美国学者 L. S. 克雷曼认为，培训与开发是"教会工人们怎样去有效地完成其目前或未来工作的有计划的学习经历"，"培训与开发的实践旨在通过提高雇员们的知识和技能去改进酒店的绩效"。

尽管培训与开发这两个术语在一些场合可以混用，但实际上两者还是有区别的。人员培训是根据酒店和个人在某一时期的发展和工作需要，运用现代培训技术和手段，提高员工绩效和增强酒店竞争力的过程。人员开发指为员工未来发展而开展的正规教育、在职实践、人际互动以及个性和能力的测评等活动。两者的主要区别在于目标的指向。传统观念认为，培训侧重于近期目标，重心放在帮助员工完成当前的工作，培养员工与当前工作或特定任务相关的能力，掌握基本的工作知识、方法、步骤和过程，故人员培训具有一定的强制性。而人员开发侧重于培养提高管理人员的有关素质（如创造性、综合性、抽象推理等），帮助员工为企业的其他职位做准备，提高其面向未来职业的能力，同时帮助员工更好地适应由新技术、工作设计、顾客或产品市场带来的变化。

然而，随着企业培训地位的提高，培训越来越重视同企业发展和经营战略的契合，培训与开发之间的界限日益模糊。具体说来，越来越多的企业认为，要想通过培训获得竞争优势，培训就不能仅仅局限于基本技能的开发，还要关注员工解决和分析工作中发生的问题的能力，满足现代企业对速度和灵活性的要求。另外，培训还要从单纯地向员工教授具体技能转变为创造一种知识共享的氛围，使员工能自发地分享知识，创造性地应用知识以满足客户的需求。在现代意义下，两者都注意员工与酒店现在和未来的发展，而且一般员工和管理人员都必须接受培训与开发，人们已经越来越习惯于把两者并称为培训（T&D）。

具体来讲，培训与开发的含义可以从以下几个方面来掌握：

（1）培训与开发是一种人力资本投资。人力资本是与物质资本、金融资本相并列的三种资本存在形态之一。根据劳动经济学中的人力资本理论，人力资本是一种稀缺的生产要素，是酒店发展乃至社会进步的决定性因素，但是它的取得不是无代价的。要想取得人力资本，就要进行投资活动，即人力资本投资。员工培训就是要在改进员工的知识、技能，提高员工的工作态度和行为方面的活动中进行投资，即体现在道德、观念、知识和能力四个主要方面。其中前两者是软性的、间接的；后两者是硬性的、直接的，是员工培训的重点。

（2）培训与开发的主要目的是提高员工的绩效和有利于实现酒店的目标。当一个酒店提出一项培训计划时，必须准确地分析培训成本和收益，考察它对酒店目标实现的价值。员工培训与开发的目的是提高员工现在和将来的绩效和职业能力，从根本上讲，是为实现酒店的目标服务。这就要求酒店在计划及实施员工培训与开发时，必须首先明确这样一些问题：为什么要进行培训，需要进行什么样的培训，哪些人需要接受培训，由谁来进行培训，如何评价培训的效果，如何进行员工开发等，不能为培训和开发而培训与开发，更不能做表面文章，以提高培训与开发的效率与效果，否则这些问题将不明确，只能使培训与开发的效率与效果大打折扣。

（3）培训与开发是酒店开展的有计划、有步骤的系统管理行为。人员培训与开发必须确立特定的培训目标，提供特殊的资源条件，遵循科学的培训方法和步骤，进行专门的酒店管理。它包括培训需求分析、制定培训方案、实施培训方案、评价培训的效果等环节。从管理的全过程来看，培训与开发既是一种管理手段，也是一种管理过程。

（4）培训与开发是员工职业发展和实现自我价值的需要。现代酒店管理理论认为，一个酒店成员在为酒店做出贡献的同时，也要尽力体现自身价值，不断自我完善和发展。有效的员工培训活动不仅能够促进酒店目标的实现，而且能够提高员工的职业能力，拓展他们的发展空间。换言之，培训与开发应该带来的是酒店与个人的共同发展。从实际效果来看，无论是知识、技能等的培训，还是素质、管理潜能的开发，酒店都会大受其益，而员工个人自身的知识、技能等人力资本也无疑会得到增值，使其增强适应各种工作岗位和职业的能力。从酒店角度来说，在实施培训和开发过程中，绝不能忽视了员工的个人职业发展，这样才能进一步增强酒店的凝聚力，以更好地提高酒店的运行绩效。因此，员工培训与开发是员工职业发展、实现自我价值的需要。

2. 人员培训与开发的实质

培训实质上是一种系统化的智力投资。培训作为人力资源开发和酒店发展的重要手段，并非纯粹是一种成本支付性活动，而是一种智力投资，企业投入人力、物力对员工进行培训，员工素质提高，人力资本升值，公司业绩改善，获得投资收益，是创造智力资本的重要途径。

人员培训区别于其他投资活动的特点在于它的系统性。企业的员工培训是一个由多种培训要素组成的系统。它包括培训主体、培训客体，培训的计划子系统、实施子系统、评估子系统等。

3. 人员培训与开发的目标

（1）培养员工的能力。通过培训员工可以掌握相关的技术、程序、方法和工具等，是个知其然的过程。能力分为基本能力和解决实际问题的能力。基本能力是员工从事岗位工作所需要的知识和技能；处理实际问题的能力包括心理素质、理解能力、判断能力、创造能力、酒店能力和协调能力等。

（2）提高企业效益。培训是为了不断地提高企业的效益。对员工培训的任务是要使员工掌握与工作有关的知识和技能，并使他们能够担负起随着工作内容变化的新工作。只有保持一支技能水准合格、价值观与行为标准都与企业要求一致的素质良好的员工队伍，才能提高他们在工作岗位上的工作效率；只有不断地对员工进行培训，才能保证企业拥有一批掌握本领域内最新科学技术并在实践中不断有所创造的科学技术队伍和管理人员队伍。许多成功的国内外企业的实践证明，他们取得成功的最重要秘诀之一是极为重视对本企业员工不断的培训。反之，失败的企业也往往是他们忽视对员工的培训所致。

（3）灌输酒店企业文化。酒店企业文化是酒店所拥有的共同的价值观和经营理念。酒店企业文化在增强酒店的凝聚力、指引员工自觉行动、协调团队合作以及提升酒店形象方面有着非常重要的作用。如何让员工适应并融入酒店企业文化中并自觉地遵守酒店企业文化，是酒店培训中的一个重要内容。

（4）迎合员工的需要。从员工本人的期望来看，广大员工特别是年轻人，都希望从事具有挑战性的工作，在自己的工作中有成长的机会。这就给酒店的管理者提出一个严峻的问题：如何才能不断地给员工分配具有挑战性的工作？如何才能给他们提供发展的机会？培训是一条重要的途径。培训的目标之一就是使员工不但要熟练地掌握现有工作岗位上所需要的知识和技能，还要使他们了解和掌握本酒店或本行业的最新的科学技术动态，以增强他们在实践中的工作能力。事实证明，对酒店员工而言，"高工资"不是吸引或留住他们的唯一标准，而有吸引力的培训则变得越来越重要了。

4. 人员培训与开发的原则。

培训作为人力资源开发的一项重要手段，可以为酒店创造价值，但这种价值的实现，还要求酒店在实施培训的过程中，要遵循以下几个基本的原则。遵循这些原则也是培训任务完成和培训目标实现的重要保证。

（1）理论联系实际原则。酒店员工培训和一般院校的普通教育不同，只有和实际相结合才能产生较好的效果。理论联系实际，就是要求培训要根据酒店经营和发展状况以及酒店员工的特点来进行，既讲授专业技能知识和一般原理，提高受训者的理论水平和认识能力，又解决一些酒店在经营管理中存在的实际问题，以提高酒店的整体效益和管理水平。贯彻这一原则的基本要求是：①加强员工培训教材的教学，使员工了解教材与实际的关系。②结合本酒店各岗位的实际情况，酒店多种方式的培训实践，使员工掌握相应的技能技巧，培养运用知识的能力。

（2）因材施教原则。培训作为教育的一种形式，运用教育的基本原理来指导培训，也可以保证培训的有效性，因材施教便是其中之一。因材施教首先要求承认酒店员工个体之间的差异，这对于制订有针对性的培训计划是非常重要的。所以，培训要根据酒店员工的不同状况，选择不同的培训内容以及采取不同的培训方式。同时，即使是对同一员工，在不同的发展阶段，其培训也应有所差异。

（3）心态原则。酒店员工以一种什么样的心态来对待培训，对培训效果有很大的影响。所以，对任何酒店的培训而言，员工的积极心态是非常重要的。因此，培训都要让员工有一种开始学习的心理准备，换句话说，就是首先要有思想发动，使其对培训内容、安排等各个方面都有一个初步了解，而且要尽力使培训成为一个轻松的过程，不要成为员工的一种负担。

（4）兴趣原则。常言道，兴趣是最好的老师。有了兴趣，酒店员工才有可能全身心地参与和投入到培训当中。所以任何酒店开展培训，如果员工对其不感兴趣，是没有什么效果可言的。要使员工对培训发生兴趣，就必须使培训的内容、方式等能最大限度地满足其需要。这样，培训才能由"要我学"变成"我要学"。

（5）自发创造原则。由于对象、形式、内容、手段等方面的差异，所以从严格的意义上来说，每一次培训对酒店员工来说，也都是一次新的挑战，都是一个创新的过程。因此在培训的过程中，要注意充分调动酒店员工的主动性、创造性，强调员工的参与和合作，使他们在每一次培训的过程中都能自发地体验到创造的乐趣。

（6）启发性和激励的原则。该原则是指在员工培训中，培训者要善于把培训的要求转化为员工的内在需要，运用激励手段，充分调动员工学习的积极性和主观能动性，启发员工进行观察、思考、探索和推断，提高独立地发现问题、分析问题和解决实际问题的能力。①在培训中，培训者启发员工多思考，培养员工的思维能力。培训者要善于提出问题、提供情况，提高员工发现问题、分析问题和解决问题的能力。②培养员工的自学能力。提高酒店员工素质是对全员而言，对那些想学、肯学、愿学的员工，要尽量为他们提供条件，让他们学有所长，以更好地在本职工作岗位上多做贡献。

（7）全员培训与重点提高的原则。全员培训就是有计划、有步骤地对各类在职人员进行全面培训，而不是只培训管理人员或一般工作人员。进行全员培训是提高全部员工素质和增强酒店整体竞争能力的需要。因为在知识经济时代，每个人都面临着知识的更新问题。目前凡是比较正规的酒店，都建立了全员培训制度。但是全员培训不等于没有重点，在实行全员培训的同时，应重点地培训一批技术骨干和管理骨干，特别是中高级管理人员和关键技术骨干，使这些重点培训对象发挥"火车头"式的带动作用。

（二）培训计划的制订

目前国内真正有系统培训计划的酒店还不足50%，也就是说仍然有一半以上的酒店对培训计划缺乏计划概念，在管理方面计划性还十分欠缺，这对于培训管理来说是非常不利的。培训计划性不够便会间接影响到培训的效果，而且缺乏计划性的培训不仅容易在培训目标上出现诸多偏差，而且还容易导致资源应用不合理、分布不均匀等后果。最为重要的是，只有当培训计划是成长性的培训管理计划时，才能够使培训管理水平不断得到提高，并且不会出现"管理泡沫"的现象。

1. 培训目标的确定

培训需求分析之后，就要为培训项目确定目标。马丁·布罗德威尔（Martin Boradwell）指出"教学过程中最重要的、唯一需要考虑的是设定目标，选择了合适的视角后，全部课程从开始到结束应围绕着目标旋转"。培训目标就是以描述受训者应该做什么作为培训后果，也就是扼要确定培训活动的目的和结果。每个培训开发项目都应当确定自身的切实可行的总体目标以及具体目标。有了建立在需求分析基础上的培训目标，才能为培训计划提供方向、指针、构架和信息输入，才能将对象、内容、时间方法和教师等要素有机结合，还能为衡量培训效果提供评估依据。

培训目标主要可分为知识传播、技能培养和态度转变三大类。培训目标所指向或预期的培训成果可以分成认知成果、技能成果、感情成果、绩效成果和投资回报率五大类。其中，认知成果用来衡量员工对培训内容中强调的原理、事实、技术、程序或过程的熟悉程度；技能成果用来评价员工在技术或运动技能，以及行为方式上的提高程度，它包括员工对一定技能的学习获得，以及在实际工作过程中的应用两个方面；情感成果用来衡量员工对培训项目的感性认识，包括个人态度、动机、忍耐力、价值观和顾客定位等在内的情感、心理因素的变化情况，这些因素往往影响或决定个人的行为意向；绩效成果是用来衡量员工接受培训后工作绩效的提高情况，绩效成果通常以受训员工的流动率、事故发生率、成本、产量、质量和顾客服务水平等指标的上升或下降来衡量；投资回报率是指培训的货币受益与培训成本（包括直接成本和间接成本）的比较，它可以用来评价酒店培训的效益。

设置培训目标要注意的是：设置培训目标要与酒店宗旨相统一，要与酒店资源、员工基础、培训条件相协调，要尽可能量化、细致化并现实可行，还应当注意的是设置目标须同酒店长远目标相吻合，并且一次培训的目标不宜过多。设置的目标要有一个合理的期限，还要考虑到是否有足够的时间让员工完成实践，以达到这些目标；目标不宜过大，可将其分解成几个小目标在不同的培训课程中实现。

2. 何谓培训计划及其作用

（1）何谓培训计划。所谓培训计划是按照一定的逻辑顺序排列的记录，它是从酒店的战略出发，在全面、客观的培训需求分析基础上做出的对培训时间（When）、培训地点（Where）、培训者（Who）、培训对象（Whom）、培训方式（How）和培训内容（What）等的预先系统设定。培训计划必须满足酒店及员工两个方面的需求，兼顾酒店资源条件及员工素质基础，并充分考虑人才培养的超前性及培训结果的不确定性。

培训计划要考虑的问题有：

1）Why：为什么要进行培训？人力资源的开发即要在最大限度上挖掘人的潜力，使人在工作中充分发挥其优势。培训是人力资源开发的主要手段之一。

2）What：培训内容是什么？

3）Who：培训的负责人是谁？

4）Whom：培训的对象是谁？

5）When：什么时间进行培训，需要多长时间？

6）Where：培训所在的场所和环境？

7）How：如何实施培训？实施操作步骤和采用什么方式、技术？

8）How much：培训的投入和预算是多少？培训的直接成本和间接成本是

多少？

（2）培训计划的作用。从某种意义上讲，培训计划的作用就如同驾车外出旅行时常需的道路指南。有了它，培训者就能够知道起点在哪儿，终点在哪儿，所要经过地方的确切位置。否则，虽然可出发旅行，但却无从得知去什么地方，或能否抵达目的地。具体地说，培训计划有利于管理和控制：它保证不会遗忘主要任务；它清楚地说明了谁负责、谁有责任、谁有职权；它预先设定了某项任务与其他任务的依赖关系，这样也就规定了工作职能上的依赖关系；它是一种尺度，可用于衡量对照各种状态，最后则用于判断项目、管理者及各成员的成败；它是用作监控、跟踪及控制的重要工具，也是一种交流和管理的工具。

3. 培训计划的种类与内容

培训计划按不同的划分标准，有不同的分类。以培训计划的时间跨度为分类标志，可将培训计划分为长期、中期和短期培训计划三种类型。按计划的层次可分为公司培训计划、部门培训计划与培训管理计划。

一个完整的培训计划应包含培训目的、培训对象、培训课程、培训形式、培训内容、培训讲师、培训时间、培训地点、考评方式、培训预算以及培训出现问题时的调整方式等内容（见表12－1）。

表12－1　具体的培训计划内容

项　目	具体内容
培训目的	每个培训项目都要有明确目的（目标），为什么培训？要达到什么样的培训效果？怎样培训才有的放矢？培训目的要简洁，具有可操作性，最好能够衡量，这样就可以有效检查人员培训的效果，便于以后的培训评估
培训对象	哪些人是主要培训对象？这些人通常包括中高层管理人员、关键技术人员、营销人员以及业务骨干等。确定了培训对象就可以根据人员，对培训内容进行分组或分类，把同样水平的人员放在一组进行培训，这样可以避免培训浪费
培训课程	培训课程一定要遵循轻重缓急的原则，分为重点培训课程、常规培训课程和临时性培训课程三类。其中，重点培训课程主要是针对全公司的共性问题、未来发展大计进行的培训，或者是针对重点对象进行的培训
培训形式	培训形式大体可以分为内训和外训两大类，其中内训包括集中培训、在职辅导、交流讨论、个人学习等；外训包括外部短训、MBA进修、专业会议交流等
培训内容	培训计划中每一个培训项目的培训内容是什么？培训内容涉及管理实践、行业发展、酒店规章制度、工作流程、专项业务、酒店企业文化等课程。从人员上来讲，中高层管理人员、技术人员的培训宜以外训、进修、交流参观等为主；而普通员工则以现场培训、在职辅导、实践练习等方式更加有效

项　目	具体内容
培训讲师	讲师在培训中起到了举足轻重的作用，讲师分为外部讲师和内部讲师。涉及外训或者内训中关键课程以及酒店内部人员讲不了的内容，就需要聘请外部讲师
培训时间	包括培训执行的计划期或有效期、培训计划中每一个培训项目的实施时间，以及培训计划中每一个培训项目的课时等。培训计划的时间安排应具有前瞻性，时机选择要得当，以尽量不与日常的工作相冲突为原则，同时要兼顾学员的时间
培训地点	包括每个培训项目实施的地点和实施每个培训项目时的集合地点或召集地点
考评方式	采用笔试、面试还是操作，或是绩效考核等方式进行
调整方式	计划变更或调整的程序及权限范围
培训预算	包括整体计划的执行费用和每一个培训项目的执行或实施费用。预算方法很多，如根据销售收入或利润的百分比确定经费预算额，或根据公司人均经费预算额计算等

4. 影响培训计划制订的因素

在制订培训计划时，必须考虑以下的因素：

（1）员工的参与。让员工参与设计和决定培训计划，除了加深员工对培训的了解外，还能增加他们对培训计划的兴趣和承诺。此外，员工的参与可使课程设计更切合员工的真实需要。

（2）管理者的参与。各部门主管对于部门内员工的能力及所需何种培训，通常较负责培训的计划者或最高管理阶层更清楚，因此他们的参与、支持及协助，对计划的成功有很大的帮助。

（3）时间安排。在制订培训计划时，必须准确地预测培训所需时间及该段时间内人手调动是否有可能影响酒店的运作。编排课程及培训方法必须严格依照预先拟订的时间表执行。

（4）成本资源约束。培训计划必须符合酒店的资源限制。有些计划可能很理想，但如果需要庞大的培训经费，就不是每个酒店都能负担得起的。能否确保经费的来源和能否合理地分配和使用经费，不仅直接关系到培训的规模、水平及程度，而且也关系到培训者与学员能否以很好的心态来对待培训。

（三）员工培训程序

1. 员工培训的实施过程

制订培训实施计划。

（1）了解学习的规律以及员工学习的特殊性。制订培训计划之前，首先要了解学习的规律及员工学习的特点。由于培训的成败经常与学习的原则相关联，因此，应了解不同培训方式或技巧的使用效果。

员工培训应该建立他们的自尊，而不是破坏他们的自尊。要让员工有机会提问，并回答他们的问题。让他们在小组中与大家分享自己的知识专长和个人经验。在培训中，要让员工自己形成看法，自己找到答案，而不是告诉他们该干什么、什么时候干。最后，为了满足员工对实用性知识的要求，培训中提供的信息和技能很快地被应用在工作中。培训者要选择员工可能面对的实际问题和情景案例，这样员工就能把观念化的信息与实践建议结合起来，并把观念运用在工作中。

（2）培训计划的内容。培训计划一般应包括以下几个方面的内容：

1）确定培训目标。培训目标是根据培训需求分析结果，指出员工培训的必要性及期望达到的效果。好的培训计划可以为培训工作提供明确方向，为确定培训对象、内容、时间、教师、方法等具体操作内容提供依据，并可以在培训之后，对照此目标进行效果评估。从某一培训活动的总体目标到每堂课的具体目标，培训目标可分为若干层次。目标的设置也要注意与酒店的宗旨相兼容，切实可行、陈述准确。

2）安排培训课程及进度表。这一过程其实是培训目标的具体化和操作化，即根据培训对象、培训目标及要求，确定培训项目的形式、学制、课程设置方案及教学方法，拟定培训大纲、培训内容、培训时间、培训方式，选择教科书与参考教材、任课教师、辅助培训器材与设施等。为受训人员提供具体的日程安排和详细的时间安排。培训计划应将总体计划及各分项目标计划实施的过程、时间跨度、阶段划分用简明扼要的文字或图表表示出来。

3）设计培训方式。在培训中，可视需要及许可条件选择一系列培训方法，如讲授法、开会研讨法、案例研究法、行为示范法、工作轮换法、角色扮演法、管理游戏法、现场培训法等，可采取以其中一两种方法为重点，多种方法变换组合的方式，使培训效果达到最理想状态。

4）培训经费预算。一般来说，派员工参加酒店外部的培训其费用都按培训单位的收费标准来支付。酒店内部培训的经费预算则应包括多种项目，常见的是酒店内部自行培训、聘请培训师来酒店培训和聘请培训公司来酒店培训等几种形式，其开支预算是不一样的，主要包括培训师及内部员工的工资、场地费、设备材料的损耗费、教材及资料费用等。培训计划应对所需经费做出详细预算。

5）制定培训控制措施。为保证培训工作的有序进行，应采取一定的措施及时跟踪培训效果、约束员工行为、保障培训秩序、监督培训工作的开展。常见的控制手段有签到登记、例会汇报、流动检查等。这也是培训计划中所需安排的一项重要内容。

2. 培训的具体实施

（1）确定培训师。酒店要确定一位合格的培训师成本很高，而培训师的好坏直接影响到培训的效果。一位优秀的培训师既要有广博的理论知识，又要有丰富的实践经验；既要有扎实的培训技能，又要有高尚的人格。因此，培训师的知识经验、培训技能，以及人格特征是判别培训师水平高低的三个维度。

（2）确定教材和教学大纲。一般由培训师确定教材，教材来源于四方面：外面公开出售的教材、与本酒店工作内容相关的教材、培训公司开发的教材和培训师编写的教材。一套好的教材应该是围绕培训目标，简明扼要、图文并茂、引人入胜。教学大纲是根据培训计划，具体规定课程的性质、任务和基本要求，规定知识与技能的范围、深度、结构、教学进度，提出教学和考试（考核）的方法。教学大纲要贯彻理论联系实际的原则，对实践性教学环节做出具体规定。

（3）确定培训地点。培训者和受培训者对培训环境的评判是从以下几方面的因素来考虑的：视觉效果、听觉效果、温度控制、教室大小和形状、座位安排、交通条件和生活条件等。

（4）准备好培训设备。根据培训设计事先准备好培训所需设备，例如：电视机、投影仪、屏幕、放像机、摄像机、幻灯机、黑板、白板、纸、笔等。尤其是一些特殊的培训需要一些特殊的设备。培训设备的添置和安排一般要受培训酒店的财务预算制约，但至少要满足培训项目的最低要求。

（5）选择培训时间。培训时间的合理分配要依据训练内容的难易程度和培训所需总时间而定。一般来说，内容相对简单、短期的培训可以使用集中学习，使之一气呵成；而内容复杂、难度高、时间较长的学习，则宜采用分散学习的方法，以节约开支，提高效率。

3. 培训实施方法

常见的培训实施方法有如下几种：

（1）讲授法：属于传统的培训方式，主要是由培训者讲授知识，受训者记忆知识，中间穿插一些提问。其优点是运用起来方便，便于培训者控制整个过程，常被用于一些理念性知识的培训。缺点是单向信息传递，反馈效果差，而且效果取决于培训师的演讲水平。

（2）视听技术法：通过现代视听技术（如投影仪、DVD、录像机等），对员工进行培训。优点是运用视觉与听觉的感知方式，直观鲜明。但学员的反馈与实践较差，且制作和购买的成本高，内容易过时。它多用于酒店概况、传授技能等培训内容。

（3）讨论法：按照费用与操作的复杂程度又可分成一般小组讨论与研讨会两种方式。研讨会多以专题演讲为主，中途或会后允许学员与演讲者进行交流沟通。优点是信息可以多向传递，与讲授法相比反馈效果较好，但费用较高。而小组讨论法的特点是信息交流时方式为多向传递，学员的参与性高、费用较低。多用于巩固知识，训练学员分析、解决问题的能力及人际交往的能力，但运用时对培训教师的要求较高。

（4）案例研讨法：通过向培训对象提供相关的背景资料，让其寻找合适的解决方法。在对特定案例的分析、辩论中，受训人员集思广益，共享集体的经验与意见，有助于他们将受训的收益在未来实际业务工作中思考与应用。这一方式费用低，且反馈效果好。近年的培训研究表明，案例、讨论的方式也可用于知识类的培训，且效果颇佳。

（5）角色扮演法：指在模拟的人际关系情景中，设计一系列尖锐的人际矛盾和人际冲突，要求被试者扮演某一角色并进入角色情景去处理各种问题和矛盾，看受训者是否符合角色的身份和素质要求，使他们真正体验到所扮角色的感受与行为，以发现和改进自己的工作态度和行为表现。由于信息传递多向化，这种培训方式反馈效果好、实践性强、费用低，多用于人际关系能力的训练。

（6）观摩范例法：指通过现场演示的方法进行培训。这一方式较适合于操作性知识的学习。由于成人学习具有偏重经验与理解的特性，让具有一定学习能力与自觉的学员在观察过程中学习是既经济又实用的方法，但此方法也存在监督性差的缺陷。

（7）互动小组法：也称敏感训练法。此法主要适用于管理人员的人际关系与沟通训练。让学员以在培训活动中的亲身体验来提高他们处理人际关系的能力。其优点是可明显提高人际关系与沟通的能力，但其效果在很大程度上依赖于培训教师的水平。

（8）电脑网络培训法：是近年来流行的一种新型的计算机网络信息培训方式。这一方面投入较大，但由于使用灵活，符合分散式学习的新趋势，节省学员集中培训的时间与费用。这种方式信息量大，新知识、新观念传递优势明显。特别为实力雄厚的酒店所青睐，也是培训发展的一个重要趋势。

可见，各种培训方法都有其优缺点，根据不同的培训项目和培训目标，我们可以寻找到一组最佳的组合办法。

4. 培训控制

培训控制是指在培训过程中不断根据培训目标、标准和受训者的特点，矫正培训方法、进程的种种努力。培训控制的主体是培训工作的负责人及其他管理人员，酒店中的高层领导也可以以监督检查的方式介入其中，受训者亦可根据切身感受提出建议。

（四）新员工培训与开发

1. 新员工培训与开发的内涵

新员工的培训与开发是一个酒店把录用的新员工从局外人转变为酒店人，使新员工从一个团体融入另一个团体并逐渐熟悉、适应酒店环境的过程，也是开始初步规划或者继续发展自己的职业生涯、定位自己的角色、发挥自己才能的过程。因此，新员工的培训与开发是员工与酒店群体互动行为的开始。

一般新招聘来的员工刚开始往往对酒店有以下三种期望：一是希望获得对自己应有的欢迎和尊重。进入一个陌生酒店环境的新员工，通常对酒店和老员工对自己的态度和礼遇十分敏感，特别期望获得来自酒店领导、自己部门的上司和同事们的认可、接受和尊重，担心自己被人轻视和忽略。这方面期望的实现状况不仅关系到新员工个人的基本需要的满足程度，而且还会涉及他们对酒店的总体认识和推断，进而影响到他们个人在酒店中的定位以及酒店归属感的建立与巩固。二是希望获得对酒店环境和工作职务的相关情况了解。新员工迫切想知道自己所加入的酒店的历史、性质、目标、价值观、规章制度与行为规范，部门与人员状况，本职岗位的职责、权利与义务等。因为这些信息有助于他们消除对酒店、工作和人员的陌生感，从而增加认同感和自信度。三是希望获知在酒店中的发展机会。发展机会可以说是新员工选择加入一个酒店所追求的重要目标，如果这方面的信息缺乏或路径不明，新员工就会心中无底，但当明确了发展提高的机会时，新员工就会增加方向感和主观能动性。

新员工培训与开发主要针对员工的期望、其抱有的希望和抱负，但又不知从何下手以及对自身的前途和发展的担心和迷茫，而给予其关怀、鼓励、指导和帮助，使他们感受到酒店给予的尊重、信任、目标和机会。新员工培训与开发要给新员工提供酒店的基本背景情况，使之对新的工作环境、条件、人员关系、工作内容、规章制度、酒店期望等有所了解，尽快顺利地定下心来并始新工作。通过向新员工灌输酒店所要求的主要态度、规范、价值观和行为模式等，可以培养新员工的酒店归属感——对自己酒店的认同、忠诚、承诺和责任感，成为酒店的"自己人"。

2. 新员工培训与开发的目标

总体来说，新员工培训与开发的目标应该体现在能够有效地了解和调整新员工的期望值，满足新员工的期望，引导、诱发新员工对酒店的酒店归属感，使之对新的工作环境、条件、人员关系、工作内容、应尽职责、规章制度和酒店的期望有所了解，使其尽快而顺利地安下心来，融合到酒店中来并投身到工作中去，以良好的状态投入到职位角色中去，并创造优良的工作绩效。具体的目标分为以下几点：

（1）了解酒店，了解工作，帮助新员工更快地胜任本职工作。新进员工刚进入酒店面临的是一个完全陌生的环境，即使是有丰富经验的员工，由于各个酒店的经营理念、酒店企业文化以及制度安排等方面都有所不同，也有一个重新认识并融入的过程。让新进的员工了解酒店对于酒店和员工个人来说都是有必要的。酒店在新员工培训中提供给新员工与之有关的规章制度，使新员工明确相关的工作职责、适应新的职业运作程序，掌握一定的操作技能。通过员工手册、职位说明书、必要的参观活动和一定的技能培训，让新员工明确自己的工作任务、职责权限和上下级汇报关系；让新员工对工作不再感到陌生；对自己的生活习惯、知识结构、技能结构做出相应的调整，从而有利于新员工开始胜任自己的工作。

（2）了解环境，融入酒店的文化。对于新员工来说，不论筛选和录用工作做得有多好，都难以完全地适应酒店中的文化。这其中的主要原因是新员工对于职业、酒店的文化、职业生活的"游戏规则"等都有着各自不同的理解。因此，酒店要做到全员行为方式和价值观念统一，就需要在新员工培训与开发中，使新员工适应环境，认同酒店企业文化。对新员工进行价值观和行为准则的灌输，把酒店的文化传递给每个新员工，并使它们成为新员工的思想观念、思维方式、行为规范、行为方式。使新员工被酒店的文化环境所同化，并且快速转变成为真正的"酒店人"。这是新员工培训最重要，也是最核心的一个目的。

（3）消除新进员工的焦虑，使新员工融入酒店团体之中。新的环境一般会给新员工一种不确定感，从而在思想上会出现迷惘感。新员工会担心自己是否能被酒店及酒店成员所接受，因此在行动上会不知所措；或者由于原来对工作有过高的期望，而进入酒店后发现事实并非像个人预想或酒店介绍得那么好，从而产生"现实震荡"。因此通过对新员工进行培训与开发将会有助于稳定新员工的情绪，消除其焦虑感，满足新员工进入酒店的心理上的需要，并且通过参加积极的沟通游戏、团队协作课程等，使新员工树立团队意识；通过让老员工与新员工充分接触、相互交流，形成符合实际的期望和积极的态度，并且建立良好的与同事和工作团体的关系，逐渐被团体所接纳，融入酒店团体之中。

（4）使新员工了解酒店对员工的职业生涯设计，降低新员工流失率。新员工来到公司时，会对自己的努力方向和发展方向不了解，往往做起工作来很迷茫。对职业生涯机会的把握不住，对个人职业生涯设计的不明确就会导致他们的离职。而在这时提供高效的新员工培训与开发，可以让新员工了解酒店对员工的职业生涯设计，使个人的职业计划目标与酒店目标协调一致，使其明确自己的职业发展道路，明确努力发展方向。这样新员工就会关注自己的成长机会，消除不必要的流动打算，将酒店看作自己的酒店，将工作看作自己的工作，脚踏实地的考虑"自家"的发展。通过这样的新员工培训与开发，无疑可以有效地防止新员工的流失。

（5）为招聘、甄选和录用、职业生涯管理等提供信息反馈。通过对新员工进行培训与开发，可以使新员工在招聘与甄选活动中"制造"的假象暴露出来，也可以使招聘负责人的错误认知和主观偏见得到纠正，而且新员工也会充分地表现自己的全面形象，酒店可以在培训期间对新员工进行更全面、深入的了解，这些都会给招聘、甄选和职业生涯管理等提供信息反馈。

3. 新员工培训的具体内容

为了制定有效的新员工培训方案，我们首先需要清楚新员工培训应该包含的内容。新员工培训的内容一般包括公司概况、职位说明及职业必备、法律文件与规章制度、酒店企业文化和管理理念、员工发展规划、介绍同事并参观厂区或公司等。

（1）公司概况。有效的新员工培训首先应让员工全面了解、认识公司，减少陌生感，增加亲切感和使命感。公司概况既包括有形的物质条件如工作环境、工作设施等，也包括无形的如公司的创业过程、经营理念等。一般来说，公司概况应包括如下信息：

1）公司的地理位置和工作环境。其具体内容应包括：首先是公司在该城市的客观位置，公司的平面图以及公司在全市的地理位置。如公司已有结构模型和宣传图片，应由专人负责引导他们参观，并向他们做解说，使他们对公司的地理位置有一个大概的了解。其次是员工的工作环境，包括工作的流水线、其他工作的辅助设施，如电脑、复印机、传真机等，每位新员工工作的大环境和小环境，硬件和软件设备均需做详细的介绍。

2）酒店的标志及由来。每个酒店的视觉识别系统（VIS）及由来都是酒店的骄傲，每位员工均要能识别并了解它的特殊含义。

3）酒店的发展历史和阶段性的英雄人物。

4）酒店具有重要意义的标志和纪念品的解说。向新员工介绍酒店重要的标志和纪念品的来由与意义，可以使新员工更加了解酒店的历史和文化，增加新员工对酒店的归属感。

5）酒店的产品和服务。介绍产品的名称、性能、原材料和原材料的来源，产品生产的流程，产品的售后服务等。只有了解了酒店的产品才能真正地了解酒店的生产经营活动，更好地开展自己的工作。

6）酒店的品牌地位和市场占有率。酒店努力创造属于自己酒店的品牌，创品牌是酒店的一个长期奋斗的过程。自己酒店的品牌，品牌在社会的认可度，品牌定位在哪个层次，本酒店有哪些竞争对手，彼此的市场占有率是多少，这是新员工培训中不可缺少的内容。

7）酒店的结构及主要领导。可以利用酒店结构图与各部门的工作职责书，让新员工了解酒店的部门设置情况、纵横关系以及各部门的职责与权利，在将来工作中碰到问题该找哪一个部门解决，也需要介绍酒店的主要领导的名录和联系方式，因为新进员工应该具有一定的机会和通过一定的渠道获得与高层管理者的对话。

8）酒店的战略和酒店的发展前景。酒店现时的战略定位和酒店战略的发展阶段、发展目标、发展前景，也是新员工十分关心的问题，因为只有酒店的发展才能给个体带来发展空间，才能激发新员工内在的工作热情和创造激情，才能激发新员工为酒店奉献自己的智慧和才干。

（2）职位说明及职业必备。职位说明中应包括工作流程、上下关系及相关规范，所属部门的目标、业务和结构以及本部门与其他部门之间的关系。要向新员工详细地说明职位说明书上的有关条款，使新进员工了解自身所要承担工作的职责任务以及该项工作与其他同事之间的工作关系。还需要描述恰当的工作行为并做出示范，要制定日程安排并在规定的时间内让新员工掌握工作方法和工作技能，同时要对绩效考核、晋职和加薪等规定详细说明，要接受新员工提出的问题并给予必要的指导。所谓职业必备是指新员工应掌握的在具体工作中如何与同事联络、上司的管理风格、必要的保密要求、办公系统的使用、公司中的一些"行话"等。

（3）法律文件与规章制度。法律文件是指基于法律和有关规定而签署的有关劳动合同、公司的身份卡、钥匙、考勤卡、社会保障等方面的文件。规章制度是新员工工作和行为的准则，有关员工工作和人事管理方面的规章制度必须让员工了解，这些通常载于内部刊物或员工手册中。

（4）酒店企业文化和管理理念。酒店企业文化是酒店在经营管理过程中逐渐形成的一套价值观和行为准则，是一个酒店员工的集体思维模式和行为模式。价值观是酒店企业文化之核心。新员工进入酒店便会感受到酒店企业文化的氛围，更重要的是让其认可酒店的价值观。

酒店管理理念是系统的酒店发展战略、经营管理方针及员工行为规范等各个方面的具体体现，是酒店企业文化中极具特色和最具应用性的内容。每个酒店的管理理念都是不相同的，新员工一进入酒店，管理者就要把本酒店正确的经营理念传授给员工，让员工主动地与酒店协调工作。这部分内容要与新员工与酒店融合过程相联系进行设计，目的在于加强团队协作精神、内化酒店管理理念、增强员工对酒店的忠诚感和归属感等，使新员工成为酒店的"家里人"。

（5）员工职业发展规划。向新员工介绍酒店倡导的员工发展理念，让新员工了解酒店对员工的职业生涯设计，介绍新员工在酒店能够获得的提升机会和发展路径，以及在本酒店可以走的职业生涯道路及相应可以获得的资源。使其个人的职业计划目标与酒店目标协调一致，并明确努力发展方向。

（6）介绍同事并参观厂区或公司。当新员工置身于未经介绍的陌生人群时，都会感到十分的窘困，把新员工介绍给部门主管、同部门的人、别的部门相关的人、财务部的人、人力资源部的人，这样陌生感就会逐渐消失，让新员工觉得自己已经是这个大家庭中的一员。

4. 新员工培训的注意事项

（1）做好计划是新员工培训成功的基本保证。预则立，不预则废。为了避免新员工培训变成走马观花，流于形式，新员工培训必须在实施之前根据酒店自身的具体情况和新员工的特点，制定详细的规划，对培训的内容、形式、时间、负责人、费用做出详细的计划，并对执行的过程进行监控。

（2）新员工培训不是人力资源一个部门的事情。对于新员工培训的责任部门和人员，一定要明确人力资源部、高层管理者、岗位所在部门负责人、相关部门负责人的职责划分，明确不同内容的责任主体，并在各自部门和岗位的考核中予以体现，以保证各岗位和部门担负起各自应尽的职责。

（3）应该充分利用现有的人力资源。新员工培训与开发的有效实施既能影响新员工，也能促进老员工的发展，是新老员工的良性互动。有效的指导人指导往往要体现如何挖掘现有人力资源，即充分利用老员工。新员工对酒店价值的认同，往往是从与其工作环境的老员工的接触开始形成的。老员工不仅熟悉酒店资源、具有相关专业理论知识，而且还谙熟经济实务和各种工作技能，更是酒店哲学的认同及实操者，因此他对新员工的发展可能有着莫大的帮助。处理好新老员工的关系，可以说是酒店内部人力资源的又一次提升。

（4）效果评估非常重要。为了保证实际效果，新员工培训实施之后应及时进行记录归档和效果评估，并由人力资源部对酒店新员工进行测验和座谈，通过之后才能予以转正上岗，并且对于不合格者应给予补充培训或辞退。这些评估信息也将为今后的招聘、选拔、考评工作提供依据，对于改进和提高也是非常重要的。

（5）对发现不合适的新员工要坚决予以辞退。在实际的新员工培训与开发的过程中，通过测评和培训师、指导人的意见，可以对新员工的性格、能力等有进一步的认识，可以弥补一些在招聘过程中的信息不对称。在认清新员工的性格、能力时，如果发现并不适应需要从事的工作，又无其他工作可以安排，就必须对不合适的新员工坚决予以辞退。

（五）培训效果评估与转化

酒店培训作为一项管理活动，它不仅能提高员工完成一定任务所要求的技能和工作绩效，改变员工的行为模式和态度等，而且能提高员工适应知识化、全球化等外部环境和酒店内部环境变化的能力。目前，我国很多酒店都已经认识到培训的重要性及战略意义，但在实施培训体系过程中往往出现以下问题：员工培训后能力获得了哪些提高？实施培训后酒店效益增长多少？培训整个过程的投入是多少？只有明确了这些问题才能知道培训体系的实施是否有效，而酒店培训效果评估是指酒店在培训之后，通过一定的方法对培训效果进行分析。因此，在重视酒店员工培训的同时还要对培训的效果进行全面评估，以完善培训职能本身，使其真正成为一种创造价值的管理活动，为酒店发展储备足够的人力资本，提高酒店的竞争力。

1. 培训效果与培训评估的含义

培训效果是指酒店和受训者从培训当中获得的收益。对于酒店来讲，培训效果是因为进行培训而获得绩效的提升和经济效益，对于受训者来讲，培训效果则是通过培训学到各种新知识和技能，培训所带来的绩效的提高以及获得担任未来更高岗位责任的能力。

培训评估是一个系统的收集有关人力资源开发项目的描述性和评判性信息的过程，其目的是有利于帮助酒店在选择、调整各种培训活动以及判断其价值的时候做出更明智的决策。培训评估是一个完整的培训流程的最后环节，它既是对整个培训活动实施成效的评价和总结，同时评估结果又是以后培训活动的重要输入，为下一个培训活动、培训需求的确定和培训项目的调整提供重要的依据。

2. 培训评估的目的

菲利普斯将评估可以帮助解决的问题总结如下：

（1）确定培训项目是否实现了其目标；

（2）确定人力资源开发项目的优缺点，确定哪些项目导致了所希望的变化；

（3）测量人力资源开发项目的投资回报率；

（4）确定哪些参与者从项目中获得的收益最大；

（5）确定将来谁参加培训；

（6）测量最后结果以评估培训项目的总体成果；

（7）测量和跟踪培训全过程，以保证对项目做出改进；

（8）研究资料来支持未来项目的市场营销；

（9）研究非量化和无形的影响；

（10）建立一个数据库来支持管理决策。

3. 培训评估的类型

培训评估是指对培训项目、培训过程和效果进行评价。按照不同依据，培训评估可分为以下几种类型：

（1）按评估过程划分，可分为培训前评估、培训中评估和培训后评估。培训前评估是指在培训前对受训者的知识、能力和工作态度进行考察，作为培训者编排培训计划的根据。培训前评估能够保证培训项目合理、运行顺利，保证受训者对培训项目的满意度。

培训中评估是指在培训实施过程中进行的评估。培训中评估能够控制培训实施的有效程度。

培训后评估是指对培训的最终效果进行评价，是培训评估中最为重要的部分。目的在于使酒店管理者能够明确培训项目选择的优劣、了解培训预期目标的实现程度，为后期培训计划、培训项目的制定与实施等提供有益的帮助。

（2）按评估的方式划分，可分为非正式评估和正式评估。非正式评估是依据评估者自己的主观性来判断。一般而言，非正式评估是主观性的。换句话说，它往往根据"觉得怎样"进行评判，而不是用事实和数字来加以证明。非正式评估的优点有：

1）不会给培训对象造成太大的压力。

2）可以更真实、准确地反映出培训对象的态度变化，因为这些态度在非正式场合更容易表现出来。

3）可以使培训者发现意料不到的结果。

4）方便易行，几乎不需要耗费什么额外的时间和资源。

正式评估往往具有详细的评估方案、测度工具和评判标准。它尽量剔除主观因素的影响，从而使评估更有信度。在正式评估中，对评估者自身素质的要求降低了，起关键作用的不再是评估者本身，而是评估方案和测试工具的选择是否恰当。正式评估的优点有：

1）在数据和事实的基础上做出判断，使评估结论更有说服力。

2）更容易将评估结论用书面形式表现出来，如记录和报告等。

3）可以将评估结论与最初的计划比较核对。

（3）按评估的目的划分，可分为建设性评估和总结性评估。建设性评估是指以提出改进培训项目建议为目的，而不是以是否保留培训项目为目的的评估。它通常是一种非正式的、主观的评估，适用于培训需求分析至培训实施阶段，主要探究各阶段实施的细节及其成果（如学习目标、教材、教学法等）是否有缺失，除确保各个阶段的品质之外，也使整个培训课程合乎教学科技的标准。因此，建设性评估是以培训过程控制的方式运作，通过严格控制各程序细节及成果，以求得最好的培训课程。

总结性评估适用于学习活动结束之后，为对培训者的学习效果和培训项目本身的有效性做出评价而进行的评估，主要衡量培训课程的效果、效率、价值或贡献。这种评估通常是正式的、客观的和终局性的，它只能用于决定培训项目的生死，而不能作为培训项目改进的依据；只能用于决定是否给培训对象某种资格，而无助于培训对象学习的改进。总结性评估可分为以下三种：

1）结果评估。结果评估主要探讨学员是否获得了培训目标所列的知识技能，继而判断培训课程的好坏及成本效益，再决定是否继续采用或舍弃该培训课程。

2）证实评估。证实评估适用于培训活动实施一段时间后，定时收集、分析资料，以决定学员是否能继续表现其能力，或检查培训课程的持续效果。

3）终极评估。终极评估适用于培训课程已结束，而且学员回到工作岗位一段时间之后，以了解学员将所学转移应用于其工作的程度，以及所学知识对于其工作与酒店的实际贡献。终极评估不仅针对学员学习课程的效果，更注重所学应用于酒店营运的整体绩效，可以说这是一种最切实际，但却不容易达成的方法。

（4）按评估进行的时间划分，可分为即时评估和滞后评估。即时评估一般是在培训结束时就进行评估。目的在于对受训者在培训期间的各种表现做出评估，并与参与培训前的技能水平相比较，以此检验培训的成效。主要评估受训者的学识有无增进，以及增进多少，受训者技能有无提高，以及提高多少等。

滞后评估是培训结束回去工作后进行评估。评估的目的不在于受训者在培训期间表现如何，而在于培训结束后回到工作岗位后的表现，来判断培训中所学知识、技能和行为在工作中是否已得到应用。评估内容主要包括：工作态度有无改变，改变程度如何，维持的时间有多久，工作效率有无增进，增进程度如何等。

4. 评估方案的设计。

人力资源开发评估要解决的问题包括在充分考虑各种可行性因素的基础上，选择恰当的评估方案，这直接决定着评估对非培训因素的分解，决定着对培训出来的结果的测量。在不同的方案之间进行选择的最重要的标准是有效性，即效度。

最常见的设计包括实验设计、准实验设计和非实验设计。是否考虑使用参照组可以区分是否是实验设计。不使用参照组是非实验设计，它重视的是目标群体的纵向变化。使用参照组的是实验设计，它既注意目标群体的纵向变化，还注意实验组和参照组的横向比较，这样才能更好地将培训效果分解出来。是否使用随机的方法，可以将实验设计与准实验设计区分开来。实验设计中的参照组是完全随机产生的参照组，我们可以称之为控制组，这样就能保证实验组和控制组在理论上是完全相同的。准实验设计中的参照组不是随机产生的，这样的参照组，我们称为对照组，这时，我们只是力求参照组与实验组在各方面相似（如图12 - 2所示）。

（1）单组后测设计。

X T_2

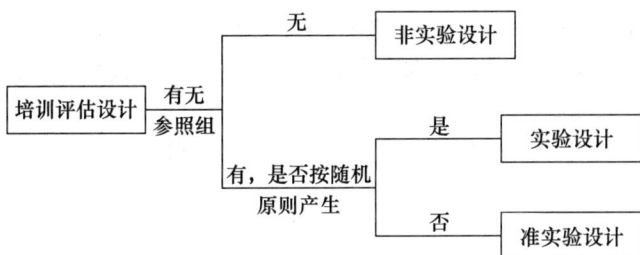

图 12 – 2　培训评估方案设计

这是一种最简单的评估方案，即在培训后进行一次评估，只收集和测试员工受训后成果的评估方案，简单易行，但评估效果不能让人满意。

（2）单组前测/后测设计。

T_1　X　T_2

事前/事后测试，即在被培训者刚进入培训课程的时候和培训课程完结后对被培训者进行内容相同或者相近的测试，将两次测试的结果进行对比分析，其变化结果即反映了培训所获得的新知识。这是一种较常用的方法，培训前后两者的差距即是培训的效果，此法的关键是评估方法的有效性。这种方法较为科学，其操作也不烦琐。

（3）前测/后测控制组设计。

实验组（R）T_1　　　X　　　T_2
控制组（R）T_1　　　X　　　T_2

为了加强评价的可信度，还可以采用该方法，也被称为控制实验法，即将参加培训的人员组成实验组，将不参加培训的员工组成控制组，同时对这两组员工进行事前测试和事后测试，这两组培训前的测定结果应该是相似的，将测试结果进行交叉比较来评估培训的效果，最后在同一时间内对实验组和控制组分别进行评估，评估结果的差距就是培训的效果。对比评估虽然比较复杂，但是由于它更为准确，更为人们所认同，较适合在酒店中对培训效果进行评估。它比较科学，如果评估者和被评估者都不知道评估的目的，评估效果极为理想。

（4）所罗门四组设计。

1组（R）　　T_1　X　T_2
2组（R）　　T_1　　　T_2
3组（R）　　　　X　T_2
4组（R）　　　　　　T_2

实验设计经前面提到的几种设计结合起来，这样做的好处是把干扰培训效果的其他因素的影响减少到最低限度。在具体操作的时候，可以把培训学员随机分成两组，接受培训，同时另外设置两个对应的对照组。如果实验组比对照组好，则证明培训课程可能是有效的。如果实验两组之间的成绩相当，而对照组的成绩也不相上下，则证明培训测验没有缺陷，测验本身没有影响培训的成绩，所以所罗门四组设计不仅可以考察培训效果，还可考察测验缺陷。

（5）时间序列设计。

T_1　T_2　T_3　T_4　X　T_5　T_6　T_7　T_8

时间序列设计是指在培训前和培训后每隔一段时间检测一次培训效果，按既定时间间隔、阶段性的测试和收集培训成果有关信息数据的一种培训评估方案。该方法伴随培训过程，进行跟踪测量，从而获取不同时间序列点上的效果值。同样，也可以将数据绘至坐标图上，清晰地观察培训与时间的交互效应（如图12－3所示）。

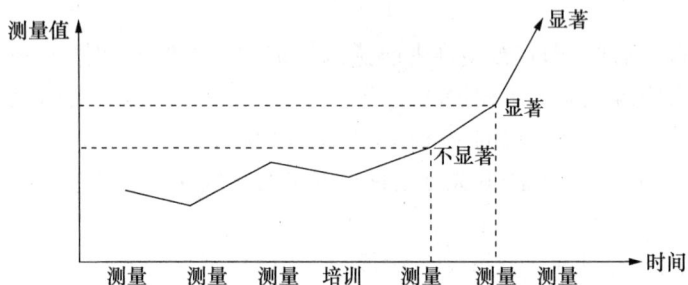

图12－3　时间序列坐标

时间序列法适用于时间跨度较长（跨年度）的培训评价。这类评估方案设计的优势在于，在培训期内监测培训效果的动态，洞悉学习效率高峰与低谷时段。相对前述若干方法，时间序列法提供的信息量更大，可以使评价者对培训结果在一段时间的稳定性进行分析。

时间序列评估方案可以采用或放弃对照组，他经常用于评估会随着时间发生变化的一些可观测性的培训结果，如生产率、缺勤率、事故发生率。

综上所述，不同的培训效果评价方案设计能够获得不同的信息量，从而揭开许多看不清、道不明的缘由。在设计和选择何种类型评估方案之前，通常需要考虑以下的基本因素：培训的重要性、培训变化的可能性、培训规模和参与范围、培训目标、酒店企业文化与评估看法、专业技术、评估成本以及时间限定等。值得一提的是，越是信息量大的方案设计，所需的时间、财务成本越高，在实践中，需在成本和效益之间做好权衡，避免顾此失彼。

5. 评估决策阶段

（1）培训需求分析。进行培训需求分析既是培训项目设计的第一步，也是培训评估的第一步。不管一个培训项目是由什么原因引起的，人力资源开发人员都应该通过培训需求分析来决定具体的知识、技能、态度的缺陷。培训需求分析中所使用的最典型的方法有访谈法、调研法和问卷调查法。调查的对象主要集中在未来的受训人员和他们的上司中，同时，还要对工作效率低的管理机构及员工所在的环境实施调查，从而确定环境是否也对工作效率有所影响。

（2）确定培训评估的目的。在培训项目实施之前，人力资源开发人员就必须把培训评估的目的明确下来。多数情况下，培训评估的实施有助于对培训项目的前景做出决定，对培训系统的某些部分进行修订，或是对培训项目进行整体修改，以使其更加符合酒店的需要。例如，培训材料是否体现公司的价值观念，培训师能否完整地将知识和信息传递给受训人员等。重要的是，培训评估的目的将影响数据收集的方法和所要收集的数据类型。

（3）建立培训评估数据库。进行培训评估之前，酒店必须将培训前后发生的数据收集齐备，因为培训数据是培训评估的对象。培训的数据按照能否用数字衡量的标准可以分为两类：硬数据和软数据。硬数据是对改进情况的主要衡量标准，以比例的形式出现，是一些易于收集的无可争辩的事实。这是最需要收集的理想数据。硬数据可以分为四大类：质量、产量、成本和时间，几乎在所有酒店机构中这四类都是具有代表性的业绩衡量标准。有时候很难找到硬数据，这时，软数据在评估人力资源开发培训项目时就很有意义。常用的软数据类型可以归纳为六个部分：工作习惯、新技能、氛围、发展、满意度和主动性。

6. 评估规划设计

（1）确定培训评估的层次。培训评估应本着实用、效益的原则，酒店应根据自己的实际条件和培训项目的特殊性，确定适宜的培训层次。可以基于由柯克帕特里克提出的最著名的模型确定评估层次，即从评估的深度和难度角度分为反应层、学习层、行为层和结果层四个层次。人力资源开发人员要确定最终的培训评估层次，因为这将决定要收集的数据种类、收集方法和时机，并以此进行评估规划的设计。

（2）选择评估方法。根据评估的不同分类，对于不同的评估层次和数据类型，应选择恰当的评估方法，系统地、有计划地收集数据。对不同层次的评估可采用不同的方法。第一层次的评估可采用问卷、评估调查表的方法；第二层次的评估可采用关键人物法、笔试、技能操作等；第三层次的评估可采用绩效考核法，也可采用比较评价法；第四层次的评估可采用收益评价法，计算培训为酒店带来的经济效益，也可通过考查事故率、生产率和士气等指标来衡量。

7. 评估的实施阶段

在完成评估规划设计以后，就可以进入培训效果的实施阶段。培训评估实施的关键在于收集培训对象的数据与资料。同时，要做到收集的数据准确而有价值，就要按照培训评估规划，在适当的时候收集所需要的数据，如果不能在恰当的时候收集数据，评估计划就达不到预期的效果。收集数据可以将多种方法相结合，如向受训者发放咨询表或问卷、与受训者进行座谈、观察等，以提高数据收集效率。

收集数据以后，就要开始对数据进行整理和分析，以及对分析结果进行解释。数据整理过程主要是依据数据类别，将同一类的数据放在一起，进而为以后的统计、分析做准备。

8. 评估结果总结与反馈阶段

（1）调整培训项目。基于对收集到的信息进行认真分析，人力资源开发部门就可以有针对性地调整培训项目。如果培训项目没有什么效果或是存在问题，人力资源开发人员就要对该项目进行调整或考虑取消该项目。如果评估结果表明，培训项目的某些部分不够有效，例如，内容不适当、授课方式不适当、对工作没有足够的影响或受训人员本身缺乏积极性等，人力资源开发人员就可以有针对性地考虑对这些部分进行重新设计或调整。

（2）培训项目结果的沟通与反馈。在培训评估过程中，人们往往忽视对培训评估结果的沟通。尽管经过分析和解释后的评估数据将转给某个人，但是，当应该得到这些信息的人没有得到时，就会出现问题。在沟通有关培训评估信息时，培训部门一定要做到不存偏见和有效率。一般来说，酒店中有三个群体是必须要得到培训评估结果的。最重要的一个群体是人力资源开发人员，他们需要用这些信息来改进培训项目，只有在得到反馈意见的基础上精益求精，培训项目才能得到提高。管理层是另一个重要的群体，因为他们当中有一些是决策人物，决定着培训项目的方向。评估的基本目的之一就是为妥善地决策提供基础。应该为继续这种努力投入更多的资金吗？这个项目值得做吗？应该向管理层沟通这些问题及其答案。第三个群体是受训人员，他们应该知道自己的培训效果怎么样，并且将自己的业绩表现与其他人的业绩表现进行比较。这种意见反馈有助于他们继续努力，也有助于将来参加该培训项目学习的人员不断努力。受训人员的直接经理也有必要了解培训效果。

9. 培训转化的过程

培训转化即要成功地完成培训项目，受训者要有效且持续地将所学技能运用到工作当中。Timothy Baldwin 和 Kevin Ford 提出了一个培训迁移过程的模型。这个模型指出培训设计、受训者特征和工作环境都会影响学习、保存和转移，并且受训者特征和工作环境直接影响转移效果。推广能力指受训者在遇到与学习环境类似但又不完全一致的问题和情况时，将所学技能（语言知识、动作技能等）应用于工作上的能力。

四、前厅员工激励与管理

（一）激励的内涵

激励是使人产生行动的动机。换句话说，就是让一个人有欲望做一件事，为了他自己做这个事情。激励的困难在于，人的动机太复杂了。不同的理论家总结出来人有不同的动机。同样一个人在不同场合下，动机也会发生很大的变化。所以要学会选择适合一个人，适合这个时间、在这个特定地方的激励，而不是笼统地找出来一条"放之四海而皆准"的激励办法。

另外，对那些既有能力又有热情的人，激励问题非常容易解决。对这一类人一定要学会保护，保护他们的热情和利用他们的热情。就是对他们进行培训，给他们指导，让他们学习，增加他的能力。对那些有能力没有动力和热情的人是特别需要激励的。

激励的方法有报酬激励、目标激励、工作激励和文化激励四种。激励的原则是与目标相一致的原则、物质激励和精神激励相结合的原则、外在激励和内在激励相结合的原则、按需激励的原则和激励的公正性原则。

（二）激励的作用

1. 激励可以调动员工的工作积极性，提高酒店绩效

酒店最关心的是什么？是绩效！酒店有了好的绩效才能生存。酒店若想要有较高的绩效水平就应要求员工有较高的个人绩效水平。在酒店中，我们常常可以看到有些才能卓越的员工的绩效却低于一些才能明显不如自己的人。可见好的绩效水平不仅仅取决于员工的个人能力。

以往我国的酒店过分强调员工的个人能力，认为酒店效益完全由员工素质决定。其实，这个观点是非常片面的。个人绩效还与激励水平、工作环境有很大的关系。激励水平也是工作行为表现的决定性因素。员工能力再高，如果没有工作积极性，也是不可能有良好的行为表现的。

2. 激励可以挖掘人的潜力，提高人力资源质量

挖掘员工潜力在生产和管理过程中有着极为重要的作用。美国哈佛大学教授威廉·詹姆士研究发现，在缺乏激励的环境中，人的潜力只能发挥出20%~30%，如果受到充分的激励，他们的能力可发挥出80%~90%。由此可见，激励是挖掘潜力的重要途径。

由此可见，以调动人的积极性为主旨的激励是人力资源开发和管理的基本途径和重要手段。酒店管理中引入激励机制不仅是酒店现代化管理的表现，更是迎接未来挑战的一剂良方。

（三）激励是以员工需要为基础的

员工为什么可以被激励？怎样的激励才算是有效的激励？要弄清楚这些问题就必须了解什么是"需要"。需要是指个体由于某种重要东西的缺乏或被剥夺而产生的紧张状态。心理学研究表明：人的动机是由于他所体验的某种未满足的需要或未达到的目标所引起的。

马斯洛的需要层次理论是激励理论中最基本、最重要的理论。它把员工的需要从低到高分为五个层次，依次为生理需要、安全需要、社交需要、尊重需要、自我实现需要。各层次的需要可以相互转换。在众多的需要中有一种是对行为起决定作用的需要，称为优势需要。员工工作的动机正是为了达到需要的满足，尤其是优势需要的满足。只有需要达到满足，员工才有较高的积极性。

激励之所以有效，原因在于人们在事关自己切身利益的时候，就会对事情的成败分外关注，而趋利避害的本能会使面临的压力变为动力。

员工各式各样的需求正是激励的基础。激励手段必须针对员工的需要，才会产生积极的效果。另外，好的激励手段还应该引导员工的需要向高层次发展。总之，只有让员工满意的激励措施才是有效的。要建立使员工满意的激励措施，就要立足员工的需要。

（四）科学的评价体系是激励有效性的保障

有效的激励还必须以科学的评价体系为保证。这里所指的评价体系包括绩效评估体系和对激励手段有效性的评价。

客观、公正的绩效评价是对员工努力工作的肯定，也是对员工进行奖惩的依据。以员工绩效为依据，对员工进行奖惩，才能起到激励员工的目的。而激励的根本目的就是为了让员工创造出更高的绩效水平。没有一个科学的绩效评价体系也就无法评定激励是否有效。

随着酒店的发展，员工的需要也会随之变化，通过对激励手段的评价，可以随时把握激励手段的有效性和员工需要的变化，调整激励政策。达到激励员工的最好效果。

（五）酒店激励的方法与策略

任何理论只有运用到实际中才有意义。激励也是如此。现在，大多数酒店已经引入了激励方法，有的酒店还有自己独特的一套激励方法。现对常用的激励方法总结如下：

1. 制定激励性的薪酬和福利制度

员工进入酒店工作的主要目的之一，就是要获得一定的物质报酬。报酬是与人的生存需要密切相关的，是最有效的一种刺激物。在酒店里，报酬的高低甚至可以代表员工的价值大小。所以，合理的薪酬系统是具有很大激励效果的。

（1）激励性的薪酬政策的制定。双因素理论认为，薪酬只是一种保健因素，不会对员工有激励作用。传统的薪酬体系设计也缺乏激励因素。其实，只要对薪酬体系进行科学的设计，同样是可以起到激励作用的。

1）在保证公平的前提下提高薪酬水平。

研究发现，从酒店内部来讲，员工关心薪酬的差别程度高于对薪酬水平的关心。所以，薪酬体系要想有激励性，保证其公平性是必须的。公平性包括内部公平和外部公平。对外公平要求酒店的薪酬水平与行业的薪酬水平要相当。对内公平要求酒店按贡献定薪酬。如果员工感觉报酬分配不公平，他们就会感觉到不满，只有保证公平，员工才能正常工作。

但是，仅仅保证公平是不够的。要想有激励效果，还要提高薪酬水平。高的薪酬水平可以形成对外竞争优势，员工会有优越感，认识到酒店对自己的重视，就会有较高的工作积极性。

2）薪酬要与绩效挂钩。

要想使薪酬系统具有激励性，薪酬系统必须与员工绩效结合起来。绩效薪酬可以把公司与员工的利益统一结合起来，员工为自己目标奋斗的同时，也为公司创造了价值，可以达到一种"双赢"的目的。绩效薪酬实施过程中注意要以科学的绩效评估体系为依据，否则，会影响绩效薪酬的公平性，达不到激励员工的目的。

3）适当拉开薪酬层次。

反差对比可以建立更为持久的动力。拉开薪酬层次可以鼓励后进者，勉励先进者。但是，层次不要拉开太大，否则会影响薪酬的公平性。另外，在设计薪酬系统时，要注意薪酬中的固定部分。保持固定部分的比例，使员工有一定的安全感，激励薪酬措施才会有效。

薪酬激励是最重要、最常见的一种物质激励手段。这种手段易于被酒店控制，变化因素少，可以起到事半功倍的效果。

（2）设置具有激励性质的福利项目。福利是员工报酬的一种补充形式。"恰到好处"的福利也是具有激励效果的。

1）采取弹性福利制度。

不同的员工对福利的需要是多种多样的，有的员工喜欢物质的，有的员工喜欢精神的，可谓众口难调。以往酒店给予员工一样的福利待遇，一定会有部分员工的需要难以得到满足。采取弹性福利制度就可以很好地解决这个问题。

弹性福利制度给予员工选择福利的机会，允许员工把个人需要与所需福利结合起来。另外，酒店还把福利与工作年限联系在一起，高年限、高职务的员工更有较大的选择空间，充分体现了酒店的人文关怀，这样更有利于长期激励。

2）保证福利的质量。

用一个简单的例子来讲，很多酒店都为工人建立了免费浴室，这本来是一项很好的福利措施。但是酒店往往疏忽了管理，浴室里的水忽冷忽热，员工抱怨不断。本来是一件好事，结果却很糟糕。因此，加强对福利项目的管理才能起到福利应有的作用。

在物质激励方面上，薪酬和福利都是比较传统的激励方法。如今，又兴起了一种现代化的激励手段——"股权激励"。

2. 人性化的管理手段

人性化的管理，是以人文关怀为基础的，以员工需要为出发点、尊重员工。人性化管理是现代化管理的需要，是激励员工的重要手段。

酒店要实施人性化管理，可以从以下几个方面入手：

（1）授予员工恰当的权利。现代人力资源的实践证明，现代员工都有参与管理的愿望。任何员工都不想只是一个执行者，都有参与决策的需要。满足员工的这种需要，不仅可以激励员工，还有利于酒店的长期发展。

授权的过程中一定要注意，授权一定要恰当。权力过大，员工无法驾驭；权力过小，员工无法完成工作。只有恰当的授权才有激励作用。

授权的过程中还要注意。授权后，不要对员工的权力加以干涉，否则会使员工产生不信任的感觉。授权还要避免重复交叉，一个权力只授予特定的员工。

（2）目标激励。目标激励是指通过设置恰当的目标，激发人的动机，达到调动积极性的目的。目标之所以能够起到激励的作用，是因为目标是组织和个人的奋斗方向，完成目标是员工工作结果的一种体现，也是员工成就感的体现。

目标激励的关键在于目标的设置，只有恰当的目标才有激励效果。

1）员工的目标要与组织目标一致。

酒店与员工都在追求自己的利益，在这个过程中，两者之间往往会有矛盾，协调好这对矛盾，使酒店与员工的目标相一致是目标激励得以实现的基础。在酒店目标中分离出员工的个人目标是非常重要的。

2）目标必须是恰当的、具体的。

目标恰当是指，难度不能太大也不能太小。过高的目标员工无法完成，会挫伤员工积极性；过低的目标，员工无法在完成目标的同时体会到成就感。最好的目标应该是"跳一跳，够得着"的，既具有一定的挑战性，还具有一定的可实施性。

目标具体是指，目标不能含糊不清，最好有个量化的目标，这样不仅完成起来更有目的性，还便于评估。

要想实现这些要求，就要求主管在制定目标时，要注意与目标执行者的沟通。了解其需要和能力，这样才能制定出恰当的目标。

3）当员工取得阶段性成果时要及时反馈给员工，有助于他们进一步实现自己的目标。另外要对完成目标的员工予以奖励，认可其工作成果。

（3）鼓励竞争。很多主管害怕酒店内的竞争现象，认为这样会破坏酒店的秩序。其实，只要主管对竞争进行合理引导，竞争还可以起到激励员工的作用。

对于酒店中的后进员工，主管要鼓励他们迎头赶上；对于酒店里的先进员工，主管要勉励他们继续领先。在酒店内提倡个人竞争，提倡团队竞争，激发员工的工作激情，可以使酒店形成良好的竞争氛围。

在酒店内创造一个公平的竞争环境，对于竞争是必须的。竞争的有序性除了靠道德约束外，酒店也可以制定一些奖惩措施，规范竞争。

（4）营造有归属感的酒店文化。

酒店文化的塑造已经成为现代化酒店精神激励的重要手段。实践表明，有着良好文化的酒店，人才的流失是明显低于那些不重视酒店文化塑造的酒店的。当酒店的文化和员工的价值观一致时，当酒店文化充分体现到对员工的尊重时，员工会与酒店融为一体。员工会为自己的酒店感到骄傲，愿意为酒店奉献自己的智慧。

良好的酒店文化有着以下特征：

1）尊重员工。尊重是加速员工自信力爆发的催化剂。尊重激励是一种基本的激励手段。员工之间的相互尊重是一股强大的精神力量，有助于员工之间的和谐，有助于凝聚力的形成。尊重员工是人本管理的体现。

2）强调人与人之间的协调合作关系，强化团队协作。

3）鼓励创新。

3. 巧妙运用奖励的策略

（1）激励员工要敢于投入。在工作之中，员工必须感受到自己的价值得到了他人的承认。这个价值不仅是他取得了多么了不起的成绩，也包括他的进步，哪怕是迟到次数的减少，都是他自身价值的体现。

由于工作努力而受到奖励，使员工能认识到整个酒店的行为方针，认识到主管在注意看他们的表现，会有被承认的满足感和被重视的激励感，会保持高昂的工作热情和责任心，如果表现努力的员工没有获得一定的实际利益和奖赏，就会挫伤其积极性，从而使得员工的工作热情下降，工作受到影响。

许多酒店甚至对出勤与安全这两项员工必备的基本素质也进行奖励。奖励他们为公司做出的贡献。

对于全勤的员工进行奖励，某化妆品公司给员工发放下列奖品：

1 年全勤：一块刻有文字的金表。

2 年全勤：一台 Atari 录像游戏机、一台 Farberware 炊具或一套 Oneida 不锈钢餐具。

3 年全勤：一台东芝个人立体声响或松下便携式电视机。

4 年全勤：一台 Sunbeam 或 Cuisinart 食品加工机。

5 年全勤：一架尼康 35mm 照相机。

6 年全勤：一台松下 AM/FM 立体声收录机。

7 年全勤：一台 RCA19 英寸彩电。

8 年全勤：一台松下微波炉。

9 年全勤：一枚专门设计的戒指。

10 年全勤：一次由公司支付全部费用的双人夏威夷两周旅行。

15 年全勤：一次由员工和配偶或一个朋友的两人两周到世界任何地方的旅行，全部费用由公司支付。

每个人都有一些本能的需要，希望别人尊重自己，渴望成功。这就构成了人的内部动力。要使酒店有更多受到高度激励的员工，就应去寻找个人需要与酒店风格相吻合的人，或者调整酒店的管理风格使其适应员工的需要。因此，不仅要奖励出色员工的业绩，也要让努力的员工得到合理的奖励，才能调动起全体员工的积极性，建造一个生机勃勃的酒店。

（2）奖励标准要公平合理。对于任何一个公司来说，不仅要对有贡献的员工进行奖励，而且，奖励的标准必须公平而且恰当才有意义。标准定得太高、太严会使员工觉得如空中楼阁一样难以达到，产生受欺骗的感觉；标准定得太低，员工轻易就能做到，反而养成员工懒惰的习惯。所以，主管必须对员工的工作有深入的了解，拟订出合理的奖励办法，既要不太严，又要不太松。要想维持长久的绩效，公司就必须建立合理的奖励标准。有了合理的标准，才能正确计算各部门所属人员努力结果所获得的绩效情形，再按绩效情形给予其适度的酬劳与奖励，这样，就能够发挥员工潜力的最大效用。

采用合理的奖励制度是公司经营中必不可少的一部分，奖励合理发放不仅可以公平地体现劳酬关系，而且可以激发员工的积极性。

（3）要重视福利。酒店发展最重要的目的是为了赢得利润、获得可持续发展，而其决定因素在于酒店内部必须有一批致力于酒店长远发展的人才。如果酒店希望公司能够留住员工，那么，除了合理的薪酬之外，酒店还必须能提供其他适当的福利。虽然没有强制酒店提供一个包罗万象的员工福利，但是，为了吸引和留住员工，酒店需要实施与其实力相适应的福利制度。这一决定因素的存在要求酒店必须建立完善的福利制度，尽可能地组织员工开展具有时代特色的娱乐活动，丰富员工的情趣，陶冶员工的情操；建立完善的社会保障，并千方百计解决员工的工作生活难题，为员工解除后顾之忧，让员工轻装上阵，使酒店获得不断的动力源泉。

福利的激励作用表现在以下几点：

1）完善的福利制度可以满足和保证员工生活上的需要，解除员工的后顾之忧。因而，可以调动员工的积极性，提高其工作效率。

2）可以激发员工的进取心。酒店福利搞得好可以提高组织的声誉，也能吸引更多更好的人才加盟，这样可以激活组织的创造性和动态性，这样的组织必然会营造出积极向上的竞争氛围。

3）有利于增强组织内部的协作精神，由于全体员工都享受到了充分的福利，这可以减少由于薪酬不同而造成的差别感，从而减少员工之间的利益摩擦，和谐员工之间的人际关系，增进全体员工之间的集体感和团队意识。

在现实中，弹性福利政策最可取。弹性福利制度是一种有别于传统固定式福利的新员工福利制度形式。弹性福利制度又称为"自助餐式福利"、"灵活福利"等，即允许员工从酒店提供的众多福利项目中进行选择，以满足不同员工的多种需要。在某种程度上，弹性福利已经成为一种有效的员工激励手段。

4. 运用理解尊重的策略

（1）充分理解和尊重员工。人人都渴望被理解。如果能得到他人的理解，那么，即使是自己受点损失。也会让人觉得这是值得的。

心理学家指出，人的一生都在追求重要感。人们都有这样一种意识存在，希望自己受到重视。任何人在得到别人的承认和尊重时，心理上就能得到一种莫大的安慰，这是无法用金钱、地位、工作环境来弥补的。

也就是说，一个主管把员工看得与自己平等甚至是值得尊敬的人物，就一定能激发出员工为其尽力工作的热情。

（2）考虑员工是否愿意接受。主管要想有效地激励员工，就要做好激励的准备工作。这是一种激励的前奏，也是一种有效的手段，事关激励的成败。

作为主管，就要深刻剖析影响员工情绪的因素，把他们心中积极的因素引导出来，同时，化解人心中的消极因素，必能引导他们走向成功。

激励之关键，在于"迎合"人心，但所谓"迎合"并不是一味姑息，而是充分利用人性的优点、缺点，如此，才能团结酒店前厅里的每一位员工，为酒店共同的目标奋斗。

（3）注重下命令的细节。酒店主管与员工之间由于岗位不同，工作内容不同，为了让酒店高效地运转，主管常要对员工下命令。细节可以决定一件事的成败，同理，注重下命令的细节，也可以让员工受到大的激励，让命令得到迅速而高效的贯彻与执行，主管在下命令时，要注重两个细节，一是给予明确的指示；二是多用商量的方式，少用命令的口气。

（4）激励员工要有耐心。

5. 运用精神激励的策略

（1）信任能激发员工潜能。在工作中，每位员工都是具有卓越潜能的，即使是被公认有问题的人，也蕴藏着随时可能发生巨大变化的可能性，而让这种可能性转化成现实的动力就是信任。而当你信任他时，就赋予他向积极方向转化的动机和力量，努力为酒店贡献自己的聪明才智。

由于信任在当今的管理工作中起着非常重要的作用，主管应该积极地寻求和员工保持信任的关系。

（2）学会赞赏员工。

6. 目标激励的策略

所谓目标激励，就是通过确立工作目标来激励员工。只有设立正确而有吸引力的目标，才能够激发员工奋发向上，勇往直前。

运用目标激励时，管理者应注意以下几个问题：

（1）目标要切合实际。

（2）目标的制定应该是多层次、多方向的。

（3）要将目标分解为阶段性的具体目标。

（4）要将酒店前厅的目标转化为各班组以及员工个人的具体目标。

7. 参与激励的策略

为了激发员工的工作积极性和主人翁精神，必须发扬民主精神，重视与员工的沟通。

参与激励就是在酒店管理中，给予职工发表意见的机会，尊重他们的意见和建议，使职工能够以不同的形式参与酒店管理活动，从而达到激励员工的目的。管理者不仅要把上级的指示传达给下属，而且要注意倾听下属的心声，把下属的意见和建议及时、准确地反映给上级管理者。在做决策时，要多与员工沟通，因为决策的最终执行者还是下属员工，经过员工充分讨论的科学合理的决策，有利于员工的顺利执行，也有利于激励员工。

8. 示范激励

一个酒店前厅的士气和精神面貌很大程度上取决于其管理者。正所谓"榜样的作用是无穷的"，有什么样的管理者，就有什么样的下属员工。当管理者每天乐观向上地面对工作，下属在这种氛围的影响下，自然也会以积极上进的态度投入到工作中来。因此，管理人员要以身作则，从各方面严格要求和提高自己，以自己的工作热情、干劲去影响和激励下属员工。

（六）酒店激励误区

1. 管理意识落后

有的酒店尤其是我国的一些中小型酒店，对人才根本不重视，认为有无激励都是一样的。这些酒店就需要革新自己的陈旧观点，把人才当作一种资本来看，挖掘人的潜力，重视激励，否则，必然会遭淘汰。还有的酒店，口头上重视人才，行动上却还是以往的一套。这些酒店管理思想落后，在这些酒店里的员工很难有高的积极性。

2. 酒店中存在盲目激励现象

不少酒店看到别的酒店有激励措施，自己便"依葫芦画瓢"。合理的借鉴是必须的，但很多酒店只是照办。只有立足本酒店员工的需要，激励才会有积极意义。所以，要消除盲目激励的现象，必须对员工需要做科学的调查分析，针对这些需要来制定本酒店的激励措施。

3. 激励就是奖励

这是酒店中普遍存在的一个误区。前面我们认识到，需要被剥夺的时候也可以激起员工的紧张状态，使其有较高的积极性。酒店的一项奖励措施往往会使员工产生各种行为方式，其中的部分并不是酒店所希望的。因此，必要的束缚措施和惩罚措施是很有必要的。

但是，使用惩罚措施时要注意，惩罚力度不能过大。多用奖励，辅以惩罚。

4. 激励过程中缺乏沟通

酒店往往重视命令的传达，而不注重反馈的过程。这样对激励是很没有好处的。缺乏必要的沟通，员工就处于一个封闭的环境中，不会有高积极性的。

5. 重激励轻约束

在中国的酒店界，有这么一个现象，国有酒店不重激励重约束，留不住人才；民营酒店重激励不重约束，也留不住人才。可见，只强调对激励的重视还是不够的。

6. 过度激励

有人认为激励的强度越大越好。其实，这也是一种错误的观点，凡事物极必反，激励也是这样。过度的激励就会给员工过度的压力，当这个压力超过员工承受力的时候，结果是可想而知的。适当的激励才会有积极意义。

激励中存在的问题有很多，并且会随着经济的发展滋生出新的问题。本文只把一般性问题论述。中国酒店要想有科学的激励体系，除了注意这些问题外，创新也是很重要的，结合自己的实际创出适合中国酒店的激励体制是必由之路。

五、前厅员工流失与对策

（一）员工流动与员工流失

1. 人力资源流动

人力资源流动是指人员从一种工作状态到另一种工作状态的变化。人力资源的流动分为组织内流动和组织间流动。组织内流动通常由该组织的人事部门通过提升或调动来完成，而组织间的流动则是通常所说的员工流失。

员工流失一直是困扰酒店管理者的难题。随着知识经济时代的到来以及人们生活节奏的加快，员工流失正变得越来越频繁。正常的人员流动率一般应该在5%～10%，作为劳动密集型酒店，前厅的流动率却高达20%以上。特别是一些高学历、高层次的管理人才流失情况更加严重。

2. 员工流动的分类

在经济理论的研究中可以按照主体的主观意愿，将员工的流动分为自愿流动和非自愿流动两种类型（见图12－4）。非自愿流动是由于雇主的原因而发生的流动，主要有解雇、开除和裁员等形式；自愿流动是雇员为了自身的利益而进行的流动，即通常所说的员工流失。按照契约理论，员工流失实质是员工自主与组织终止劳动关系的行为，代表了个体永久性地退出某一组织。因退休、伤残、死亡等原因而发生的员工流动则属于自然流动。

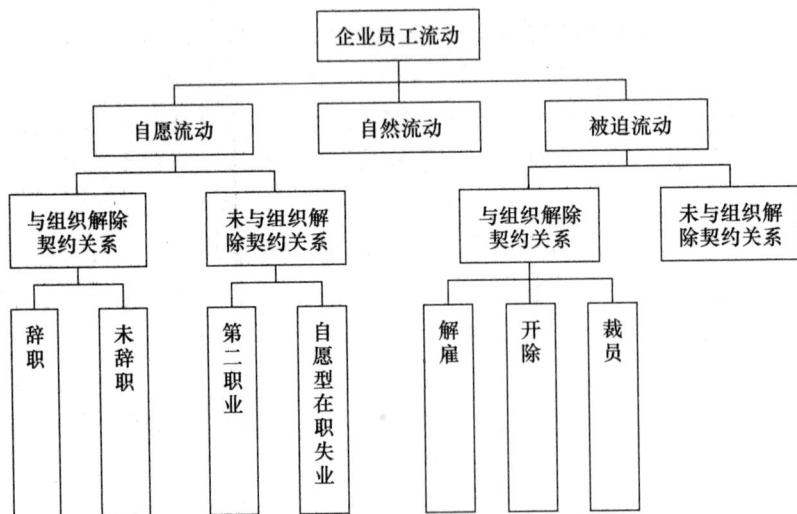

图12－4　员工流动分类

（二）前厅员工流失的消极影响

1. 降低服务质量

较高的人员流失率会影响前厅员工的归属感进而影响服务质量。人员的频繁流动会对其他在岗人员的工作情绪和工作态度产生消极的影响，动摇他们留在前厅工作的决心，特别是在看到流失的员工获得了更好的工作环境或者薪资待遇的时候，他们对自己所在的工作团队的归属感和荣誉感会逐渐下降，其工作积极性会严重受挫，从而直接影响到为顾客服务的质量。

2. 增加经营成本

较高的人员流失率会带来直接的人力资源损失从而增加前厅的经营成本。若前厅稳定员工的管理措施不足，那么将无法有效地避免频繁的员工跳槽和"为他人作嫁衣"的情况发生。最典型的体现就是新员工完成培训学习能独当一面后选择了跳槽。为了维持正常运转，前厅需要进行新一轮的员工招聘与培训活动，这样不仅造成招聘和培训成本的上升，而且由于新员工缺乏对岗位职责与工作环境的准确感知，导致工作效率较低、服务差错比例大、服务成本上升、顾客满意度下降等问题的产生。

3. 弱化酒店的竞争力

较高的人员流失会弱化酒店的竞争力。酒店人才的流失大多会在本行业内发生，他们或是自立门户，或是流向竞争对手，从而增加竞争对手的实力并给酒店的经营带来极大的竞争威胁。

（三）前厅员工流失的影响因素

1. 社会因素

（1）社会的认同度。伴随着社会经济的进步与发展的历程，我国酒店业走过了具有历史性、跨越性和巨变性的30多年。虽然在行业规模、酒店水平和社会地位影响及经济拉动作用等方面都发生了极大的变化，但是社会对其的认同度仍然停留在最初的水平，如酒店业是吃"青春饭"的行业、"伺候人"的行业，员工素质低下等错误观念。这是导致前厅员工人才供给不足以及高流失率的根本原因。

（2）就业平台的多元化。网络时代员工流动市场较之计划经济时代同样有着巨大的进步和发展，同时人力资源也应与其他资源一样能够在市场上自由流动。随着改革的深入，经济的高速增长，市场化程度的进一步提高，社会对员工流失不仅越来越理解，还创造出大量的机会，提高了员工在酒店外寻找到有吸引力的工作机会的预期。

2. 个体因素

（1）工资待遇低。薪酬水平及相应的福利状况是影响前厅能否留住员工最有力的武器。前厅作为营利性酒店面临着营运成本的压力，而人力成本又是前厅日常营运最大的成本之一，这就造成很多前厅通过压低员工的薪酬和福利待遇水平获得更高的短期经营利润，继而直接导致员工满意度下降，使得员工流向竞争对手或者其他行业。因此，提供一个相对具有竞争力的薪酬和福利组合，不但能够激发前厅员工的积极性，还可以有效地避免前厅人才的大量流失。

（2）获取更好的发展空间。对于前厅行业而言，大部分一线的岗位工作知识要求不高，工作缺乏挑战性。由于管理方面或管理者素质不高，导致很多前厅中的一线员工得不到应有的尊重；在有些前厅中还存在着工作环境过于紧张、人际关系过于复杂等问题；此外，很多员工看不到自身在前厅发展或者晋升的机会，为了能够得到更好的个人发展或晋升的空间，选择了自己认为更加有发展前景的前厅或者行业。

（3）工作满意度。工作满意度主要表现在以下六个方面：

1）对领导的满意度，其中包括：公司领导对员工及员工发展的关心，是否注意与员工的交流；上级主管在分配工作、管理下属、与员工间的沟通等方面能否有效实施激励；努力工作能否得到上级的认可。

2）对酒店管理的满意度，包括对酒店的各项规章制度的理解和认同，以及对制度以外的其他管理行为的认同。

3）对工作本身的满意度，包括工作是否符合自己的期望和爱好，工作量是否适度；自己在工作中能否体现出价值，能否达到自我实现的目的；工作的责权分配是否适度、明确。

4）对自身发展的满意度，包括员工参加培训的次数、广度和深度是否有助于自身发展；当工作中遇到难题时，能否及时得到上级的帮助和指导；能否得到充分、公正的晋升机会。

5）对工作协作的满意度，包括沟通渠道是否畅通；在工作群体中，能否得到个人人格的尊重及对工作价值的认可。

6）对工作回报的满意度，包括薪酬公平感、福利满意度、工作环境与条件的满意度。

总之，工作满意度与流失意向呈负相关，即员工感觉到的工作满足程度较低时，其流失意向较高。不同程度的满意度导致不同程度的员工流失，即员工撤出的不同程度。

另外，如年龄、性别、学历及婚姻状况等因素也对前厅员工流失造成了不同程度的影响。员工个体特征分布的多样化，加大了人力资源管理的难度。

3. 组织因素

组织因素是导致员工流失的最直接、最根本的因素，是最有可能通过采取针对性措施明显降低流失率的因素，也是必须加以重点关注的因素。组织内部因素处理不好会直接导致员工做出离职的决定。

（1）工作因素。工作是员工在组织中的存在形式和价值体现的最终载体。它对员工流失有着直接而重要的影响。工作因素涵盖了工作内容、工作压力、工作环境等各项来源于工作的要素。一份经过精心设计的工作直接影响到员工的业绩和工作满意度。

前厅员工特别是身处第一线的服务人员，工作既繁杂又辛苦，甚至有时还要遭受少数客人的恶意刁难。另外前厅工作时间不固定，一线员工要实行三班制，即使是管理人员也没有正常的休息时间，一切都必须以顾客为中心，许多高素质的前厅人才不堪重负，最终离开前厅行业。

（2）体制因素。规章制度是前厅经营活动正常运行和完成各项工作任务的基本保证。但是现阶段，大部分前厅仍没有一套建立在"人性化"管理之上的制度体系。员工作为前厅的一员，期望拥有平等的发展机遇，获得尊重与成就感，但是很多前厅依然存在"任人唯亲"的现象，严重挫伤了员工的积极性。在这种情况下，前厅由于没有建立起与员工互相忠诚的模式，没有创造出有利于员工忠诚于前厅的环境，即便拥有较好的薪资待遇水平，仍然很难留住员工。

（3）领导管理因素。领导管理因素是指由于前厅管理者的管理能力、管理行为、管理风格、责任心以及与下属关系等因素而导致员工流失的影响因素。不受欢迎的领导行为有：领导缺乏主见，朝令夕改，经常让下属做无用功；本身不能以身作则，要求下属做的，自己没有做到；推过揽功，对下属的工作和困难缺乏理解和支持；处事带有明显的主观感情色彩，在组织内聚集小团伙；缺乏横向合作的良好基础，导致酒店内耗增加等。

（4）酒店文化。酒店文化是一个酒店的"精神之魂"，酒店文化对员工流失的影响是渗透性的、复杂的，又是不可忽略的。事实表明，许多员工追求的不仅是一份工作，而是一份有发展前途的职业。前厅如果能创造和建立独特的酒店文化氛围，使广大员工具有归属感和宽松的工作环境，并且有较大提升的希望，员工选择跳槽的可能性就会比较小。但遗憾的是很多酒店前厅在这方面做得很不够，由此也导致了员工跳槽现象的发生。

综合上述因素，影响员工流失的组织因素是复杂的、直接的，但同样也是可控的。酒店目标不是要阻止员工的流动，而是要控制它的流向和流速，以降低员工流失率，提升前厅的绩效。

（四）应对前厅员工流失的对策

1. 完善人力资源管理体制

（1）实施谨慎的员工招聘策略。切实做好工作分析，编写出详细而规范的工作说明书，并严格以此为依据招聘员工，以确保能招聘到合格的员工。在招聘过程中，招聘者要以挑选合适的员工为原则。合适不但是指员工的技能适合岗位要求，而且个性、态度和价值观也要与酒店前厅的理念、文化相吻合。

（2）完善人力资源培训制度。酒店领导应充分认识到培训的重要性和必要性。通过人力资源管理综合配套改革，把员工培训与员工激励、绩效考核、职业发展相结合起来，建立员工自我约束、自我激励的培训机制。同时辅以交叉培训，以使员工适应多个工作岗位的需要，以便能在旅游旺季业务量突增或员工生病、休假以及顾客额外需求导致前厅内部出现工作缺位时能够及时弥补。

（3）重视员工的职业生涯发展规划。前厅除了做好培训外，还应在考虑前厅发展需求并对员工所拥有的技能进行评估的基础上为员工制订个人职业生涯发展规划，同时协助员工学习各种知识和技能，特别是专业性的知识和技能，以帮助员工适应前厅多方面的工作及未来发展的需要，促进员工个人和前厅的共同发展，有效减少员工流失。

2. 完善薪酬管理体制

（1）实行绩效评估，严格绩效管理。前厅应建立分层分类的员工考核制度，从实际出发，从酒店长远目标出发选择合理的考评方式，进行科学有效的绩效激励；针对不同的员工实行不同的考核内容与方法，在考核中加强与员工的沟通，通过考核不断发掘员工内在潜能，同时以公正、及时的绩效激励不断增强员工工作的责任感与成就感。

（2）提高前厅员工福利待遇。合理的薪酬体制不仅是指工资的高低，还要体现出公平性、激励性、竞争性。前厅需要改变传统的固定工资占绝对地位的状况，树立工作量化观念，使薪酬与贡献挂钩，给员工提供公平竞争的工作环境，从根本上吸引和留住前厅需要的人才。

另外，前厅还可以实行弹性福利制，即员工可以从前厅所提供的"福利项目菜单"中自由选择其所需要的福利。合理利用弹性福利制度会使员工的福利需求得到最大化的满足，有助于提升员工的优越感，增加员工的忠诚度。

3. 塑造以人为本的酒店文化。

前厅经营应牢固树立"以员工为核心"的管理理念，在制定经营决策、订立规章制度、实施管理方案、落实奖惩措施以及进行教育培训时，要及时了解员工的想法，听取员工的意见和吸纳他们提出的合理化建议。在实现酒店总体目标框架内，尽可能多地去适应和满足员工的要求。维护员工的权益，为他们创造良好的工作环境和工作氛围，给员工以安全感、受尊重感和成就感。

4. 畅通交流渠道，实现有效沟通。

前厅的管理人员应该直接与一线员工接触沟通，了解员工的愿望和需求，了解他们对工作条件、津贴、前厅政策等的看法和意见。同时，管理人员还应具备敏锐的洞察力和判断力，善于发现员工的情绪变化，及时与他们进行沟通，耐心真诚地聆听，帮助员工排解压力。这样可以有效减缓员工压力，提高他们的工作满意度。在此基础上，通过建立内部投诉制度，可鼓励员工投诉，消除武断和官僚主义，促使内部服务质量不断提高。

参考文献

1. 毛江海．前厅服务与管理实务［M］．南京：东南大学出版社，2013.

2. 张震，曹会林．前厅客户服务与管理［M］．长沙：湖南师范大学出版社，2013.

3. 湖北省旅游行业职业技能鉴定委员会．前厅服务［M］．北京：旅游教育出版社，2012.

4. 王多惠．前厅服务与管理［M］．长沙：湖南大学出版社，2013.

5. 马瑞．饭店前厅与客房管理实务［M］．广州：广东高等教育出版社，2012.

6. 刘锋华，张涛．客房前厅服务与管理［M］．北京：经济科学出版社，2012.

7. 薛永刚等．星级酒店前厅部职责·制度·表格·文案［M］．深圳：海天出版社，2013.

8. 罗峰，杨国强．前厅服务与管理［M］．北京：中国人民大学出版社，2012.

9. 杨杰．现代酒店前厅运营实务［M］．北京：对外经济贸易大学出版社，2012.

10. 曾小力，王东．前厅服务［M］．北京：旅游教育出版社，2011.

11. 沈东生，方姗姗，王晶亮．前厅、客房服务与管理［M］．北京：对外经济贸易大学出版社，2012.

12. 段青民．酒店前厅服务细节与作业流程手册［M］．北京：人民邮电出版社，2013.

13. 王培来．酒店前厅运行管理实务［M］．北京：中国旅游出版社，2013.

14. 刘伟．前厅管理［M］．北京：高等教育出版社，2012.

15. 龚维嘉，牛自成．前厅服务与管理［M］．北京：北京师范大学出版社，2011.

16. 花立明．前厅运行与管理［M］．北京：中国轻工业出版社，2013.

17. 黄志刚．前厅服务与管理［M］．北京：北京大学出版社，2012.

18. 郭春慧，肖树青．前厅与客房管理［M］．北京：中国财政经济出版社，2010.